A Dorling Kindersley Book
www.dk.com

TOP 10 全球魅力城市旅游丛书

罗 马

瑞德 · 布瑞布利特
杰弗瑞 · 肯尼迪 著

全映玉 译

旅游教育出版社 時尚 TRENDS
· 北京 ·

帕拉丁山

纳沃纳广场

DK

A Dorling Kindersley Book
www.dk.com

Original Title: Top 10 ROME

TOP 10 全球魅力城市旅游丛书
罗马

（美）瑞德·布瑞布利特
（美）杰佛瑞·肯尼迪 著

全映玉 译

责任编辑：李荣强
执行编辑：黄鸥 陈晓华

项目策划：北京时尚博闻图书有限公司
装帧制作：北京罗盘汇典图书有限公司

出版单位：旅游教育出版社
地址：北京市朝阳区定福庄南里1号
邮编：100024
发行电话：（010）65778403 65728372
65767462（传真）
本社网址：www.tepcb.com
E-mail：tepfx@sohu.com
印刷单位：中华商务联合印刷有限公司
经销单位：新华书店
开本：648×800mm 1/32
印张：5.75
字数：110千字
版次：2010年1月第2版
印次：2010年1月第2版第1次印刷
印数：6000册
定价：28.00元

本书译稿由中国台湾宏硕文化事业股份有限公司授权

（图书如有装订差错请与发行部联系）

目录

罗马十佳

图书在版编目（CIP）数据

罗马/（美）布瑞布利特，（美）肯尼迪著；全映玉译. —北京：旅游教育出版社，2006.6（2010.1）

（TOP 10 全球魅力城市旅游丛书）
ISBN 978-7-5637-1370-7

Ⅰ.罗 Ⅱ.①布 ②肯 ③全 Ⅲ.旅游指南—罗马 Ⅳ.K954.69

中国版本图书馆CIP数据核字（2006）第060073号

封面封底图片：Front Corbis Tibor Bognar main; DK Images Demetrio Carrasco bl; Mike Dunning cl. Spine Marka (Milan) Lorenzo Sechi. Back DK Images Demetrio Carrasco tr; Mike Dunning tl, tc.

俯瞰罗马

坎皮多利奥广场夜景

万神殿内部

山上圣三一教堂

罗马十佳

罗马十佳

TOP 10 罗马重点游

虽然罗马就像欧洲其他国家的首都一样充满活力而又现代化，但它却具有非常独特的吸引力，因为这整个城市就是一座有着3000年历史的大型室内兼室外博物馆。到处都可以看到古老的纪念碑、艺术宝库与岁月久远的建筑伫立于教堂、美术馆及古迹保护区内。世界上最小的城市梵蒂冈也在这里，宗教就宛如罗马的心脏，而历史就是罗马的灵魂—无时无刻不使游客目眩神迷、感动万分。

1 梵蒂冈（Vatican City）

这个小小的城中国是教皇的家，有世界最大的博物馆和教堂，以及有史以来最惊人的艺术杰作—西斯廷礼拜堂（Sistine Chapel）天花板上的米开朗琪罗（Michelangelo）画作。（参见8-13页）

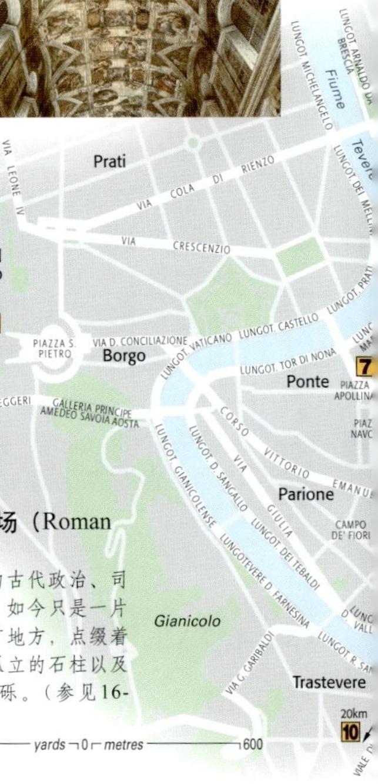

2 万神殿（The Pantheon）

这是保存得最完好的古庙，也是一项了不起的建筑工程，屋顶有一只大眼睛永远都朝向天空。（参见14-15页）

3 古罗马市场（Roman Forum）

原是繁华至极的古代政治、司法与商业中心，如今只是一片引人缅怀的空旷地方，点缀着几座大拱门、孤立的石柱以及残破的雕刻瓦砾。（参见16-19页）

4 博尔盖塞美术馆（Galleria Borghese）

这座美得惊人的欢乐宫构想来自教皇的侄子，这位富有的享乐主义者将许多希腊罗马时期、文艺复兴时期与巴洛克风格的艺术创作收藏在这里。（参见20-21页）

5 斗兽场与帝国广场（Colosseum and Imperial Fora）

罗马帝国建立了许多雄伟的纪念性建筑，包括这座壮观的圆形斗兽场。（参见22-23页）

7 国立罗马博物馆（Museo Nazionale Romano）

这里的收藏分置于两个地方，多是世界顶尖的古代艺术品，包括古典雕刻与镶嵌艺术。（参见28-31页）

8 人民圣母堂（Santa Maria del Popolo）

建于陵墓之上，有最丰富的文艺复兴与巴洛克艺术品，包括平图里齐奥、拉斐尔、卡拉瓦乔以及贝尔尼尼的杰作。（参见32-33页）

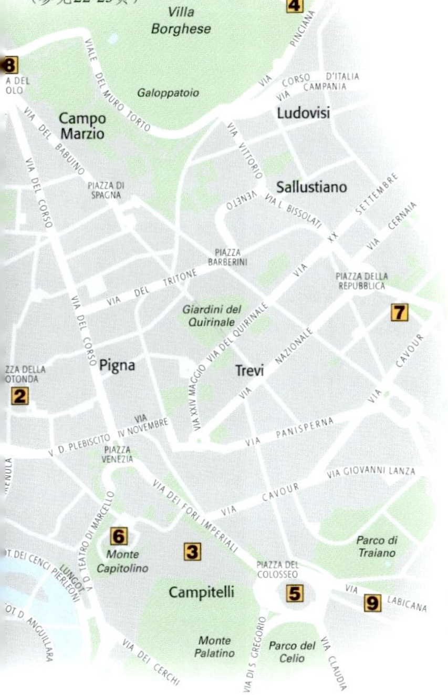

9 圣克莱蒙特大教堂（San Clemente）

这座迷人的教堂拥有神秘的通道与传说，为不同阶段的罗马提供第一手经验，你可以下至18米深，回到2000年以前的世界。（参见34-35页）

10 奥斯蒂亚古城（Ostia Antica）

这座宏伟的古罗马重要港口占地好几平方公里，处处让人惊奇，让人对日常的帝王生活留下强烈印象。（参见36-37页）

6 卡皮托利尼博物馆（Musei Capitolini）

位于古罗马的宗教中心，收藏有许多世界级艺术杰作，包括公元前4世纪的希腊雕刻以及卡拉瓦乔（Caravaggio）革命性的甚至是招惹诽谤的画作。（参见24-27页）

TOP 10 梵蒂冈

梵蒂冈是世界上最小的国家，面积只有50公顷，是个只有550个公民的神权国家，教皇为其领袖，但这里的观光资源却世上少有。在城墙内有华丽的圣彼得大教堂（St. Peter's Basilica，参见12-13页）、令人惊艳的西斯廷礼拜堂（Sistine Chapel，参见10-11页）、花木扶疏的庭园，有安吉利科修士（Fra' Angelico）、拉斐尔（Raphael）与平图里齐奥（Pinturicchio）所作壁画的房间，以及约十座博物馆。博物馆部分在接下来几页将详细介绍，包括埃及、希腊、埃特鲁斯坎与罗马的文物、古基督教、文艺复兴与现代艺术以及世界级的民族学收藏。

梵蒂冈中庭

在梵蒂冈博物馆内有一家咖啡馆，不过经常客满。

教皇如果在城里，会在每周三早上主持公开弥撒。你必须通过教廷内务管理处（Prefecture of the Papal Household）预订免费票。（传真06-6988-5863）

- 地图B2
- www.vaticano.va
- 博物馆与西斯廷礼拜堂（Sistine Chapel）：Viale Vaticano，电话：06-6988-3333；开放时间：周一至周五上午8点45分至12点20分，下午1点至4点45分，周六及每月最后一个周日上午8点45分至12点20分。12月8日、25日，1月1日、6日及2月11日闭馆。门票12欧元（26岁以下的学生8欧元），有残障设施（局部）
- 圣彼得大教堂（St. Peter's Basilica）：Piazza S Pietro；电话：06-6988-1662；开放时间：1月至3月及11、12月上午7点至晚上7点；4月至10月上午7点至晚上6点，免费（大教堂），5欧元（国库treasury）7欧元（圆顶dome）

十大看点

1. 西斯廷礼拜堂
2. 拉斐尔展览室
3. 贝维德雷的阿波罗
4. 拉斐尔的基督显圣容
5. 尼古拉五世教堂
6. 拉奥孔
7. 卡拉瓦乔的耶稣遗体下十字架
8. 博尔吉亚寓所
9. 贝维德雷的躯干
10. 达·芬奇的圣吉罗拉莫

1 西斯廷礼拜堂（Sistine Chapel）

米开朗琪罗的天花板（右图）是世界上规模数一数二的艺术创作。（参见10-11页）

2 拉斐尔展览室（Raphael Rooms）

拉斐尔在1508至1524年间为教皇犹利二世的寓所做壁画装饰。签名室里主要描绘着雅典学院的人物，将古哲学家画成文艺复兴时期的艺术家像貌，例如中央部分达·芬奇就化身为蓄了胡子的柏拉图。

3 贝维德雷的阿波罗（Apollo Belvedere）

这是公元前4世纪一座希腊雕像的仿制版本（左图），公认是人体美之典范，也是博尔盖塞美术馆所藏贝尔尼尼的阿波罗灵感之源。（参见20-21页）

4 拉斐尔的基督显圣容（Transfiguration）

拉斐尔于37岁过世时正在画这幅大型杰作（1517-1520），留下的底图部分则由其学生完成。这幅画描绘基督以圣容出现在门徒面前。（下图）

梵蒂冈平面图

5 尼古拉五世教堂（Chapel of Nicholas V）

这个只有壁橱大小的教堂是梵蒂冈的隐密之珍，里面的彩色壁画（1447-1450）是安杰利科修士画的早期殉教者。

7 卡拉瓦乔的耶稣遗体下十字架（Caravaggio's Deposition）

卡拉瓦乔以明暗对比技巧强调出斜角式构图（1604年），充满农民似的人物以及可怕的现实主义。

9 贝维德雷的躯干（Belvedere Torso）

这座公元前1世纪的海克利斯（Hercules）躯干雕像肌肉精美结实，常成为米开朗琪罗与其他许多文艺复兴时期大师的主要素描模板。

8 博尔吉亚寓所（Borgia Apartments）

教皇亚历山大六世（Alexander VI）在1492至1495年间将这些美丽的房间饰以平图里齐奥（Pinuricchio，拉斐尔曾是他的合作晚辈）的壁画。如今墙上则挂着比较不重要的现代艺术收藏品。

10 达·芬奇的圣吉罗拉莫（Leonardo da Vinci's St. Jerome）

这幅创作于1482年的画具有写生意味而且并未完成—达·芬奇这个天才经常心不在焉—但在结构上却仍是杰作。

6 拉奥孔（Laocoon）

这座著名的古雕刻（右图）画的是公元前1世纪的特洛伊预言家与儿子，他们试图警告说希腊人留赠的木马是攻城诡计，却被海蛇勒死。

博物馆导览

梵蒂冈博物馆（从圣彼得大教堂起沿着梵蒂冈城墙步行15分钟）的行程中，包括了10个地方的景点再加上西斯廷礼拜堂与教皇寓所。若只看重点，可先去参观十字转门右侧的比纳科特克馆（Pinacoteca），西斯廷与其他景点则在左侧。

《亚当与夏娃》

《先知以西结》

TOP10 西斯廷礼拜堂的作品

1 亚当与夏娃（Adam and Eve）
在西洋艺术作品最著名的场景中，上帝把生命火花授予亚当，然后取出亚当的一根肋骨造出夏娃。

2 创世纪（Creation）
上帝将黑暗与光明分开，水与陆地分开，又创造了太阳与月亮。米开朗琪罗在此有一点偏向亵渎的意味，画出上帝的脚上沾有泥土。

3 献祭、洪水与诺亚酗酒（The Sacrifice, Flood, and Drunkenness of Noah）
米开朗琪罗把鹰架拆掉之后，从地面往上看，发现这三个混乱场面画得太细了。

4 最后的审判（Last Judgment）
在这幅大型画作中，圣人是凭他们的中世纪图像来辨识：凯瑟琳（Catherine）的轮子，巴塞洛缪（Bartholomew）则有被剥皮用的刀子。

5 女预言家与先知（Sibyls and Prophets）
几位希伯来先知，包括逃过鲸鱼一劫的约拿（Jonah），与预言基督降临的女预言家混在一起。

6 旧约救赎场景与基督的祖先（Old Testament salvation Scenes and Ancestors of Christ）
窗户上方是耶稣家族的画像，大卫与巨人哥利亚以及血淋淋的救赎场面则在角落的三角壁上。

7 基督生平场景（Life of Christ Scenes）
礼拜堂左边的墙上主要有波提切利的《洗涤麻疯病人》，以及吉兰达约的《召唤彼得与安德鲁》，下方还有佩鲁吉诺（Perugino）的作品。

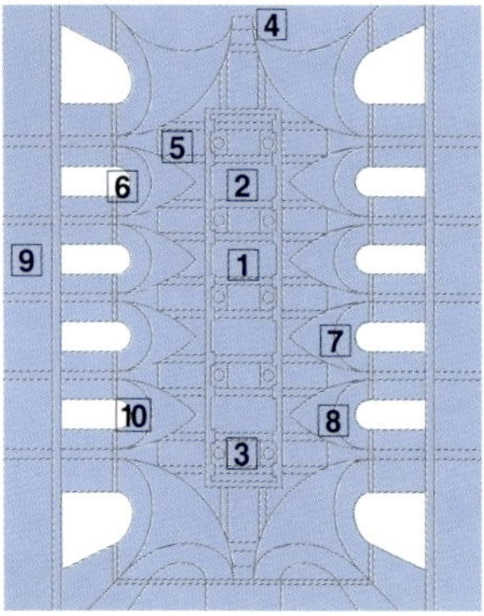

西斯廷礼拜堂平面图

8 把天国的钥匙给圣彼得（Giving the keys to StPeter）
以古典建筑当背景，中轴场景则是基督把权力转交给教皇。每一景都分为三个部分。

9 摩西的生平（Life of Moses Scenes）
左方墙上重点包括波提切利（Sandro Botticelli）《燃烧的树丛》（Burning Bush）及西纽雷利（Luca Signorelli）与戴拉格塔（Bartolomeo della Gatta）的《摩西把杖交给约书亚》（Moses Giving his Rod to Joshu）。

10 波提切利的惩罚叛徒（Botticelli's Punishment of the Rebels）
分裂派质疑亚伦是否具有祭司的职权焚香。愤怒的摩西使大地裂开吞没他们。

更多有关罗马杰作资料请参见48-49页

十大西斯廷礼拜堂画家

1. 米开朗琪罗（1475－1564）
2. 佩鲁吉诺（1450－1523）
3. 波提切利（1445－1510）
4. 吉兰达约（约1449－1494）
5. 西纽雷利（约1450－1523）
6. 罗塞里（1439－1507）
7. 迪亚曼泰修士（1430－1498）
8. 平图里齐奥（1454－1513）
9. 科西莫的比埃罗（1462－1521）
10. 戴拉格塔（1448－1502）

了解西斯廷礼拜堂的艺术

西斯廷礼拜堂的壁画不仅仅是几位文艺复兴时期大艺术家的装饰作品—这些图像述说着一个故事，并且引起许多神学上的争议。教皇西克斯图斯四世（Sixtus IV）在1481-1483年间聘请他们为教皇的礼拜堂作壁画，目的是借着画出上帝的权威一脉相传至教皇，而强调当时受到质疑的教廷权威。在《摩西的生平》系列中，摩西与亚伦作为上帝选中的代言人角色不容置疑，而在《惩罚反叛者》图中反对亚伦的人遭到可怕的命运更证实了这一点。在这幅画的正对面，佩鲁吉诺的《把天国的钥匙交给圣彼得》，则把旧约与新约连接在一起，画出基督把教会的控制权交给圣彼得以及继承他的历任教皇（他们的画像位于西斯廷的窗户之间）。米开朗琪罗的天花板（1508-1512）后来又在故事中加上创世纪、赎罪与救赎。

原罪

这是米开朗琪罗创世纪系列的一部分，画中亚当与夏娃吃了知识之树（Tree of Knowledge）上的禁果而遭到放逐，离开了伊甸园。

《摩西的生平》，波提切利作品

圆顶

祭坛华盖

TOP 10 圣彼得大教堂

1 圣母怜子 (Pieta)

米开朗琪罗在1499年雕塑出这项杰作（参见48页），当时他25岁。雕像整个感觉既高雅又悲伤，庄严又超凡。这尊雕像从1972年起就加上一层玻璃保护，因为那时有一个人高喊着：“我是耶稣基督！”然后用榔头击打雕像，损坏了圣母的鼻子与手指。

2 圆顶 (The Dome)

米开朗琪罗为连接圣彼得的大型翼廊而设计了这样一个圆顶，直径42米，以尊重万神殿的直径43.3米的圆顶。你可以乘电梯到一定高度，但仍得自己爬过圆顶内部与外围之间的330级阶梯，到达高132米的顶塔俯瞰全城。

3 圣彼得广场 (Piazza San Pietro)

贝尔尼尼精心设计的半椭圆形柱廊，把大教堂的入口变成一双拥抱的手像是在欢迎信徒（参见46页）。遗憾的是，墨索里尼（Mussolini）把邻近地区夷平以修筑康西里亚松内路（Via della Conciliazione），因而破坏了从拥挤的中世纪街道进入广场时的整体效果。那座方尖碑来自亚历山大（Alexandria）。

米开朗琪罗的《圣母怜子像》

4 祭坛华盖 (Baldacchino)

也许你会认为贝尔尼尼的大型祭坛华盖太过华丽，但至少会给人留下深刻印象。螺旋式青铜柱据称是由教皇乌尔班八世从万神殿（参见14页）取下的门廊天花板装饰。由于这种不尊重古寺庙的行为，使得这位教皇与他的巴尔贝里尼家族（参见51页）获得讽刺性恶名：“连野蛮人都不会做的事，巴尔贝里尼也还会做。”

5 圣彼得青铜像 (Statue of St Peter)

这座13世纪的青铜雕像是中世纪的圣彼得大教堂遗留物，当初是由雕刻家阿诺尔福（Arnolfo di Cambio）所作，如今已具有圣灵性，信徒常排队等着抚摸（或亲吻）雕像残损的足部求福。

6 宝库 (Treasury)

在教会收藏的这些宝物中，有一个6世纪的镶珠宝十字架（the Crux Vaticana）、多那泰罗（Donatello）做的圣体盒（1432年），以及安东尼奥·波拉约洛（Antonio Pollaiuolo）为西克斯图斯四世所做的青铜板墓（1493年），这位教皇的肖像周围环绕着神学美德与文艺象征。

7 壁龛 (Apse)

这里有贝尔尼尼所作的巴洛克风格的华丽彩色玻璃窗（1666年），中央的鸽子代表圣灵（Holy Ghost），周围环绕着太阳光线与丰富的细部雕塑。窗下有一张圣彼得的椅子也是贝尔尼尼设计的，里面有一张木质与象牙

亚历山大七世纪念碑

做的椅子，则据说是真正的圣彼得宝座。贝尔尼尼也设计了右侧彩色大理石的乌尔班八世纪念碑（1644年），这是以米开朗琪罗在佛罗伦萨（Florence）的麦迪奇（Medici）墓为基础所作。左侧波塔的乔格里耶莫（Giuglielmo della Porta）也为教皇保罗三世（Pope Paul III）做了一个类似的纪念碑（1549年），相较之下前者的艺术质感好得多。

8 地下室 (Crypt)

许多中世纪大教堂的纪念碑都藏在这座大教堂的地下。20世纪40年代工人于墓地中挖掘出传说中的红墙（Red Wall），据称圣彼得就埋葬在墙后。这座

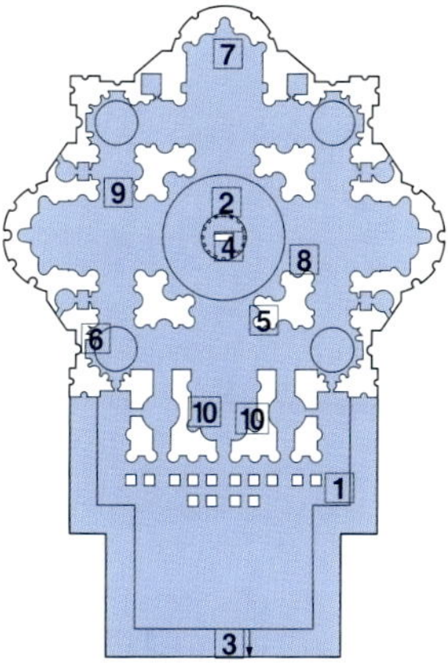

圣彼得大教堂平面图

墙上覆满中世纪初期向圣人祈福的画像，后面还有一个装着骨头的盒子。前教皇约翰保罗二世（Pope John Paul II）就葬在这处地下室里。

9 亚历山大七世纪念碑 (Alexander VII's Monument)

这是贝尔尼尼的最后几件作品之一（1678年），表现出正义、真理、贞洁与节俭形像，仰望着坐于壁龛深处的教皇。大理石垂幔下爬出一个骷髅高举着一个沙漏，仿佛在提醒着死亡的存在。

10 中央窗间壁 (Central Piers)

以前一座教堂的重要性都是以收藏的圣物来衡量，这种作法现代才开始改变。圣彼得大教堂收藏有圣·吉纽斯（St Longinius）戳刺十字架上的耶稣所用的矛，圣维罗尼卡（St Veronica）印有耶稣脸孔的手巾，以及真十字架（True Cross）的一部分。

万神殿

罗马皇帝福卡斯（Phocas）在608年把这座异教徒寺庙捐献给教皇博义四世（Pope Boniface IV）时，无意间使得这个古罗马的奇宝在改为基督徒的“殉道者的圣母教堂”（Santa Maria ad Martyres）后，仍能一成不变地保存下来。哈德良（Hadrian）皇帝自己也是业余的建筑师，于118-125年间为这座建筑设计重建。千百年来，这里曾遭到些微损失—野蛮人把可搬动的东西都拿走了，罗马皇帝君士坦丁二世（Constans II）也把屋顶的滑动砖瓦偷走了，1625年时教皇乌尔班八世（Urban VIII）把门廊的青铜天花板的镶板拿去熔化，做成大炮放在圣天使城堡（Castel Sant's Angelo）那里。然而宽敞的内部与完美的建筑比例仍在，即使在当时也是世界奇观。

万神殿正面阿格里帕的题字

万神殿右侧有一家很好的冰激凌店“佛蒙特乳品店(Cremeria Monforte)，广场旁边还有一家极好的咖啡馆“金杯”(La Tazza d'Oro)。(参见71页)

在罗马若碰到雨天，与其哀叹惋惜，不如跑到万神殿去欣赏雨水优雅地从天窗上流下，滴落在大理石地板上再流到沟里。下雪的时候更棒。

- 罗托达广场Piazza della Rotonda
- 地图M3
- 开放时间：周一至周六上午8点30分至晚上7点30分，周日上午9点至晚上6点
- 节假日上午9点至下午1点弥撒；周六下午5点及周日上午10点30分
- 免费进入

十大特点

1. 圆顶
2. 天窗
3. 柱廊
4. 门
5. 墙
6. 皇陵
7. 拉斐尔墓
8. 喷泉
9. 大理石装饰
10. 海神会堂遗迹

1 圆顶（Dome）

这是欧洲最宽的石造圆顶（上图），高度与宽度都是43.3米。镂空镶嵌花格板巧妙地配合着透入天窗的阳光往外放射，给万神殿带来一种超凡的气氛。

2 天窗（Oculus）

圆顶中央这个直径8.3米的大洞提供光源，也具有支持结构作用：周圈的张力帮助支撑着圆顶的重量。

3 柱廊（Portico）

三角形的山墙（下图）是由16根粉红色与灰色的花岗石柱支撑，除了左边的三根（17世纪作品）以外，其他每根石柱都是原物。

4 门（Doors）
这两扇大铜门（右图）在技术上是原版，但在教皇比约四世（Pius IV）大规模整修之下（1653年），实际上已经等于重铸了。

5 墙（Walls）
这些墙有6.2米厚，混合了内建的砖造拱架以帮助分散下沉的重量，减轻沉重的屋顶压力。

6 皇陵（RoyalTombs）
有两位意大利国王葬在很简单的墓里。维托里奥埃马努埃莱二世（Vittorio Emanuele II, 1861-1878）统一意大利，成为第一个国王。他的儿子翁贝托一世（Umberto I）在1900年遇刺。

7 拉斐尔墓（Raphael's Tomb）
拉斐尔备受艺术界的喜爱，却在37岁早逝，安息于一个朴素的大理石古棺里。诗人本博为他写墓志铭说："这里躺着拉斐尔，大自然曾担心他活着时会胜过她，但现在他走了，她又担心自己也会死去。"葬在这里的艺术家还包括巴尔达萨瑞·佩如齐。

8 喷泉（Fountain）
波塔的吉雅科莫设计了这座平台（下图）。里奥纳多·索尔马尼在1575年完成上面的雕刻。那座埃及的拉美西斯二世（Ramesses II）方尖碑是1711年加上去的。

9 大理石装饰（Marble Decorations）
建筑内部用红色斑岩、古典金麻石以及其他古大理石装饰。墙上大部分的彩色镶板都是原物，其他部分也是仔细处理的复制品，例如地板（下图）。

10 海神会堂遗址（Basilica of Neptune Remains）
原是万神殿的老邻居，如今只剩下华丽的飞檐，以及靠着万神殿后墙的凹槽柱。

最初的万神殿

奥古斯都皇帝（Augustus）的女婿马可·阿格里帕（Marcus Agrippa）在公元前27年建了第一座万神殿，后来在公元118-125年间被哈德良（Hadrian）的圆形建筑取代。山墙上刻有"M. Agrippa cos tertium fecit"（M.Agrippa所建）的字样，这是哈德良纪念阿格里帕的谦卑方式。山墙也给人一个较小的庙的错觉，使得广大的内部空间更令人惊讶（万神殿本来位置比较高，你无法看到后面的圆顶）。贝尔尼的"驴耳朵"是他加在山墙上的一个小塔，后来在1883年被移除。

古罗马市场

今天看过去只有一堆摇摇欲坠的美丽废墟与杂草，你大概很难猜到这个广场有千年之久且是市民引以为傲的象征。3000多年前帕拉丁山（Palatine Hill）上原有一个村庄，而这里则是一片多沼泽的村民墓地。后来随着罗马的势力扩张，这里也逐渐繁荣兴起。到了公元前6世纪沼泽地终于干涸，这里扮演起共和国人民生活的中心角色。广场展现最高贵容貌是始于罗马第一位皇帝奥古斯都，据说他把这座城市由砖造改为大理石建筑。

元老院

这附近唯一一处可以吃点心喝饮料的地方是贩卖车。若想吃实在一点的东西，在卡福尔路（Via Cavour）上有很多咖啡馆与餐厅。

夏季里最好在一早或者稍晚的时候去参观古罗马市场，这样可以避开白天的暑热。

- 帝国议事广场路Via dei Fori Imperiali
- 地图Q5
- 电话06-699-0110（英文信息：06-3600-4399）
- 开放时间：每天上午9点至日落前1小时，1月1日、5月1日与12月25日关闭。
- 议事广场：免费；帕拉丁（Palatine）与博物馆：收费9欧元（包括大角斗场）

十大特色

1. 塞维鲁大帝凯旋门
2. 火灶神维斯太神庙与女祭司之家
3. 元老院
4. 卡斯托尔与波鲁克斯庙
5. 提图斯大帝的凯旋门
6. 马克西米努斯大帝与君士坦丁大帝会堂
7. 伟士帕西安庙
8. 神圣之路
9. 农神神庙
10. 安托尼奴斯和法乌斯提那神殿

1 塞维鲁大帝凯旋门（Arch of Septimius Severus）

这座保存良好的凯旋门（下图）是为纪念塞维鲁大帝在中东的战争胜利，由他的儿子给塔（Geta）与卡拉卡拉（Caracalla）在公元203年所建，他俩当时同为罗马皇帝。

2 火灶神维斯太神庙与女祭司之家（Temple of Vesta）（House of the Vestal Virgins）

这座高雅的圆形庙与相连的神殿（右图），原是罗马极崇高的膜拜中心。贵族女祭司负责照管圣火，并享有许多特权。

3 元老院（Curia）

这座3世纪的元老院仍保有原来的多色镶嵌地板、300位元老并坐于上共商国事的台阶，以及议长的讲台。若想知道2世纪的议事广场情形，可看看大理石浮雕，上面有图拉真（Trajan）皇帝的事迹。

关于更多的罗马古迹信息请参见40-41页

4 卡斯托尔与波鲁克斯庙（Temple of Castor and Pollux）

这座庙祭祀狄奥斯库里（Dioscuri）—特洛伊的海伦的双胞兄弟，也是朱比特与丽达的儿子，如今只剩三根柯林斯（Corinth-ian）式的柱子。他们在499年突然现身于神坛所在，向人宣布罗马的重大胜利。

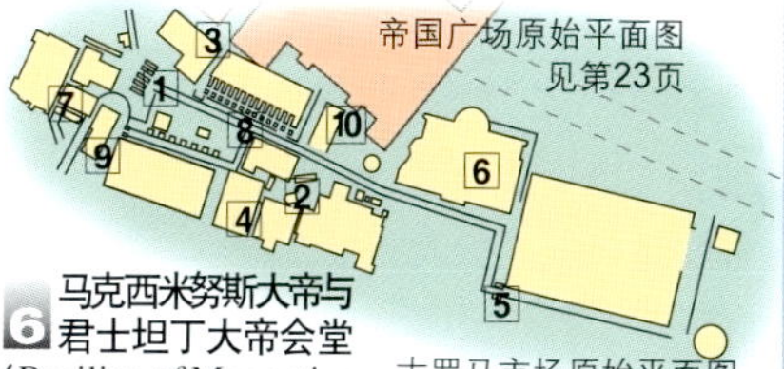

6 马克西米努斯大帝与君士坦丁大帝会堂（Basilica of Maxentius and Constantine）

这三座大型镶板的拱形结构的拱廊（下图）据称是古罗马市场最大的建筑，约建于315年，是古罗马帝国的法律与财务中心。

7 伟士帕西安庙（Temple of Vespasian）

这位皇帝庙中的这些典雅的角落柱（79年），千百年来一直湮没在碎石堆下，直到18世纪才挖掘出来。

9 农神神庙（Temple of Saturn）

这座庙（也是国库所在）奉祀农神以及传说中的“黄金时代”，如今只剩下8根灰红色的艾奥尼亚（Ionic）式石柱。每年12月庆祝的农神节（Saturnalia）非常类似现代的圣诞节。

10 安托尼奴斯和法乌斯提那神殿（Temple of ntoninus and Faustina）

这是安托尼奴斯·皮伍思（Antoninus Pius）在公元41年为他被奉为神的妻子法乌斯提那所建，也是保存得最好的庙（中图）。由于上面有一个巴洛克式的顶结，这也是最奇怪的一座庙。注意檐壁上面的带状装饰上雕刻的狮身鹰首像。

古罗马市场导览

你可以从帝国议事广场路进入古罗马市场。然而若想一览全景，可由任意一端的较高点进入。西北端始于卡皮托里内（在右侧白色的大型艾玛努艾纪念碑Victor Emmanuel Monument后面），然后由罗慕路斯和雷穆斯陵墓遗址走下台阶。东南端从斗兽场进入（参见22页），从西北边的小丘爬上去，由提图斯大帝的凯旋门进入，那里也是最靠近帕拉丁大门的地方。

5 提图斯大帝的凯旋门（Arch of Titus）

这是罗马现存最古老的拱门建筑，由多密提安皇帝（Domitian）在81年所建，用以纪念他的兄弟提图斯与父亲伟士帕西安平息了犹太人叛乱。浮雕显示士兵劫掠耶路撒冷的神圣内殿（Holy of Holies），抢走许多圣物，如金烛台。

8 神圣之路（Via Sacra）

这条罗马最古老的路是用平坦的黑色玄武岩铺成，由提图斯大帝的凯旋门蜿蜒经过古罗马市场而到卡皮托里内丘（Capitoline）。罗马共和时期的英雄凯旋而归时在这里游行，但后来逐渐没落，成为散布闲话、扒手与流浪汉聚集之地。

法尔内塞花园

隐廊的灰泥浮雕

福拉维亚宅邸

TOP 10 帕拉丁山特色

1 福拉维亚宅邸(Domus Flavia)
这栋宏伟的建筑原是大皇宫的办公侧厅，是由多米提安（Domitain）在81年所建，如今可见的主要是两座喷泉遗址。

2 利维娅住宅(Livia's House)
这座公元前1世纪的建筑如今已位于地面之下，当初是奥古斯都（Augustus）与第二任妻子的住宅。你可仔细欣赏许多镶嵌画地板与壁画。

3 帕拉丁博物馆与古文物馆(Palatine Museum and Antiquarium)
这里的前身是一座修道院，收藏了丰富的出土艺术品，包括陶器、雕像、古壁画以及非常精细的镶嵌画。你也可仔细研究一个铁器时代的帕拉丁模型。

4 罗慕路斯的铁器时代屋舍(Romulus's IronAge Huts)
这三处公元前9世纪的屋舍残迹是在20世纪40年代间出土的。据说这个小村子是由罗马创始人罗慕路斯所建（参见38页）。

5 竞技场（Stadium)
这处低陷的长方形地方可能是赛马场，或者只是一个大花园，是多米提安1世纪大宅的一部分。

6 奥古斯塔纳宅邸(Domus Augustana)
多米提安豪华大宅的家居侧厅如今只剩下这些大型的拱顶大厅的基础结构。

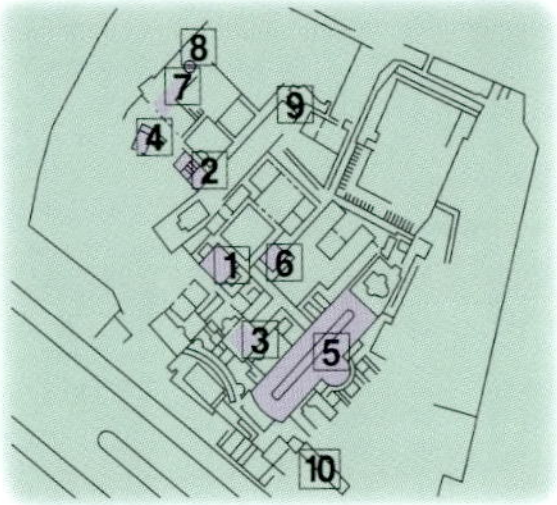

帕拉丁山平面图

7 塞蓓蕾庙(Temple of Cybele)
纵欲的大地之母教派（Cult of the Great Mother）是第一个传到罗马的东方宗教，时为公元前191年。这里仍有一座无头的女神像。根据仪式，祭拜塞蓓蕾的祭司必须自阉。

8 法尔内塞花园（Farnese Garden)
这里原是占地极广的休闲花园，内有许多植物与典雅的亭子，是由维纽拉（Vignola）于16世纪设计，建造于提比略（Tiberius）皇宫的废墟之上。

9 隐廊（Cryptoporticus)
这是一系列地下廊道，拱顶上装饰着精细的灰泥浮雕，共有130米长，将帕拉丁山与尼禄（Nero）神奇的金殿（Golden House，参见40页）连接在一起。

10 塞维鲁大帝宅邸（Domus Septimius Severus)
这里巨大的拱门与倾倒的墙垣，是这位2世纪的皇帝将奥古斯塔纳宅邸扩建的一部分。

十大古罗马信仰体系

1. 信仰希腊－罗马诸神的国教（尤其是三位主神：朱比特、朱诺、密涅瓦）
2. 家神：祖先与神灵
3. 大地之母塞蓓蕾教派
4. 皇帝、皇后与受宠爱的人物神化
5. 崇奉纵欲与生育的教派
6. 密斯拉神教
7. 阿提斯教派（译注：塞蓓蕾之夫）
8. 众王之母伊西丝教派
9. 塞拉批司教派
10. 犹太－基督教

罗马家居生活的一天

大部分罗马人都住在建筑群（insulae）内，这是一种可能有六层楼的公寓式建筑，最穷的人住在较便宜的低楼层。一般的罗马男性公民黎明前即起床，穿上外袍，配一杯水吃早餐，然后就到充满各种噪音的街头去。他先在公共厕所停一下，跟邻居聊聊，再去拜访提供他每日衣食的保护人。他的午餐可能是一块面包配酒。洗澡是下午稍晚的事，到时候他跟朋友在公共浴场见面，在那里逗留：谈天、健身、看书或者欣赏艺术品一直到晚餐时间。这是一天的主餐，他是躺在长椅上吃的，还有奴隶在旁伺候。接着就到了睡觉时间。罗马的已婚妇女除了洗澡之外，则一整天都待在家里处理家务。

罗马人的外袍

罗马的浴场

浴场是罗马社交生活中心，设施华丽讲究，从卡拉卡拉的浴场（Baths of Caracalla，参见119页）的遗址（下图）就可以看出来。

TOP10 博尔盖塞美术馆

博尔盖塞美术馆是世界上顶级的小美术馆之一。这里有贝尔尼尼6座最好的雕像与卡拉瓦乔的画作，跟古典、文艺复兴以及新古典时期作品放在同样的展览室里。整个背景是一栋17世纪别墅，内有漂亮的壁画，外有绿意盎然的博尔盖塞别墅公园，昔日全都属于这位热爱早期巴洛克艺术的西皮奥内·博尔盖塞红衣主教（Cardinal Scipione Borghese）。西皮奥内赞助了小贝尔尼尼与卡拉瓦乔创作，结果促成了罗马最丰富的私人收藏所。

博尔盖塞美术馆正面

- 美术馆地下室有一家优雅的咖啡馆，不过附近的国立现代美术馆（Galleria Nazionale d'Arte Moderna）有一家比较好的艺术咖啡馆（Café delle Arti，电话：06 3265 1236），那里可以看到公园景致。
- 进入美术馆按严格规定需要预约。你要提早订票，入馆有时间限制，而且门票常常在好几天甚至好几周之前就卖完了，特别是有展览的时候。

- 博尔盖塞别墅Villa Borghese，品西阿纳路边Via Pinciana
- 地图E1
- 电话06-328-101
- www.ticketeria.it（订票）
- 开放时间：周二至周日上午9点至晚上7点
- 门票：6.50欧元（18岁以下与65岁以上免费）
- 最长只能参观2小时。

十大展品

1. 贝尔尼尼的阿波罗与达芙妮
2. 贝尔尼尼的波赛凤妮遭劫
3. 贝尔尼尼的大卫
4. 卡拉瓦乔的圣母与蛇
5. 卡诺巴的保利娜·波拿巴
6. 卡拉瓦乔自画像
7. 拉斐尔的耶稣遗体下十字架
8. 贝尔尼尼的伊尼亚斯与安其塞斯
9. 提香的神圣和世俗之爱
10. 柯勒乔的达那厄

1 贝尔尼尼的阿波罗与达芙妮（Bernini's Apollo and Daphne）

最高潮的一刻被冻结为大理石像（1622-1625）。阿波罗眼看就要抓到达芙妮时，心怀怜悯的诸神把她变成月桂树（右图）。

2 贝尔尼尼的波赛凤妮遭劫（Bernini's Rape of Persephone）

贝尔尼尼23岁时雕刻出这个杰作（1621-1622）。这位少女拚命想挣脱魔掌，而肌肉结实的冥府之王（Hades）仰头大笑，强有力的手指紧紧陷入她柔嫩的肉里。

3 贝尔尼尼的大卫（Bernini's David）

小贝尔尼尼创作的大卫（1623-1624），是米开朗琪罗文艺复兴版本的巴洛克风格的对应作品。那皱眉的脸孔是贝尔尼尼自己的相貌。

4 卡拉瓦乔的圣母与蛇（Caravaggio's Madonna of the Serpent）

这幅缺乏装饰的祭坛挂画（1605年）在圣彼得大教堂的祭坛上只挂了几个星期就被移到一座小的教堂，后来又卖给了博尔盖塞博物馆。

关于更多的罗马艺术杰作信息请参见48-49页

5 卡诺巴的保利娜·波拿巴(Canova's Pauline Bonaparte)

拿破仑的妹妹这张半裸画像引起一桩丑闻（1805-1808），画中她斜躺在大理石垫上。

6 卡拉瓦乔生自画像(Caravaggio's SelfPortrait as a Sick Bacchus)

他这幅早期的自画像（1593年）把自己画成酒神，笔触细腻，据推测画家当时在生病。

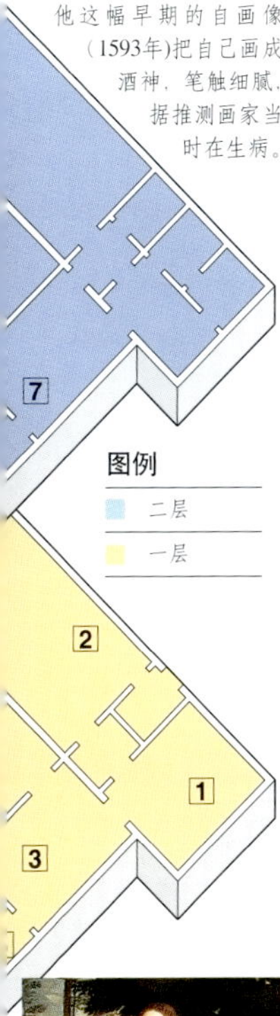

7 拉斐尔的耶稣遗体下十字架（aphael's Deposition）

这是博尔盖塞美术馆最有名的一张画（1507年，右图）。贝鲁贾（Perugian）的女统治者阿塔兰泰·巴格利奥尼（Atalante Baglioni）委托他画这幅画以纪念她遇刺的儿子。

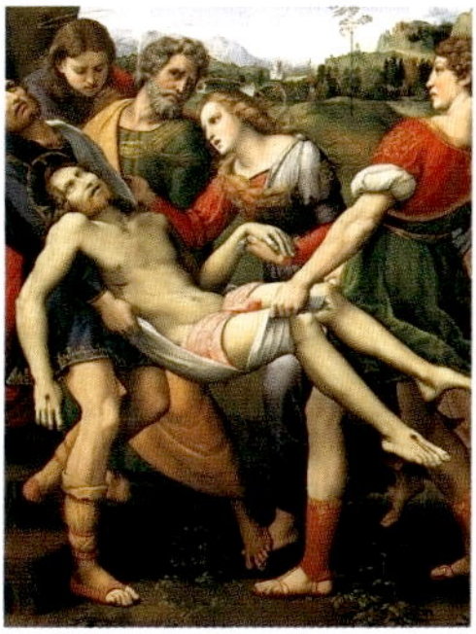

8 贝尔尼尼的伊尼亚斯与安其塞斯(Bernini's Aeneas and Anchises)

15岁的贝尔尼尼完成这件作品时，还在接受父亲皮耶特罗的指导，但他的才华已经很明显了。

10 柯勒乔的达那厄(Correggio's Danae)

这幅杰作（1531年）是基于奥维德的《变形记》所作。丘比特（Cupid）把床单掀开，朱比特化身为黄金雨洒下，落在他喜爱的达那厄身上（下图）。

9 提香的神圣和世俗之爱(Titian's Sacred and Profane Love)

提香这幅充满寓意的画（1514年）是为一桩婚礼而作，告诫年轻的新娘说尘世间的爱是神圣之爱的一部分，而性爱是神圣婚姻的延伸（下图）。

博尔盖塞的收藏家（The Borghese Collectors）

西皮奥内将这座17世纪的别墅当做展出地，展出他叔叔教皇保罗五世（Pope Paul V）送的丰富文物，他自己又加上小贝尔尼尼的雕刻作品。卡密罗·博尔盖塞（Camillo Borghese）娶了保利娜·波拿巴之后，在1809年把大量古典雕刻收藏品捐赠给大舅拿破仑，如今成为巴黎卢浮宫（Louvre）古文物厅的展藏核心。

斗兽场与帝国广场

这个考古资源丰富的地方，拥有罗马最宏伟最值得注意的一些古迹，却遭到墨索里尼的帝国议事广场路（Via dei Fori Imperiali）粗暴地侵入。这里最主要的建筑物是斗兽场的壮观外墙，是于公元72-80年由福拉维亚家族的皇帝所建，原名福拉维亚斗兽场（Flavian Amphitheatre）。这一区也有其他的帝国时期奇观，例如君士坦丁凯旋门（Arch of Constantine）以及几位皇帝所建的大型议事广场，其中最著名的是图拉真（Trajan）广场，还有1世纪象征尼禄愚蠢行为的黄金宫殿（Golden House），如今也只有地下部分可以显示出罗马帝国时期的宫殿内部设计。现在罗马计划把这一区变成大型考古公园，各项建设目标逐步实现之际，穿越这一区的车辆也将越来越多。

罗得岛骑士之屋的敞廊

有一个很适合吃简餐的的亲切地方是法洛拉妮咖啡馆（Caffe Valorani），地址：Largo Corrado Ricci 30。

在斗兽场可请学生当导览——他们为了赚小费而工作，给这个地方带来明显活力。

- 电话：06 3996 7700（所有考古景点都需要预约）
- 斗兽场：斗兽场广场Piazza del Colosseo，地图R6，开放时间每天上午9点至日落前1小时，门票9欧元（包括帕拉丁）
- 图拉真大帝的集市Trajan's Markets：Via IV Novembre，地图P4，06 6978 0532 限制入内，需电询。开放时间，门票3.20欧元
- 尼禄的黄金宫殿Nero's Golden House：Viale della Domus Aurea，地图E4，开放时间：周三至周一上午9点至晚上7点45分，门票5欧元
- 马麦提内监狱Mamertine Prison：Clivo Argentario 1，地图P5，开放时间：冬季：上午9点至下午5点，夏季：上午9点至晚7点。门票自由捐献

十大景观

1. 斗兽场
2. 图拉真集市
3. 尼禄金殿
4. 图拉真广场与纪念柱
5. 君士坦丁凯旋门
6. 马麦提内监狱
7. 罗得岛骑士之屋
8. 内尔瓦议事广场
9. 凯撒议事广场
10. 奥古斯都议事广场

1 斗兽场（Colosseum）

这里展示了帝王家族对血腥场景的追求。公元80年，罗马皇帝提图斯在斗兽场（右图）的落成典礼上，宣布举行长达100天的庆祝活动，有些活动甚至屠杀了5000头野兽。直到523年，这种杀野兽的活动都是合法的（参见40页）。

2 图拉真集市（Trajan's Markets）

2世纪早期，皇帝和富有想象力的建筑师Apollodorus of Damascus修建了这座漂亮、现代的购物和办公建筑（左图）。这里一共有150个空间，其中顶层是一些福利办公室，下面各层则是一些五花八门的店铺。

有关更多的古罗马古迹信息参见118-21页

3 尼禄金殿（Nero's Golden House）（奥瑞亚宅邸Domus Aurea）

疯狂皇帝的任性制造出了罗马有史以来最大最奢华的宫殿，其目的只是为了娱乐。这里在全盛期占地好几英亩，各种奢侈设施一应俱全，还有自属的森林（参见41页）。

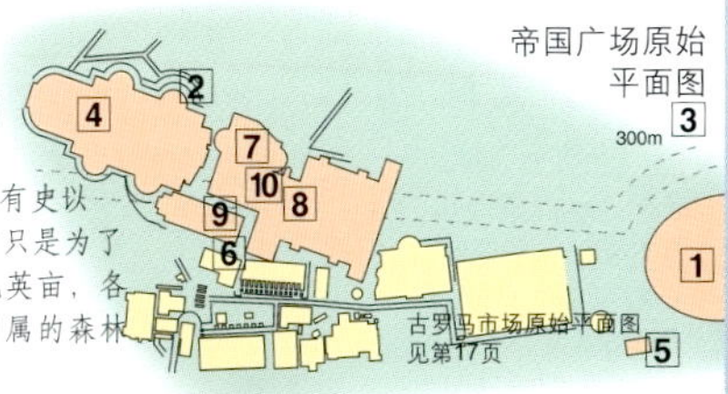

4 图拉真广场与纪念柱(Trajan's Forum and Column)

图拉真广场雄伟无比，看到的人都不禁赞叹它的高贵气质。如今这里已被现代化街道分割开来，只有矗立的图拉真大帝的纪念柱（右图）让人缅怀往昔，上面精细刻画着皇帝在今日的罗马尼亚战争胜利的事迹。穿过图拉真大帝的集市可以前往这个广场的部分遗址。

6 马麦提内监狱(Mamertine Prison)

传说圣彼得曾被关在这里。这里的囚犯起初都是从地板上的一个洞口丢进来，唯一的出口就是死刑。

8 内尔瓦议事广场(Forum of Nerva)

若非教皇保罗五世（Paul V）在17世纪把它拆了拿去建喷泉，这里的主要景点将是密涅瓦庙（Temple of Minerva）。如今还剩下两座柯林斯石柱以及上方的中楣。

9 凯撒议事广场(Forum of Julius Caesar)

这是罗马第一座帝国议事广场。凯撒祖先可追溯到维纳斯本人，所以他就建了维纳斯庙（Temple of Venus Genetrix，公元前46年），并把他与至爱的埃及艳后克里奥帕特拉（Cleopatra）的雕像放在里面。

10 奥古斯都议事广场(Forum of Augustus)

凯撒的继承人建这座广场时把重点放在战神庙（Temple of Mars the Avenger），由宽阔的楼梯与四根柯林斯石柱就可辨识出来。

5 君士坦丁凯旋门（Arch of Constantine）

这座凯旋门（右图）纪录着第一位基督徒皇帝打败对手马克西米努斯（Maxentius，参见38页）的事迹，然而其中却混合了其他几座早期纪念碑的异教徒成分—绘有狩猎场面的小圆窗来自一座献给哈德良皇帝男性情人安提努司（Antinous）的庙。

7 罗得岛骑士之屋(House of the Knights of Rhodes)

这座12世纪的小修道院属于参加十字军的罗得岛骑士团，里面有原始的门廊、三家商店以及圣约翰礼拜堂（Chapel of St John）。

地区导览

预期要三小时看完所有东西。在斗兽场与尼禄金殿可能要排队。必须参加导览团，一次30人，所以最好要预约。从Via IV Novembre的入口可以通往图拉真大帝的集市。其他的议事广场可以从帝国议事广场路（Via dei Fori Imperiali）看到。

TOP10 卡皮托利尼博物馆

卡皮托利尼丘（Capitoline Hill）是古罗马的宗教中心，现在则是两座大博物馆所在。顺着平缓的台阶走，会引你通往小丘上面，带给你一番难忘的戏剧性体验，一如米开朗琪罗在16世纪所设计的一般。到了顶上，你会看到骑在马上的马可·奥勒利乌斯皇帝（Emperor Marcus Aurelius）伸出手，仿佛在普施和平于天下。这座星形广场旁边耸立着两座宫殿，里面拥有丰富的罗马宝物。下文详述的新宫（Palazzo Nuovo）以及保守宫（Palazzo dei Conservatori，参见26-27页）的收藏，始于1471年教皇西克斯图斯四世（Pope Sixtus IV）捐赠的一批铜像，随后就不断充实丰富内容。

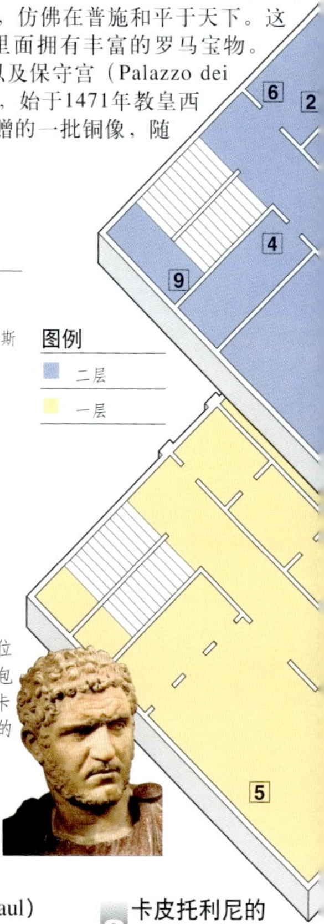

保守宫正面

保守宫后方的咖啡馆有一个非常棒的露天座位区，可以俯瞰壮丽的罗马市景。

两座博物馆之间有一部分地下信道是塔布拉瑞姆（Tabularium），这是古罗马的史料馆（Hall of Records），在此可提供你关于议事广场的特别视野。

- 坎皮多利奥广场Piazza del Campidoglio
- 地图N5
- 电话06-8205-9127
- 开放时间：周二至周日上午9点到晚上8点
- 门票8欧元（欧盟公民18岁以下与65岁以上免费）
- 参观卡（Capitolinicard）每张10欧元，7天内有效，并可用于参观Montemartini艺术馆（见152页）

十大特色

1. 御容堂
2. 垂死的高卢人
3. 卡皮托利尼的维纳斯
4. 鸽子镶嵌画
5. 马佛瑞欧
6. 休息的森林之神
7. 哲学家厅
8. 丘比特与赛姬
9. 镶嵌面具
10. 醉酒老妇

图例

■	二层
■	一层

1 御容堂

摆放有帝国时期多位皇帝与皇后半身像。包括公元3世纪残暴的卡拉卡拉皇帝（右图）的雕像。

2 垂死的高卢人（Dying Gaul）

这件最著名的展品（下图）传达着无尽的感伤。这可能是1世纪的罗马人仿造公元前3世纪一个希腊铜像之作。

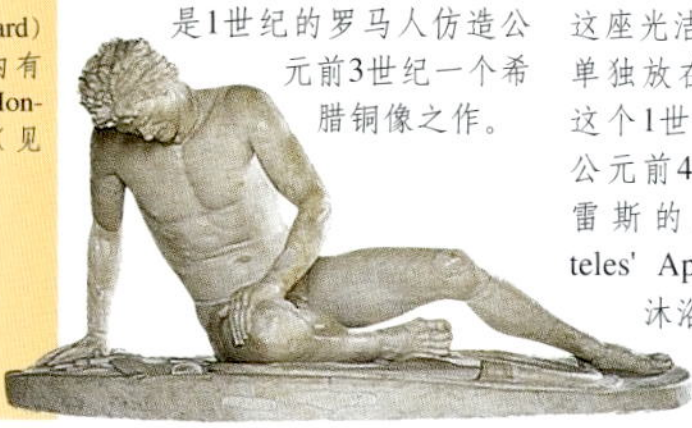

3 卡皮托利尼的维纳斯（Capitoline Venus）

这座光洁晶莹的爱神雕像单独放在一个展览室内。这个1世纪的作品是仿制公元前4世纪普拉克西泰雷斯的爱神像（Praxiteles' Aphrodite），展现她沐浴后站起来时试图遮掩丰腴身体的场景。

4 鸽子镶嵌画（Mosaic of the Doves）

这幅珠宝似的作品（右图）本来是哈德良别墅（Hadrian's Villa，参见154页）地板中央的一个装饰，是用细小的大理石与玻璃碎片（tesserae）拼成，表现出丰富的质感与量感。

5 马尔佛瑞欧（Marforio）

这个斜躺的多毛巨人（下右图）本来是一位河神，据说源自奥古斯都议事广场（Forum of Augustus，参见23页）。一位文艺复兴时期的雕刻家又加上海神的特征，然后放在这里当做庭院中喷泉的看守者。

8 丘比特与赛姬（Cupid and Psyche）

爱神拥抱着灵魂的人形化身，两个有情人永远结合在一起。这是希腊原作的罗马版本，激起观者许多种感性反应。

9 镶嵌面具（Mosaic of the Masks）

这个地板上的装饰画的是两张希腊戏剧用的面具，时期大概是2世纪。采用透视、光影的方法显示出高度技巧，而使用小方块的彩色大理石更创造出戏剧性效果。

7 休息的森林之神（Resting Satyr）

本是一座古代果园或喷泉的装饰。这个神话中半人半兽的雕塑，是公元前4世纪普拉克西泰雷斯原作的仿制品。尖耳朵、豹皮披肩与笛子都是自然之神潘恩（Pan）的特征。雕像激发霍桑（Nathaniel Hawthorne）的灵感，写成小说《大理石牧神》（Marble Faun，见56页）。

10 醉酒老妇（Drunken Old Woman）

这是公元前3世纪希腊原作的仿制品，源自一系列描绘罪恶报应的雕刻。

6 哲学家厅（Hall of the Philosophers）

厅内摆满了希腊大诗人与思想家理想化胸像的罗马版本，包括盲眼的史诗诗人荷马（Homer，右图）。

博物馆导览

你进入广场后，新宫就位于左手边，里面大部分是整修复原后的古雕刻。较好的作品在楼上。然后你可走楼梯到地下信道前往保守宫（参见26-27页）。庭院中展示有古代大理石作品的零碎部分。接着上一层楼有16世纪的装饰作品与古典雕塑。顶楼则为文艺复兴与巴洛克风格绘画。

《拔刺的少年》

《母狼铜像》

TOP 10 保守宫展藏

1 残缺的君士坦丁巨像 (Colossal Statue of Constantine Fragments)

这些残缺不全又大得出奇的身体（约313-324）是在马克西米努斯与君士坦丁大帝会堂遗址中挖掘出来的，由凸出的眼睛可看出原属于这个第一位基督教皇帝坐像的一部分。这座雕像的其他部分是木雕加上一层青铜外衣。

2 拔刺的少年 (Lo Spinario)

在西克斯图斯四世捐给罗马人民的收藏中，这是极为珍贵的一座铜雕。这个迷人的作品日期可溯至公元前1世纪。这种以平常生活事情为主题的创作充分表现出希腊风格，而头部则令人联想到更古老的例子。男孩的不寻常且优雅的姿势激发许多文艺复兴时期创作的灵感。

3 卡拉瓦乔的施洗者圣约翰（施洗约翰）(Caravaggio's St. John the Baptist)

这个作品的淫荡意味令人震惊，在1600年左右问世时，画中男孩的性感姿势以及手臂揽着公羊的样子掀起了圣像绘画革命。熟练的明暗对比技巧使这幅圣像更接近世俗。

4 母狼铜像 (Bronze She-Wolf)

这是罗马最古老的象征，约为公元前5世纪的埃特鲁斯坎（Etruscan）或希腊作品。母狼警戒地站着，兼具保护者与哺育者的角色，双胞兄弟罗慕路斯（Romulus）与雷穆斯（Remus）（参见38页）则在吸吮它的奶。这个作品也是1471年教皇西克斯图斯四世的捐赠之一。

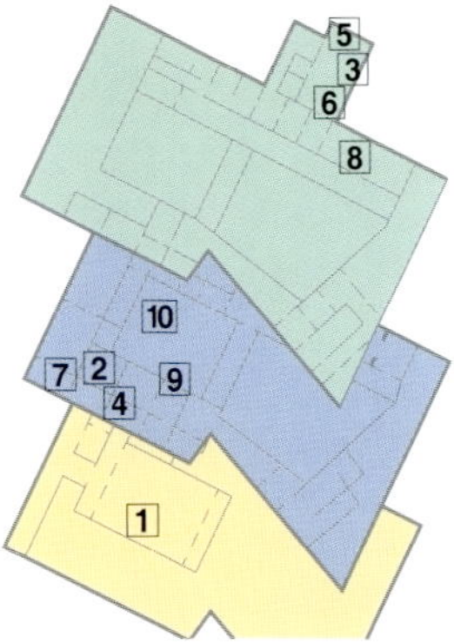

保守宫图例

- 三层
- 二层
- 一层

5 盖尔奇诺的圣佩特罗妮拉葬礼 (Grercino's Burial of St Petronilla)

在这个巨大的祭坛装饰作品中，卡拉瓦乔的影响显而易见。这幅画是在1621至1623年间为圣彼得大教堂所作，强烈的明暗效果结合明显的肌肉与人物特色，将作品直接带入观赏者的肉体世界中。

6 卡拉瓦乔的吉普赛算命女人 (Caravaggio's Gypsy Fortune-Teller)

这是卡拉瓦乔早期的作品，但仍跟他的那幅《施洗者圣约翰》一样富于革命性。画的主题是这位画家熟知的16世纪罗马街头日常景象。注意画中吉普赛人正在偷偷把戒指由丝毫未察觉的年轻花花公子手指上取下来。

卡拉瓦乔的《吉普赛算命女人》

7 布鲁图胸像(Bust of L. Junius Brutus)

这个铜像完成时间约为公元前4至3世纪之间，大概是这座博物馆中最罕见的创作主题。不确定如何辨认这就是罗马的第一任执政官，因为看起来也很像希腊的纪念诗人与哲学家的作品。眼神强烈的镶玻璃眼睛使它成为一个极为吸引人的雕像创作。

8 考托纳的劫掠萨宾人（Pietro da Cortona's Rape of the Sabines）

据说巴洛克的画风就始于这幅作品（约1630年），画家屏弃对称技巧，展现扭曲的动态意味。这幅画描绘罗马早期的一段历史：罗马新城已建立，但女性人口不足，所以他们就从邻近的萨宾部落劫掠妇女（参见38页）。

9 康茂德扮做海克力斯的胸像（Bust of Commodus as Hercules）

这位2世纪的皇帝喜欢在斗兽场上跟野兽相斗，还扮成半人半神的海克力斯以强调自己的神化特点。他右手拿着棍子，左手的狮皮与海斯裴利德斯（Hesperides）的苹果，都是海克力斯做的苦工象征。

10 马背上的马可·奥勒利乌斯(Eguestrian Statue Of Morkus Aurdius)

这件珍贵的雕像是公元2世纪用青铜铸成（展出的是复制品，原雕像现在保守宫的一层）。

马背上的马可·奥勒利乌斯

TOP10 国立罗马博物馆

国立罗马博物馆拥有无数一流的古典艺术收藏，这个数量对于1981年关闭的原址戴克里先浴场（Baths of Diocletian）来说已经不胜负荷。1998年，这些收藏被分置于不同的场地，成为一个真正现代的21世纪的博物馆。卢多维西家族、马太家族和阿尔滕普斯家族收藏的雕塑搬进了靠近纳沃纳广场的建于16世纪的阿尔滕普斯宫（参见30、31页）。建于19世纪的原为耶稣书院的马西莫宫收藏了很多最佳的个人雕塑以及一些从未展出的镶嵌画、壁画，下面会详细介绍。古老的欧塔格纳室接受了大型的浴室雕塑；2000年重新开发的戴克里先浴场（参见133页）则提供了一个重要的铭文收藏和展示。

国立罗马博物馆马西莫宫正面

从阿尔滕普斯宫（Palazzo Altemps）可至纳沃纳广场（Piazza Navona）的"三阶"（Tre Scalini）吃便餐（参见88页）。

提前打电话预订国立罗马博物馆马西莫宫的门票，因为顶楼的壁画与镶嵌画限时参观。

- 国立罗马博物馆马西莫宫 Palazzo Massimo alle Terme：Largo di Villa Peretti 1，地图F3，电话06-3996-7700，开放时间：周二至周日上午9点至晚上7点45分，门票7欧元
- 阿尔滕普斯宫：Piazza Sant'Apollinare 44，地图：L2，电话06-3996-7700，开放时间：周二至周日上午9点至晚上7点45分，门票7欧元
- 7欧元的国家博物馆门票卡可用于所有博物馆参观，限时3天。

十大展品

1. 奥古斯都雕像
2. 餐亭壁画
3. 四位战车驾驭者镶嵌画
4. 受伤的尼欧碧德
5. 琉柯泰雅哺育狄俄尼索斯
6. 狄俄尼索斯铜像
7. 掷铁饼者
8. 奥斯蒂亚祭坛
9. 吉屋尼欧·巴索长方形会堂
10. 钱币收藏

1 奥古斯都雕像（Statue of Augustus）

这座罗马第一位皇帝的雕像（下右图）本来矗立于拉比卡纳（Via Labicana）路上。雕像显示奥古斯都的外袍由头上披垂下来—这是他在公元12年自封的众多头衔之一：大祭司（Pontifex Maximus）。

2 餐亭壁画（Triclinium Frescoes）

这些壁画（公元前20前10）描绘的是奥古斯都之妻利维娅（Livia）的别墅花园，壁画所在的特里克力尼翁是一座半掩在地下的用餐亭子，这样在夏天比较凉快。

3 四位战车驾驭者镶嵌画（Four Charioteers Mosaic）

塞维里皇室一定热爱运动，把他的建于3世纪的别墅卧室里都装饰着这些战车驾驭者的画（上图）。他们穿着罗马竞技场的传统四色服装。

更多罗马博物馆信息可参见42-43页

4 受伤的尼欧碧德 (Wounded Niobid)

这座令人难忘的美丽雕像，描述尼欧碧德（尼欧碧女王的女儿）伸手到背后拔取杀死她兄姊的箭（右图）。雕像创作时间约为公元前440年，本来用于一座希腊寺庙内，后来落入凯撒手中。

6 狄俄尼索斯铜像 (Bronze Dionysus)

古典时期铜像流传至今的非常少，使得这座第2世纪的优雅雕像在出色的技巧与装饰之外更显特别。你仍可看到雕像的黄色眼睛、红色嘴唇，用葡萄彩饰的头发上还有一条饰带。

9 吉屋尼欧·巴索长方形会堂 (the Basilica of Giunio Basso)

镶嵌的彩色大理石代表着已成强弩之末的异教徒信仰仍试图紧抓着罗马权贵家族（下图）。罗马帝国在公元331年改信基督教，执政官吉屋尼欧·巴索（在一幅画中被画为战车驾驭者）委托画家将这些情景画出，作为他的会堂装饰。

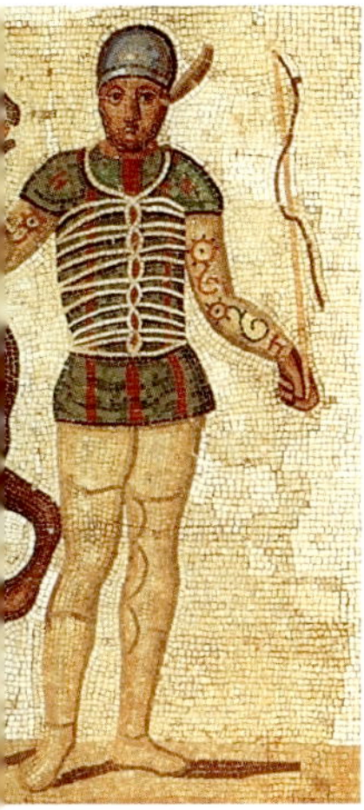

7 掷铁饼者 (Discus Thrower)

这座公元2世纪的大理石像（下图）是仿照公元前450年希腊米隆（Myron）著名的作品，由于极为忠于原作，就连原来铜像的不甚完美尺寸都照样模仿出来。

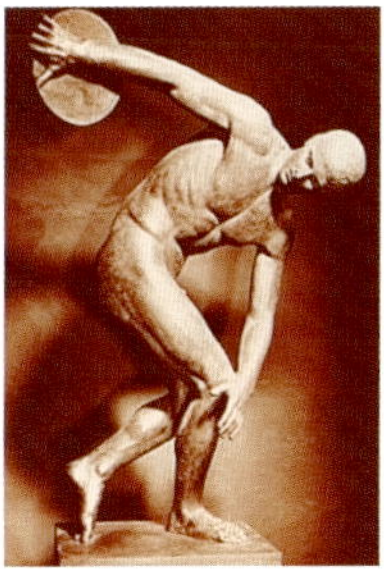

10 钱币收藏 (Numismatic Collection)

这里展出各种意大利钱币，从罗马共和时期、帝国时期至中世纪与文艺复兴时期的公国钱币，还有里拉与欧元都无所不包。

5 琉柯泰雅哺育狄俄尼索斯 (Leucotea Nursing Dionysus)

1879年挖掘出一座别墅，里面装饰有华丽壁画，卧室中这一幅画的是女神在哺育酒神（下图），壁龛中还有更多类似的情景画面。

8 奥斯蒂亚祭坛 (Ostia Altar)

这座图拉真年代的祭坛将罗马的建立与战神马尔斯（Mars）跟爱神维纳斯的结合搭上关系。马尔斯被画成传说中罗马建立者罗慕路斯（参见38页）的父亲，维纳斯则抱着英雄埃尼亚斯（Aeneas），后者逃离特洛伊，来到罗马后建立了朱利亚王朝（凯撒自己发明的祖先家谱）。

博物馆导览

马西莫宫的一层展出所有罗马共和时期及早期帝国（可溯至奥古斯都皇帝）的雕塑，还有几项珍贵的更早期的希腊作品。二楼展出的是上至4世纪描绘罗马帝国政治、文化与经济方面的艺术作品。三楼凭门票限时入场，收藏有古代镶嵌画与壁画。钱币收藏展厅在地下层，另外还有一些金饰与一个八岁大的女孩木乃伊。

卢多维西石棺

卢多维西宝座上的浮雕

TOP 10 国立罗马博物馆阿尔滕普斯宫的收藏

1 花园长廊（Garden of Delights Loggia）

长廊上的壁画（约1595年）可说是各种外国水果、植物与动物的目录，都是当时由新世界（NEW WORLD）进口的。

2 帕特农神庙的雅典娜（Athena Parthenos）

公元前1世纪的希腊雕刻家安提欧柯（Antioco）创作出这座雕像，想与著名的雅典的帕特农神庙中失落已久的雅典娜古雕像比美。

3 卢多维西石棺（"Grande Ludovisi" Sarcophagus）

这个3世纪中期的石棺雕工很精细，保存得也极好，描绘罗马人打败野蛮的东哥德人（Ostrogoth）游牧部落的情形。

4 奥瑞斯特斯与伊莱克特拉（Orestes and Electra）

这座1世纪的雕像是由美耐劳思（Menelaus）所作，他是模仿希腊大艺术家普拉克西泰勒思（Praxiteles）的作品。附近的15世纪壁画残迹描绘着送给吉洛拉摩·利亚利欧（Girolamo Riario）与卡特丽娜·思佛萨（Caterina Sforza）的一些结婚礼物。

5 卢多维西的宝座（Ludovisi Throne）

这套公元前5世纪的浮雕描绘爱神阿佛洛狄忒（Aphrodite）的诞生，最初是从卡拉布里亚（Calabrian）的希腊殖民地带到罗马来，于19世纪被挖掘出来。

6 狄俄尼索斯与森林半兽人（Dionysus with Satyr）

帝国时期的罗马热爱希腊雕刻，产生了这种把狄俄尼索斯、森林半兽人与一只豹子放在一起的仿制作品。

7 弹竖琴的阿波罗（Apollo Playing the Lute）

这所博物馆里有两座1世纪的阿波罗像，都是在17世纪时修复的。

8 自杀的高卢人（Suicidal Gaul）

一个要自杀的人搀扶着他已死妻子的手臂。这是系列作品，包括卡皮托利尼的垂死的高卢人（参见24页），都是凯撒委托艺术家为庆祝战胜高卢人而作。

卢多维西的希拉巨型头像

9 埃及雕像（Egyptian Statuary）

这些埃及收藏品展现埃及文化对罗马的影响，分成三部分：政教、流行信仰及祭拜场所。展出的这件是花岗岩雕刻"阿皮公牛"（Bull Api）或"布兰卡求公牛"（Branccio Bull，公元前2世纪）。

10 卢多维西的希拉巨型头像（Colossal Head of Ludovisi Hera）

德国作家歌德称之为他的"罗马初恋"。据这是克劳迪厄斯（Claudius）母亲安东妮亚（Antonia）的肖像。

十大古代艺术收藏所

1. 国立罗马博物馆（参见28-31页）
2. 梵蒂冈博物馆（参见8-9页）
3. 卡皮托利尼博物馆（参见24-27页）
4. 蒙特马尔提尼艺术中心（参见151页）
5. 和平祭坛（参见91页）
6. 朱利亚别墅（参见112页）
7. 图拉真的纪念柱（参见23页）
8. 马可·奥勒利乌斯纪念柱（参见92页）
9. 帕拉丁古文物馆（参见18页）
10. 巴拉可博物馆（参见104页）

古罗马艺术

古罗马艺术跟其文化一样保守。雕刻是最持久的艺术形式，也最缺乏原创性。从共和时期中叶至帝国时期，罗马人都不喜欢自创，而比较喜欢模仿著名的希腊作品。罗马皇帝从希腊及其位于南意大利的旧殖民地引进了大批黄金时代雕塑。罗马的艺术家做出各种姿势穿着外袍的无头像，然后任何头胸部分都可以后来安装上去。罗马人真正擅长的也就是胸像，尤其是帝国时期的早期，那时自然主义仍很流行。罗马的绘画以庞贝（Pompeii）为范例，可分为几种形式，第一种是模仿大理石镶板画，第二种模仿建筑，通常是插在小型的绘画景物中，这又变成了第三种形式的标志。第四种形式是视幻觉法（trompel'oeil）装饰。镶嵌瓷砖画起初是一种地板强化技术，可以是单纯的黑白画，也可以是复杂的壁画，用大理石碎片创造阴影与轮廓。碎块形工艺（Opus Sectile，镶嵌大理石）是由东方引进的一种形式。

罗马的女神
大理石雕刻是非常普遍也持久的罗马一种艺术形式，例如这座女神坐像。这个女人身上袍服流动似的样子给人特别深刻的印象。

魏吉尔与缪斯艺术女神镶嵌画

TOP10 人民圣母堂

很少教堂有这么完美的罗马艺术与建筑的基本收藏。各时期大师如文艺复兴早期（平图里齐奥，布拉曼泰）、文艺复兴全盛期（拉斐尔）与巴洛克（卡拉瓦乔、贝尔尼尼）都在此展示各种艺术领域的天赋：绘画、雕刻、建筑与装饰。这里也是少数的主要祈祷室仍然完好的教堂之一，保存的艺术作品可以述说出一个完整的故事（意大利大部分的祈祷室都已解体，原来的画都收到博物馆去了）。在塞拉席礼拜堂（Cerasi Chapel），卡拉瓦乔和卡拉其（Caracci）合力完成拱顶上的一幅壁画，描绘彼得、保罗与玛丽亚跟天堂的关系。贝尔尼尼将拉斐尔的基吉礼拜堂（Chigi Chapel）作了一番修改，使这个小空间里各种艺术作品相互的影响更加清楚。

人民圣母堂正面

卡诺巴（Canova）与罗萨提（Rosati）咖啡馆都在人民广场(Piazza del Popolo)上。

有些教堂的珍藏放在唱诗班席位与壁龛处的高祭坛（High Altar）后面。未举行弥撒的时候，你可以到祭坛左边的帷幕后面，打开保险盒里的灯光然后欣赏一下。

- 人民广场12号Piazza del Popolo 12
- 地图D2
- 开放时间：周一至周六上午7点至中午与下午4点至晚上7点，周日上午8点至下午1点30分与下午4点30分至晚上7点分
- 免费

十大特色

1. 圣彼得（彼得）被钉十字架
2. 圣保罗（保罗）之皈依
3. 拉斐尔的基吉礼拜堂
4. 贝尔尼尼的基吉礼拜堂
5. 平图里齐奥的崇拜图
6. 桑索维诺之墓
7. 马希拉的彩绘玻璃窗
8. 布拉曼泰的壁龛
9. 塞伯礼拜堂
10. 赛巴斯提安诺·戴尔·皮庸波的圣母产子图

1 圣彼得被钉十字架(Crucifixion of St Peter)

卡拉瓦乔摆脱了他早期作品的惊悚残酷气氛，把戏剧效果注入这件强调明暗对比的作品（1601年）中。画中人物表现得自然而平静，疲倦的工人把十字架拖到要架设之处，圣彼得看起来很悲伤也若有所思（下图）。

2 圣保罗之皈依(Conversion of St Paul)

卡拉瓦乔光线对比传达戏剧性，描绘惊骇的保罗被眩目的光线震慑住了（1601年）。

3 拉斐尔的基吉礼拜堂（Raphael's Chigi Chapel)

这座礼拜堂是拉斐尔为教廷银行家阿戈斯蒂诺·基吉(Agostini Chigi)所设计(1519-1523)。

还有更多关于罗马教堂的信息请参见44-45页

4 贝尔尼尼的基吉礼拜堂（Bernini's Chigi Chapel）

红衣主教法比欧·基吉聘请贝尔尼尼将拉斐尔在130年前开始做的工作继续完成。这位艺术家只修改了原计划的两部分（上图）。

5 平图里齐奥的崇拜图（Pinturicchio's Adoration）

这位艺术家在这个1490年的洛维尔礼拜堂（della Rovere chapel）中，保有较多佩鲁吉诺（Perugino）的翁布瑞安(Umbrian)平静风格。礼拜堂中还有红衣主教克里斯托福洛(Cr-istoforo）的墓雕，这是福兰切斯柯·达·桑格洛（Francesco da Sangallo）的作品（1478年）。

6 桑索维诺之墓（Sansovino Tombs）

在凯旋门式的坟墓之下，托斯坎·安德瑞·桑索维诺（Tuscan Andrea Sansovino）为传统的平躺式塑像加上了另类的文艺复兴变化（1505-1507）。红衣主教吉洛拉摩·巴索与阿西安诺·斯福萨的遗像斜躺在垫子上（下图）。

7 马希拉的彩绘玻璃窗（Marcillat's Stained-Glass Window）

这是纪尧莫·德·马希拉（Guillaume de Marcillat）唯一的一件罗马式作品。这位法国大师的彩绘玻璃描绘婴儿时期的基督以及圣母的生平（下图）。

8 布拉曼泰的壁龛（Bramante's Apse）

这位建筑师在罗马的第一件作品，他在1500年左右接受教皇犹利二世的委托，完成唱诗班席位区及扇贝形壁龛。

人民圣母堂平面图

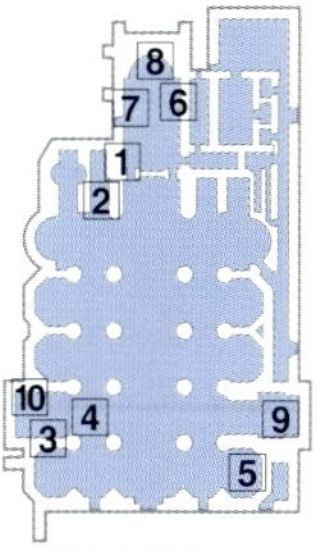

9 塞伯礼拜堂（Cybo Chapel）

卡尔·方塔纳(Carl Fontana）在这件完成于（1682-1687）的设计作品中，融合了巴洛克风格的彩色大理石以及卡罗·玛拉塔（Carlo Maratta）的祭坛装饰画“纯真受孕”（Immaculate Conception）。

10 赛巴斯提安诺·戴尔·皮庸波的圣母产子图（Sebastiano del Piombo's Nativity of the Virgin）

这件基吉礼拜堂内的祭坛装饰画（1530-1534）与拱顶的新异教信仰主题形成对比。

人民的教堂

尼禄（Nero）葬在平乔山（Pincio，参见62页）的多密提亚（Dom-itia）家族墓穴之下，他的鬼魂化身为恶魔乌鸦，栖息在一棵受诅咒的树上，使附近的人害怕不已。教皇贾利二世（Paschal II）为了安抚民众，在1099年砍除这棵树，代之以一座给人民的礼拜堂（il popolo）。这座礼拜堂在1277年扩建，1472-1477年间又改建为伦巴底风格。安德瑞·伯瑞纽又给礼拜堂正面加上了文艺复兴风格，贝尔尼尼则给内部加上了巴洛克风味。

TOP 10 圣克莱蒙特大教堂

在罗马，只有这座出色的教堂能够清楚呈现这个城市的层次概念以及丰富的文化资源。最下层的遗址大部分尚未开发，其年代可追溯至共和时期的罗马，大约是公元前2世纪。目前挖到的最深一层有1世纪的建筑，包括一个早期基督徒做礼拜的房子与祭祀波斯神密斯拉斯（Mithras）的庙。其上则是一座局部完整的4世纪教堂。1084年这座建筑在诺曼底人劫掠时遭焚毁，原址建起一座新教堂，并且采用了原来建筑的部分材料。1857年，爱尔兰的道明（Dominican）修道院院长穆鲁利神父意外发现下层的教堂，就此展开了清除碎石瓦砾的长期工程。

圣克莱蒙特大教堂正面

咖啡馆与餐厅散布本区。可去坎纳沃塔（Cannavota，参见131页）试试传统的罗马餐点。

带一个小手电筒以便看清密斯拉斯古庙暗处的装饰，但不可摄影或录像，而且主管单位对这一项规定执行非常认真。

- Via di S Giovanni in Laterano
- 地图F4
- 电话06-7045-1018
- 开放时间：每日上午9点至下午12点30分与下午3点至晚上6点（周日上午10点起）
- 至低层参观的门票3欧元

十大特色

1. 壁龛镶嵌画
2. 希新壁画的传奇
3. 密斯拉斯庙
4. 圣凯瑟琳礼拜堂
5. 圣克莱蒙特的奇迹壁画
6. 圣歌合唱学校
7. 公元前1世纪宅邸
8. 科斯马蒂式的地面铺设
9. 贾利的烛台
10. 庭院与正面

1 壁龛镶嵌画（Apse Mosaic）

在上层教堂（Upper Church）内这幅12世纪《生命之树》画中的人物看起来欢喜无比（下图）。肥胖的丘比特、可爱的动物与繁茂的树叶令人联想到一个新发现的乐园。这里的石头与玻璃，是取自下层4世纪已毁教堂里类似作品所用的材料。

2 希新壁画的传奇（Legend of Sisinius Frescoes）

下层教堂里的这些壁画描绘一位富有的异教徒希新，他由于怀疑自己基督徒妻子的贞洁而变得又盲又聋。圣克莱蒙特把他医治好却激怒了他，希新愤怒之际下的命令是目前所知最早的意大利碑文。

3 密斯拉斯庙(Mithraem)

这个三斜餐室两边有着平台，是在举行仪式宴会时所用，这种纯男性参加的集会形式则模仿神升天前的最后一餐。祭坛上的画描绘的是密斯拉斯杀死宇宙公牛（Cosmic Bull）以创造世界。

4 圣凯瑟琳礼拜堂(St Catherine's Chapel)

上层教堂内这些壁画（上图）是由15世纪的佛罗伦萨艺术家马索利诺（Masolino）所修复，生动的画面描绘着亚力山大的圣凯瑟琳（St Catherine of Alexandria）生平。这些壁画提供了罕有的机会让人欣赏到罗马早期的佛罗伦萨文艺复兴艺术。

5 圣克莱蒙特的奇迹壁画（Miracle of San Clemente Frescoes)

下层教堂的这些壁画描绘了圣克莱蒙特如何拯救一个险遭淹死的男孩。

6 圣歌合唱学校(Schola Cantorum)

这块给唱诗班用的地方（上右图）是教皇约翰二世(John II，公元535-555)所赠，后来建立新唱诗班时仍旧保留了下来。这里四周用白色大理石格墙围起来，墙上有彩色镶嵌画以及早期基督教的雕刻。

7 公元前1世纪宅邸(1stcentury BC Domus)

这座宅邸属于一个叫克勉（Clemens）的人，他可能是一位早期基督教殉道者与圣克莱蒙特的亲戚，是一个犹太血统的自由人。这座4世纪的教堂正好建于1世纪教堂的遗址上方。

8 科斯马蒂式的地面铺设（Cosmatesgue Pavement)

这种技巧（下图）由12世纪的科斯马蒂家族发明，采用取自罗马废墟的石头碎片，创造出复杂对称的图案。

9 贾利的烛台(Paschal Candlestick)

这种12世纪的螺旋图案（左图）上看不到耀眼的古代玻璃镶嵌画，可说是上层教堂内科斯马蒂艺术家的另一种作品范例。

10 庭院与正面(Courtyard and Façade)

原来的入口是穿过一个四方柱廊（quadroporticus），也就是一种中世纪四边有廊柱的方形前庭。喷泉与弯曲的正面是18世纪初加上去的。

教堂导览

通常你可由两个地方进入，一是穿过有阳台的前门，另一是通过拉特兰（Laterano）的圣乔凡尼路(Viadi-SanGiovanni）上小广场边的侧门。通往下层教堂与考古区的入口是穿过圣器收藏室的前庭，你在那里也会找到关于两座教堂及密斯拉斯庙艺术的书籍、幻灯片与美丽的明信片。下方1世纪的巷道不适合有密室恐惧症的人，但悦耳的地下泉水流动声或许可以让你放轻松一点。

奥斯蒂亚古城

大约2000年前，古罗马这座活跃的国际港口城市就位于台伯河河口的海边（奥斯蒂亚ostium的意思就是“河的嘴巴”）。接下来的1000年间，海水退缩了几公里，河道也大幅改变。奥斯蒂亚建立于公元前4世纪，起初只是一个单纯的要塞，后来随着罗马逐渐发展，这个地方也变得越来越重要，成为从地中海周边进口货物的集散地。谷类是最重要的货物，用来养活罗马的100万居民，因此这里建起许多巨大的贮存塔（horrea），货物用驳船沿河运到罗马。奥斯蒂亚的盛况在4世纪结束，变成一个居住区之后约在1000年前完全湮没。

议事广场

博物馆后面有一个点心吧，是热天休息充电的好地方。

废墟遗址看起来都差不多，所以最好在买门票的地方租一个导览录音带。

- Vialedel Romagnoli 717
- 地铁B线，电车3线与30线，或者搭公车23、95、75、280到Piramide，再换区间火车由圣保罗港火车站Porta San Paolo Station至奥斯蒂亚古城
- 电话06-5635-8099
- 开放时间:周二至周六上午8点30分至下午6点；周日上午8点30分至晚12点30分
- 门票4欧元（18岁以下与65岁以上免费）
- 可预约参观港口（图拉真港）
- 电话：06-6501-0089

十大特色

1. 戴库马努斯·马希幕斯
2. 露天剧场
3. 迪安纳之家与泰尔莫波里庸
4. 博物馆
5. 议事广场
6. 卡皮托利庙
7. 塞特·萨皮安提浴场
8. 丘比特与赛姬之屋
9. 奈图诺浴场
10. 蛇的密斯拉斯庙

1 戴库马努斯·马希幕斯（Decumanus Maximus）

由古奥斯蒂安熙思路（ViaOstiensis）进入公园。左方有一座白色大理石女神像，表示这个城市的主要街道戴库马努斯·马希幕斯由此开始（上图）。

2 露天剧场（Theatre）

原来的剧场有现在的两倍高（中图）。舞台后方有一座庙，祭拜的不是谷神赛瑞斯（Ceres）就是戏剧之神狄俄尼索斯（Dionysus）。在广场周边，许多镶嵌画（右图）说明各种进口生意：谷类、野生动物、象牙与船运。

3 迪安纳之家与泰尔莫波里庸（Casa di Diana and Thermopolium）

你可以爬到这个住宅建筑顶上一览全景。街对面是泰尔莫波里庸酒馆，菜单上的项目都画在墙上。

关于更多罗马的古迹资料请参见40-41页

4 博物馆（Museum）

这里安排得非常好，展品包括在遗址中找到的珍贵雕像、石棺与镶嵌画。重点之一是正要杀死宇宙公牛献祭的密斯拉斯大理石神像。

奥斯蒂亚古城

5 议事广场（Forum）

这座长方形官厅中心原来周围有石柱环绕，中央是一座祭拜家庭守护神帝国拉瑞斯（Imperial Lares）的圣坛。

9 奈图诺浴场（Terme di Nettuno）

这座浴场（左图）建于2世纪，你从一座小阳台上就可以欣赏到精美的海神与海兽镶嵌画。你也可以沿着左侧走下去，仔细欣赏浴场设计精巧的加热系统。

10 蛇的密斯拉斯庙（Mithraeum of the Serpents）

这是奥斯蒂亚的18座密斯拉斯庙之一。这个教派在罗马士兵之间非常盛行，在港口城市尤其普遍。蛇的壁画使大地肥沃，平台则是在神秘的宴会上用来躺着的。

7 塞特·萨皮安提浴场（Terme dei Sette Sapienti）

这座精致复杂的浴场包括一幅维纳斯像、地板上的猎人与动物、裸体运动员以及航海镶嵌画。

6 卡皮托利庙（Capitolium）

这座城市最主要的建筑就是这个庙，祭拜的是卡皮托利尼三主神—朱比特、朱诺与密纳瓦。爬上阶梯（上图）可欣赏用罕见的卢库兰（Lucullan）大理石做的门槛。

8 丘比特与赛姬之屋（House of Cupid and Psyche）

这座3世纪的精致宅邸。仍可欣赏到多利斯（Doric）石柱、喷泉（水神庙，nymphaeum）以及镶嵌大理石装饰。

公园导览

搭区间火车前往非常容易，由圣保罗港火车站出发只需要20分钟，后者就在皮拉米德（Piramide）地下站的旁边。全程所需只是一般公车票的花费。从奥斯蒂亚古城火车站直走到跨越高速公路的人行桥，再继续直走，经过餐厅，就可抵达售票亭。公园很大，好好走一圈至少要三小时。穿结实一点的鞋子，热天要抹点防晒油，还需要带一瓶水。

罗马焚城

墨索里尼与法西斯分子进入罗马，1922年

TOP 10 十大历史性时刻

1 罗慕路斯与雷穆斯 (Romulus and Remus)

据说罗马建立于公元前753年。双胞兄弟罗慕路斯与雷穆斯是战神马尔斯（Mars）与一个维斯泰女祭司生的儿子，他们被邪恶的叔叔丢到水中随波漂流，后来被一只母狼哺育长大。然后他们在帕拉丁建立铜器时代的村落，但罗慕路斯在某次争吵时杀死了雷穆斯，而他的罗马则继续发展壮大。

2 劫掠萨宾妇女（Rape of the Sabine Women）

公元前8世纪50年代，为了增加女性人口，罗慕路斯的手下就去邻近的萨宾王国绑架妇女。然而后来罗马开始扩张，两个王国就合并了。后来罗马被埃特鲁斯坎的塔奎因（Tarquin）王朝征服。公元前510年，由贵族统治的共和罗马形成，持续了450年以上。

3 凯撒遇刺（Assassination of Caesar）

一连串的胜仗把高卢（法国）纳入罗马的版图，也使朱利厄斯·凯撒（Julius Caesar）越来越受人民欢迎。他把大军开入罗马，自封为罗马的终生独裁者（Dictator for Life），却在公元前44年的3月15日遇害。凯撒的养子渥大维（Octavian）改名为奥古斯都（Agustus），在公元前27年自封为皇帝。

4 罗马焚城 (Rome Burns)

64年，一场大火摧毁了大半个罗马。尼禄皇帝重建了许多公共建设，却也把许多土地拿去盖他的金殿（Golden House）。后来他遭到逼退，而在68年自杀（参见41页）。

5 密维安桥之役（Battle at Milvian Bridge）

公元312年，君士坦丁大帝（Emperor Constantine）的基督徒母亲预见他在十字架之下打了胜仗，于密维安桥击败共同掌权的皇帝马克西米努斯（Maxentius）。后来他就宣布基督教为国教。

6 帝国沦亡（Fall of the Empire）

到了4世纪末，罗马的国力开始衰退，野蛮人渡过莱茵河与多瑙河，征服了偏远的省份。476年，最后一位皇帝被废，帝国就此沦亡。

7 教廷迁到阿维尼翁（Papacy moves to Avignon）

教廷在1309年由罗马迁到法国，这座城市沦于落后状态，由一些小亲王统治，他们把大寺庙的大理石拿去盖宫殿。1377年，教廷回到罗马，这座城市也获得重生。

8 罗马之劫 (Sack of Rome)

公元1527年，罗马在1000多年后初次被人征服。日耳曼的查理五世皇帝带兵攻占这座城市七个月，直到教皇克勉七世投降，并保证关切新教运动。

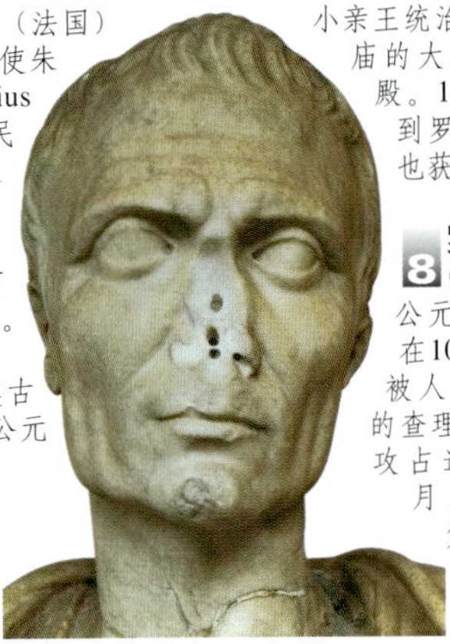

凯撒头像

教皇的城堡，阿维尼翁

9 意大利统一（Unification of Italy）

皮蒙泰赛（Piemontese）国王维托里奥·埃马努埃莱二世（Vittorio Emanuele II）与其将军加里波底（Garibalidi）费时多年征服半岛上各王国与公国，建立了叫做意大利的新国家。1870年，加里波底突破了奥勒利安壁垒（Aurelian walls），占领这座古都，完成了意大利的统一。

10 墨索里尼掌权（Mussolini Takes Power）

主张民族主义的法西斯党领袖墨索里尼（Benito "Il Duce" Mussolini）在1922年进入罗马成为首相。他对帝国时期的伟业充满幻想与向往，因而下令挖掘出不少我们今日所见的古迹。他让意大利与希特勒结盟，后来失利时被罢黜，意大利加入同盟国。目前的共和国成立于1946年。

十大最有影响力的教皇

1 圣彼得（St Peter）

耶稣选定这位使徒（42-67）带领教会。他在罗马殉教后，这座城市变成基督教的中心。

2 圣良一世（St Leo the Great）

这位罗马的主教（440-461）自封为基督教会的大教皇（Pontifex Maximus of the Christian church）。

3 大圣国瑞（St Gregory the Great）

巩固了教皇为西方俗世领导人的地位，并使英格兰变成基督教国家（590-604）。

4 诺森三世（Innocent III）

这位中世纪教皇（1198-1216）亲选皇帝，并掌管僧侣神职任命。

5 博义八世（Boniface VII）

博义（1294-1303）专横务实又贪权，他首创大赦年的名义以赚钱。

6 亚历山大六世（Alexander VI）

这位博尔吉亚（Borgia）家族的教皇（1492-1503）残酷无情，利用教皇职权铲除仇家。

7 犹利二世（Julius II）

这位战士教皇积极赞助艺术（1513-1521），他聘请米开朗琪罗为西斯廷礼拜堂作画，还请拉斐尔装饰他的寓所（参见8页）。

8 保罗三世（Paul III）

保罗三世（1534-1549）既有学问又亲近世俗，却反对新教与改革，他创立耶稣会与宗教法庭。

9 西克斯图斯五世（Sixtus V）

他清除了教廷的腐化现象（1585-1590），并策划将罗马全面整修为巴洛克风格。

10 约翰保罗二世（John Paul II）

约翰保罗二世（1978-2005）是400多年来第一位非意大利籍的教皇，以经常旅行闻名。

古罗马市场与斗兽场 帕拉丁壁画 奥古斯塔那宅邸，帕拉丁山

TOP 10 十大古迹

1 古罗马市场 (Roman Forum)

在议事广场中央矗立着一个不起眼的残损建筑，上面终年摆着鲜花。这是凯撒庙（Temple to Julius Caesar），由奥古斯都在公元前1世纪所建。摆设鲜花表示那里就是凯撒被火化的地方。（参见16-17页）

2 万神殿 (Pantheon)

以前来这座庙祭拜所有神灵的信徒都得爬上一段很陡的台阶，但是从2世纪之后街道就升高了。现在的庙是由哈德良所建，但样子仍是模仿公元前1世纪被焚毁的旧庙。（参见14-15页）

3 帝国广场 (Imperial Fora)

这一区气势最雄伟也最大的庙，是建于公元2世纪的维纳斯与罗马庙（Temple of Venus and Rome），庙的列柱高高耸立于议事广场及斗兽场之间。这种背贴背的设计是哈德良的点子，受到大建筑师阿波罗多洛斯（Appollodorus）的批评，竟被哈德良处死。（参见22-23页）

4 斗兽场 (Colosseum)

这座伟大的斗兽场是由成千上万的犹太奴隶做苦工建成，他们是在犹大（Judaea）地区叛乱被镇压之后带到这里来的。这座建筑可说是世界上所有运动场的原型。（参见22页）

斗兽场

5 帕拉丁山 (Palatine Hill)

大多数欧洲语言中对宫殿的命名都起源于这座山丘。帕拉丁山在罗马早期历史中扮演着重要角色，它是罗马的起源地，也是罗马的领导者奢华的家，现在它成为一处充满田园风味的休闲好去处。（参见18-19页）

6 戴克里先浴场 (Diocletian)

这座3世纪建筑的大部分如今已成为顶尖的考古博物馆，包括一座密斯拉斯的大理石像，石像上面的金叶与图画仍在。有一道大型米开朗琪罗回廊上装饰着古代雕像。（参见133页）

7 马可·奥勒利乌斯石柱 (Column of Marcus Aurelius)

这座2世纪的大型石碑是为了纪念多瑙河沿岸征战而建，高度30米，由28个圆鼓形大理石组成。20个螺旋形写实浮雕纪录着两场战争的情景。柱顶原来立着皇帝与其妻的雕像，但在1589年被圣保罗的雕像取代。（参见92页）

8 尼禄的金殿 (Nero's Golden House)

这个疯狂的皇帝的房子在15世纪末期被挖掘出来时，大家都以为这些房间是神秘的洞室（grot-toes），后来这里墙上的画就名为“奇异风格”（grotesque），文艺复兴时期有许多艺术家都曾模仿这种风

关于更多罗马的古迹资料请参见118-21页

格，拉斐尔也包括在内。（参见23页）

9 大阿根廷塔 (Largo di Torre Argentina)

20世纪20年代挖掘出四座共和时期的寺庙分别矗立于此，北端还有门廊的石柱。帝王公厕的排水沟在一座庙的后面，其他庙后面则是庞培剧场元老院（Curia of the Theatre of Pompey）的石灰华平台，凯撒就是于公元前44年3月15日在这里遇害。

尼禄的金殿

10 马塞路斯剧场 (Theatre of Marcellus)

这座剧场是由奥古斯都在公元前23年所建，用来纪念他的19岁过世的侄子兼女婿马塞路斯。这座巨大建筑本来可容纳2万人，如今已没有多少部分留存下来。这个建筑在后期残余的部分还被拿去当做中世纪与文艺复兴时期城堡及宫殿的支撑物。（参见101页）

十大罗马皇帝

1 奥古斯都（Augustus）
他是罗马的第一位皇帝（公元前31-公元14），也是最聪明的一个。他在经过17年内战之后展开和平的统治期。

2 尼禄（Nero）
恶名昭彰的尼禄（54-60）行为嚣张，自认是一个伟大的歌唱家与表演者，最后自杀身亡。

3 伟士帕西安（Vespasian）
这位皇帝（69-79）结束了内战与犹太人叛乱，然后开始兴建斗兽场。

4 图拉真（Trajan）
图拉真（98-117）是一位极公正的统治者与成功的将军，把帝国的疆域扩展到最大。

5 哈德良（Hadrian）
哈德良（117-138）是一位伟大的建筑家与旅行家，他重现了希腊理想，包括带动蓄胡子的时尚。

6 马可·奥勒利乌斯（Marcus Aurelius）
在罗马帝国中，他是最接近柏拉图理想的哲学家皇帝（161-180）。

7 塞普提缪斯·塞维鲁大帝 (Septimius Severus)
他在内战之后恢复帝国秩序，提升文化生活，留下重要的建筑遗产（193-211）。

8 戴克里先（Diocletian）
戴克里先（284-305）建立多位皇帝统治的政治制度。他曾残酷迫害基督徒。

9 君士坦丁（Constantine）
君士坦丁（306-337）定基督教为国教，并将首都迁到君士坦丁堡（Constantinople）。

10 罗慕路斯·奥古斯图鲁斯 (Romulus Augustulus)
他是最后一位皇帝（475-476），被日耳曼的战士奥多亚塞（Odoacer）罢黜。

神秘屋，梵蒂冈博物馆

保守宫，卡皮托利尼博物馆

TOP10 十大博物馆与美术馆

1 梵蒂冈博物馆群（Vatican Museums）

这些博物馆位于教廷皇宫各处，年代可溯至13世纪，其中包括希腊罗马古物、埃特鲁斯坎博物馆、四间拉斐尔展览室、现代宗教艺术收藏、西斯廷礼拜堂以及图像美术馆（Picture Gallery）（参见8-11页）。

2 国立罗马博物馆（Museo Nazionale Romano）

这座博物馆（参见28-31页）成立于1889年，收藏有1870年以来挖掘出的考古发现与古物，还有先前既有的收藏品。所有馆藏分散在五个地方：戴克里先浴场（Baths of Diocletian）、奥拉·欧塔歌那（Aula Ottagona）——浴场的一部分、国立罗马博物馆马西莫宫（Palazzo Mas-simo）、阿尔滕普斯宫（Palazzo Altemps），以及最近开放的巴尔比地下室（Crypta Balbi）。

3 博尔盖塞美术馆（Galleria Borghese）

这座欢乐宫是17世纪初教皇送给深受他宠爱而滥权的侄子的，其中有许多无价艺术收藏，再加上新近修复的花园，使这里成为罗马的美丽景点之一。（参见20-21页）

4 卡皮托利尼博物馆（Musei Capitolini）

这处宏伟的广场是由米开朗琪罗本人设计，收藏的教廷艺术品比梵蒂冈少，却同样是无价之宝。（参见24-27页）

5 国立古代美术馆（Galleria Nazionale d'Arte Antica）

这里的国有艺术收藏品如今分属两个贵族住所：巴贝里尼府邸（Palazzo Barberini，参见133页）与柯西尼宫（Palazzo Corsini，参见142页）。前者自称“大画廊”（Gran Salone），里面有令人眼花撩乱的天花板画，是由柯尔托纳的彼得罗（Pietro da Cortona）所作，另外还有费力波·里皮（Filippo Lippi）、艾尔·葛瑞科（El Greco）、荷尔班（Holbein）与卡拉瓦乔的作品。第二个展场则有安杰立可修士（Fra Angelico）的三幅相连图，以及鲁本斯（Rubens）、范·戴克（Van Dyck）与卡拉瓦乔的画作。

6 朱利亚别墅（Villa Giulia）

这座16世纪的乡间别墅（参见112页），是由维纽拉（Vignola）为教皇犹利三世（Pope Julius III）所设计。这里从1889年起就成为一个国有的前罗马时期的艺术品收藏所，包括埃特鲁斯坎艺品、拉丁与其它部落的古物。最珍贵的埃特鲁斯坎作品是一个公元前6世纪的夫妻石棺，上面有用赤陶做的一对夫妻含笑坐在床上。

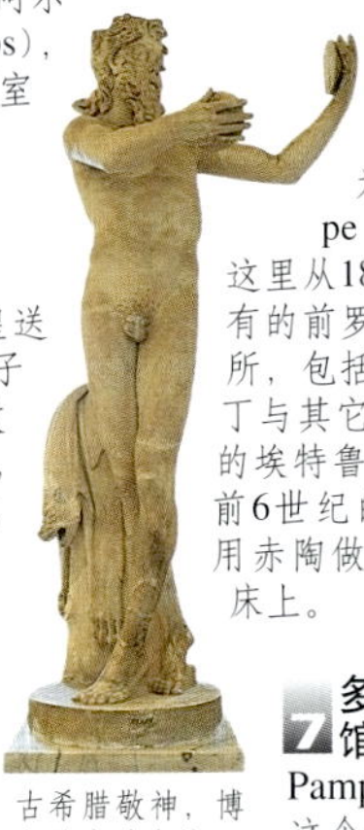

古希腊敬神，博尔盖赛美术馆

7 多利亚·潘菲利美术馆（Galleria Doria Pamphilj）

这个贵族所居的宫室内满是大师杰作，例如拉斐尔、提香与维拉克茨（Velazquez）的画作，其中给潘菲利家族教皇所作的画像以极富心理深度闻名。

参观这里的展览尤其有幸的是备有极佳的英语录音导览，叙述者是现今的强纳森・多利亚・潘菲利亲王（Prince Jonathan Doria Pamphilj），对收藏品之历史提供少有的深度解说。（参见91页）

朱利亚别墅

8 斯巴达府邸与美术馆(Palazzo and Galleria Spada)

这座出色的16世纪府邸拥有一座17世纪特别建造的美术馆（参见104页），里面有这位红衣主教收藏的文艺复兴、巴洛克以及后期作品，包括鲁本斯与大勃鲁盖尔（Jan Brueghel the Elder）的画。重点之一是布罗密尼（Borromini）的奇想“视幻觉法”（trompel'oeil）画廊，这件研究幻觉透视技巧的作品看起来有实际上的四倍长。

9 国立现代美术馆（Galleria Nazionale d'Arte Moderna）

这里收藏的“美好年代”（belle epoque）作品包括卡诺巴（Canova）的雕刻以及19世纪意大利与欧洲绘画详览，还有精选的现代艺术创作，包括罗丹、塞尚、莫迪葛莱尼（Modigliani）、凡高、莫内、克林姆与杰克森・波拉克（Jackson Pollock）的作品。Viale delle Belle Arti, 131・地图B2・电话：06-323-4000・开放时间：周二至周日上午8点30分至晚上7点30分・需购门票

10 现代大众美术馆（Galleria Comunale d'Art Moderna）

这里源于1883年的一小批捐赠给罗马市的作品，后来逐渐增加至包括19与20世纪的各主要意大利艺术运动的代表作。展出项目包括戴・期瑞科（De Chirico）、莫兰迪（Morandi）与阿弗若（Afro）的油画以及雕刻。Via Francesco Crispi 24・地图P1・06-474-2848・开放时间：正在维修，可电询开放时间

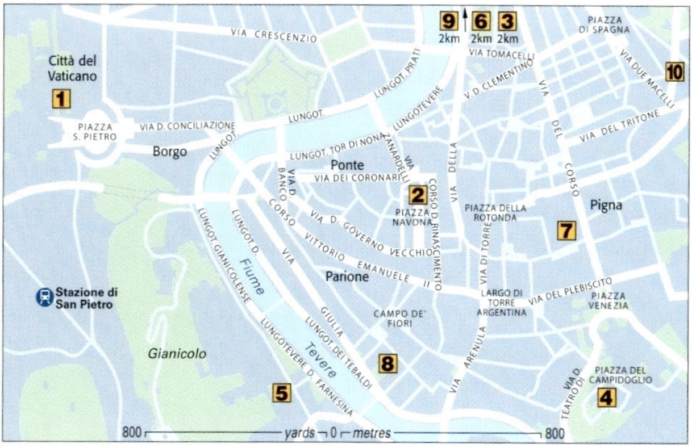

圣克莱蒙特大教堂的石棺

大圣母教堂

密涅瓦庙上的圣母教堂

TOP 10 十大教堂

1 圣彼得大教堂 (St Peter's Basilica)

若是有机会，一定要在所有的灯亮起来时去看看这座教堂洞穴的内部，只有这样才能完全欣赏到这个巨大的彩色珠宝盒。(参见12-13页)

2 人民圣母堂 (Santa Maria del Popolo)

传说这里本来长着一棵大橡树，而尼禄就死于其下并且葬在这里。大家相信这个地方受到诅咒，但是在1099年圣母向教皇贾利显灵，要他把橡树砍掉，将恶皇帝的尸骨挖出来，在原处建一座礼拜堂。(参见32-33页)

3 圣克莱蒙特大教堂 (San Clemente)

精确详实的罗马历史资料都集中在这座朴实雄伟的教堂。(参见34-35页)

4 大圣母教堂 (Santa Maria Maggiore)

这是罗马顶尖的大教堂（参见127页）之一，丰富的装饰可溯至5世纪，包括早期的镶嵌画在内，充满拜占庭的华丽风格。16世纪的西斯廷礼拜堂（Cappella Sistina）中罕见的大理石是以教廷的典型方式“采来”，也就是拆坏一个古迹，而这里的材料则是拆自帕拉丁的塞普提缪斯庙（Septizonioum），那是塞普提缪斯·塞维洛斯（Septimius Severus）在203年所建的一座塔。

5 密涅瓦庙上的圣母教堂 (Santa Maria sopra Minerva)

这是罗马唯一的佛罗伦萨哥特式教堂（参见91页），于1280年左右建于古老的智能女神庙之上。这里是16世纪罗马的宗教法庭重地，其重要的艺术作品包括米开朗琪罗的《耶稣升天》(Risen Christ)，这座雕像本来是裸体，后来又加上镀铜的斜披腰布。西艾纳的圣凯瑟琳（St Catherine of Siena）身体斜躺在祭坛下，她劝服教廷在1377年由法国回到罗马。

6 拉特兰诺的圣约翰教堂 (San Giovanni in Laterano)

这座罗马主教的教堂是“所有教堂之母”（Mother of All Churches），为君士坦丁在4世纪所建。这里在1309年之前一直是主要的教皇居所，19世纪之前教皇也都在这里加冕。这里最近一次整修是在1650年，现今所见的各种姿势的巨型圣像，说明了巴洛克艺术的夸大风格。宏伟的回廊是13世纪的科斯马蒂工艺作品。

7 河对岸区教堂 (Trastevere)

这大概是罗马最古老的教堂

拉特兰诺的圣约翰教堂

（参见139页），也是非常具有亲和力的迷人教堂。建筑年代始于教皇嘉礼一世（Pope Calixtus I，217-222）的时代，是早期的圣母信徒礼拜中心，也是罗马唯一没有因腐朽或遭到热心的巴洛克改革派加工而变形的中世纪教堂。传说这个教堂兴建地点在耶稣诞生之日曾奇迹般从地上冒出石油。

法国的圣路易吉教堂雕像

8 法国的圣路易吉教堂(San Luigi dei Francesi)

这座意大利境内的法国国立教堂（参见83页）实际上只有一个明星，但单单这一点已是无价之宝——卡拉瓦乔著名的三幅一组大画，位于圣马太礼拜堂（Chapel of St Matthew）内。中央一幅油画《圣马太与天使》（St Matthew and the Angel）是第二版，第一版被教会拒收，因为画中圣人的脚很脏，而有人说是由于他跟年轻天使的关系看起来亲密得不妥。

9 城外之圣保罗教堂(San Paolo fuori le Mura)

这座4世纪的大教堂虽然在19世纪因火灾重建而彷佛没有了灵魂，但看起来依然雄伟壮观。有些5、12与13世纪修复的镶嵌画仍在，还有原来11世纪的铜门以及一个大型的贾利烛台。幸好内建的双柱回廊（1214年）逃过火劫，而一般认为这是罗马最美的回廊。

10 河谷的圣安德烈教堂（Sant'Andrea della Valle）

大多数游客来此是因为这座教堂（参见99页）是普契尼（Puccini）歌剧托斯卡（Tosca）的第一幕场景，但这个反改革的大教堂本身也很重要。这里有罗马第二大的圆顶、华丽的巴洛克风格正面外观，里面还有多梅尼奇诺（Domenichino）的一些伟大壁画作品。

河谷的圣安德烈教堂

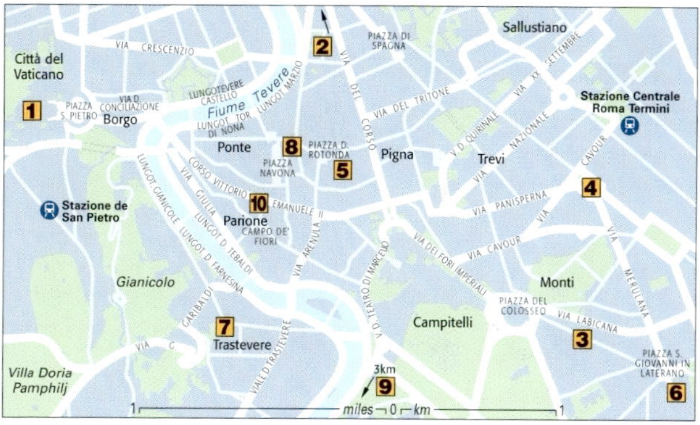

乌龟喷泉

圣彼得广场

TOP10 十大广场与喷泉

1 纳沃纳广场(Piazza Navona)

这座罗马最可爱的广场呈长椭圆形，表示它是建在图密善(Domitian)的古竞技场（参见86页）之上。这里是行人的天堂，周边满是咖啡馆、街头艺人与艺术家、摩肩接踵的观光客、玩足球的小孩以及水花四溅的喷泉。中央的“四河喷泉”(Fountain of Four Rivers)是由贝尔尼尼设计，后来又在广场南端的另两座喷泉边加上摩尔人像，这里在16至19世纪之间经常改变设计。（参见83页）

许愿喷泉

2 许愿喷泉（Trevi Fountain）

根据传统，如果你把钱币丢入这座1732年尼可拉·沙维（Nicola Salvi）建造的喷泉，就可以确定以后还会再回到罗马。在巧妙的设计下，这座许愿喷泉连接于一座宫殿后面（窗台也变形成为粗糙的岩石）。公元前19年有一个女孩奇迹似地发现一处泉水，阿格理帕（Agrippa）就兴建了一条“处女水道”(Acqua Vergine，参见109页)，而许愿喷泉就是这条水道的终点。

3 花之田野广场（Campo de' Fiori）

这座“花之广场”在早上的花市期间色彩缤纷，天黑后酒吧的灯火又使这里成为罗马的夜生活中心。有一座戴着头罩的阴郁雕像俯视着众生，这是纪念神学家佐奥达诺·布鲁诺(Giordano Bruno)而建，他在1600年的反改革运动(CounterReformation)期间由于提出异端学说而被处以火刑。（参见99页）

4 人民广场（Piazza del Popolo）

在1811-1823年间，建筑师吉乌赛佩·伐拉迪艾(Giuseppe Valadier)把这个举行庆典与公开死刑的地方变成一座典雅的广场（参见110页），并在罗马最老的一个方尖碑底座加上四个埃及式狮子喷泉。这座公元前1200年的拉美西斯二世（Ramases II）独石碑是由奥古斯都搬到大竞技场（Circus Maximus），然后又被教皇西克斯图斯五世迁到这里。

5 圣彼得广场（Piazza San Pietro）

贝尔尼尼的大型列柱廊宽196米，环抱着来到圣彼得广场（参见12页）的信徒与游客。这个广场呈完美的椭圆形，若要证明这一点，介于刻着埃及文字的公元前1世纪中央方尖碑，以及左边的贝尔尼尼喷泉或右边的多梅尼柯喷泉(Domenico Fontana)之间，有着大理石圆盘可当焦点，站在任一焦点旁边看过去就会产生视觉上的错觉，仿佛那些石柱都消失了，这就足以为证。地图B3

6 乌龟喷泉（Fontana delle Tartarughe）

这座可爱的喷泉（参见100-101页）是由（Giacomo della Porta）波尔塔的贾柯莫在1581至1584年间所设计。那些拚命想翻过边缘爬出来的乌龟是在1658年加上去的，可能是贝尔尼尼的杰作。

人民广场

7 巴尔贝里尼广场（Piazza Barberini）

这座热闹的广场（参见133页）中心是贝尔尼尼的海神喷泉（Triton Fountain，1642-1643），坐在扇贝上的人鱼雕像口中喷着水。这是由教皇乌尔班八世（Pope Urban VIII）委托设计的，底座上面还有他的家族标志（蜜蜂）。

8 威尼斯广场（Piazza Venezia）

这里是罗马的真正中心与交通汇集点，在黄昏的高峰时刻，会有戴白手套的警察像跳芭蕾舞般指挥交通。广场旁边耸立着威尼斯宫（Palazzo Venezia），墨索里尼曾经站在这里的阳台上鼓动群众拥护法西斯主义（参见104页）。

9 仙女喷泉（Fountain of the Naiads）

贝尔尼尼的海神喷水跟这个比起来就矮了一截，这座巨大的喷泉兼交通圆环中间有大股的水从海神格劳柯斯（Glaucus）身上冒出，旁边包围着仙女与马匹。这个1888年的组合是由马利欧·鲁泰利(Mario Rutelli)所作，他是1933至2001年罗马市长法兰切斯可（Francesco）的祖父。Piazza della Republica · 地图C3

10 河对岸区的圣母广场（Piazza Santa Maria in Trastevere）

这座广场（参见139页）的周边地带非常完美：咖啡馆、商店、高级餐厅，还有一个17世纪的王宫与一座中世纪教堂相邻，夜间还有浪漫的灯光照明。这个喷泉顶上装着卡洛·方塔纳（Carlo Fontana，1682年）做的扇贝雕塑，还有台阶通到上面，让背包族可以坐在上面弹吉他，或者让观光客坐在上面吃冰激凌。

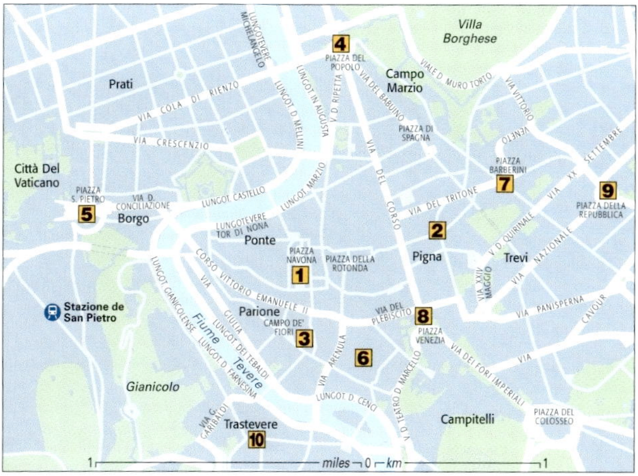

西斯廷礼拜堂的天花板

米开朗琪罗的《圣母怜子像》

TOP 10 十大艺术杰作

1 卡拉瓦乔的耶稣遗体下十字架 (Caravaggio's Deposition)

卡拉瓦乔努力想超越米开朗琪罗的《圣母怜子》，因此把圣母做出老而悲伤的样子。卡拉瓦乔的耶稣不是瘦长的年轻人，而是肌肉结实得很，身体重得（由斜角构图来强调这一点）使尼柯迪莫斯（Nicodemus）拚命抱住他的腿，而约翰（John）也紧紧抱着使得耶稣的伤口都裂开了。（参见9页）

2 拉斐尔的基督显圣容 (Raphael's Transfiguration)

拉斐尔死后，他的最后一幅大型杰作在画室中被人发现，整件作品几乎接近完成。这是这位综合画法天才的巅峰之作，融合了佩鲁吉诺（Perugino）的清明、米开朗琪罗的色彩与扭曲的身形，以及达·芬奇的构图。（参见8页）

3 米开朗琪罗的圣母怜子 (Michelangelo's Pieta)

文艺复兴时期以自然主义闻名，但米开朗琪罗为追求艺术效果而略加扭曲了这一点。这个作品中的圣母太年轻，死去的儿子瘦小得可怜，又躺在她超大的怀抱中。有人以为这是另外一位比较出名的雕刻家作品，米开朗琪罗听说之后就在一天晚上溜进圣彼得大教堂，把自己的名字刻在圣母胸前的带子上。（参见12页）

4 拉斐尔的雅典学院 (Raphael's School of Athens)

起初，拉斐尔把他的当代艺术家同侪画成古典大思想家，放在这幅想象的背景中时，漏掉了一个人。后来他看见米开朗琪罗在西斯廷礼拜堂的另一头为天花板作画，就把这位苦恼的天才画成坐在台阶上生气的赫拉克利特斯（Heraclitus）。（参见8页）

5 米开朗琪罗的西斯廷礼拜堂 (Michelangelo's Sistine Chapel)

虽然米开朗琪罗起初自认是雕刻家，却仍设法把这块近乎平面的天花板变成高耸的拱顶，上面画满了旧约圣经中的先知与裸体人物（ingudi）。他实际上是自己一个人完成的，把所有的助手都开除了，只留下一个帮他研磨颜料。（参见10-11页）

拉斐尔的雅典学院

6 贝尔尼尼的阿波罗与达芙妮 (Bernini's Apollo and Daphne)

很少有大理石雕刻能够这么优雅地掌握近乎液体流动似的动作。贝尔尼尼使时间、风中飘动的头发与衣服冻结起来，就在那一瞬间，奔逃的仙女被她心怀怜悯的河神父亲变成一棵月桂树，树皮与树叶将她的身体裹了起来。（参见20页）

卡拉瓦乔的圣马太的感召

7 卡拉瓦乔的圣马太的感召 (Caravaggio's Calling of St Matthew)

卡拉瓦乔在这幅画里使用强烈的明暗对比技巧。一道自然的光线由耶稣身上射向他选中的纪录者圣马太，卡拉瓦乔捕捉住这一刻，表现出圣马太由税吏转变为传福音之人。（参见83页）

8 达·芬奇的圣吉罗拉莫 (Leonardo da Vinci's St. Jerome)

虽然没有完全画出来，但精准的解剖结构与实验性的构图已具有引人的气势。整幅画构图呈螺旋状，由山间开始延伸过洞口和狮子曲线形的身体，再到圣人伸出的右臂，然后顺着他的左臂进入画的中央部分。（参见9页）

9 米开朗琪罗的摩西 (Michelangelo's Moses)

在教皇犹利二世的华丽墓冢旁边，米开朗琪罗的这座大型雕塑宛如一个苍白的影子。有人说在雕像的长胡子底下其实是他的自我塑像。这座摩西雕像目前正在整修，但仍然可以看到。（参见127页）

10 贝尔尼尼的圣德兰之狂喜 (Bernini's Ecstasy of St Teresa)

雕像显示一个嘻笑的天使用箭刺向这位圣人，这是贝尔尼尼展现最佳戏剧效果的作品。他把这座表现宗教狂喜的雕像放在歌剧舞台上，让委托他创作的柯纳洛（Cornaro）家族从两侧的包厢观赏。（参见133页）

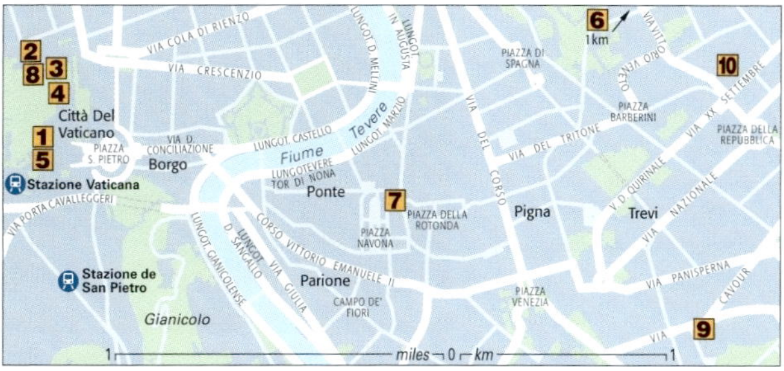

威尼斯宫

法尔内塞别墅

TOP 10 十大别墅与宫殿

1 法尔内塞别墅（Villa Farnesina）

这里是优雅生活的一颗小小稀世珍宝，由包括拉斐尔在内的一些文艺复兴大师负责装饰。凉廊现在装上了玻璃以保护珍贵的壁画，但原来是开放的，将室内室外融合的理想具体化——这个概念源自古罗马别墅的设计者。（参见139页）

2 坎皮多利奥宫（Campidoglio Palazzi）

查理五世（Charles V）皇帝在1536年访问罗马时，卡皮托（Capitol）宫的状况使得教皇保罗三世（Paul III）觉得很不好意思，就请米开朗琪罗帮忙。这项工程10年以后才开始，而米开朗琪罗早在完工前就已去世。然而这个建筑还是相当忠于他的设计，例如有两道阶梯通往议会宫（Palazzo Senatorio），还有新增的新宫（Palazzo Nuovo）、精美的正面外观，以及安放的古雕刻。（参见99页）

3 博尔盖塞府邸（Palazzo Borghese）

这座17世纪的府邸（参见94页）由于形状特别，被称为“大键琴”。这里原是罗马教廷上流阶层的时尚娱乐中心，其中风格主义式的庭院尤其是奢华盛大活动的中心。你可以探头看看里面巨大的雕塑、支撑双重回廊的石柱以及维纳斯出浴的喷泉。

4 有柱大皇宫（Palazzo Massimo alle Colonne）

建筑师佩如齐（Peruzzi）（参见85页）在兴建这座16世纪的杰作时，必须克服许多技术上的问题。首先，他必须遵循作为地基的图密善古剧场的曲线来设计，而建筑靠街一面的柱廊就是一个高雅的解决之道。建筑的另外一面则是单色的壁画，名为《灰色装饰画》（grisaille）。

5 法尔内塞宫（Palazzo Farnese）

公认是文艺复兴时期最出类拔萃的一座府邸（参见104页），充分反映出小安东尼奥·达·桑格洛（Antonio da Sangallo the Younger）与米开朗琪罗两人的天才。这里是罗马一个寡廉鲜耻家族的居所，在1517年由亚利桑得罗·法尔内塞（Alessandro Farnese）委托建造，后来则由教皇保罗三世接手（Pope Paul III）。

6 朱利亚别墅

兴建这座建筑（参见112页）就是要用来享乐，这里是教廷最

法尔内塞别墅庭院

理想的休憩处所，让教皇犹利三世尽情消受年轻男孩与古典雕像。这个16世纪的杰作是由维纽拉（Vignola）、亚曼纳提（Ammannati）与伐萨利（Vasari）设计，处处可见回廊、喷泉与花园。

法尔内塞宫

7 巴尔贝里尼府邸(Palazzo Barberini)

玛费·巴尔贝里尼（Maffei Barberini）于1623年成为教皇乌尔班八世（Pope Urban VIII）时，他决定在当时的市区边缘盖一座家宅。建筑师卡洛·马戴诺（Carlo Maderno）把它设计成一座具有三层拱廊的超大乡间别墅。贝尔尼尼又在左侧加上方形阶梯，布罗密尼（Borromini）则在右侧加上螺旋形阶梯。（参见133页）

8 大使府邸（Palazzo della Cancelleria）

这是一座漂亮的早期文艺复兴时期（15世纪晚期）府邸（参见104页），单纯的正面造型与庭院设计无与伦比。有几座别处的古纪念碑的材料被劫来，供这里内部的大理石与44根廊柱使用。

9 斯巴达府邸

这栋建筑（参见104页）于1500年左右由一位富有的红衣主教所建，建筑师是谁已不可考。这里有罗马最华丽的文艺复兴时期门面，上面的浮雕述说着这个城市的光荣历史。然而里面的庭院才是真正的杰作，装饰着12世纪奥林匹亚山上众神的灰泥塑像。

10 威尼斯宫（Palazzo Venezia）

这是罗马的第一座大型文艺复兴时期府邸（1455-1464），由威尼斯红衣主教彼得·巴尔伯（Pietro Barbo）所建，可能是阿尔贝提（Alberti）与麦安诺（Maiano）两位佛罗伦萨建筑师之一的作品。你可以从博物馆的咖啡馆那里欣赏到美丽的庭院，里面有棕榈树与一座18世纪的喷泉。（参见104页）

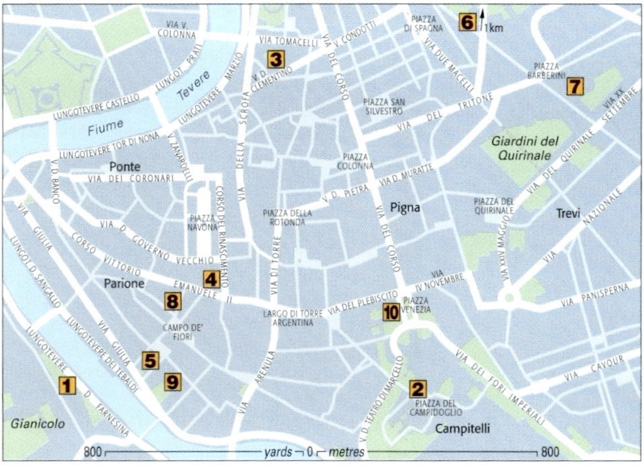

马麦提内监狱

圣克莱蒙特大教堂的天花板

尼禄的金殿

TOP 10 十大地下古迹

1 圣克莱蒙特大教堂（San Clemente）

这座迷人的教堂包括许多层，显示出罗马在不同年代的变化。（参见34-35页）

2 地下墓穴（Catacombs）

这座蜂巢似的地道埋葬着罗马早期的基督徒，位于罗马执政官时期的联外道路下方，尤其是沿着古阿庇亚大道（Via Appia Antica）一带。墓龛沿着黑暗的廊道堆成架子状并铺上石灰岩，还有一些珍贵的壁画与大理石版雕刻残迹。（参见151-152页）

3 梵蒂冈洞室（Vatican Grottoes）

据说圣彼得（彼得）就埋在一座著名的红墙（Red Wall）之后。20世纪40年代在梵蒂冈下面发现了这座红墙（参见13页）。

4 尼禄的金殿（Nero's Golden House）

就跟大部分的“地下罗马”一样，尼禄著名的大皇宫（参见23页）本来并不是埋在地下的。但文艺复兴的一些名家如拉斐尔等人是从屋顶上凿一个洞，然后借着绳子垂下来，进入这些装饰华丽的房间时，他们就把这些地方称为“洞室”（grottoes），并把其中复杂的树叶与怪兽壁画名为“风格怪异的图像”（grotesque）。

5 马麦丁监狱（Mamertine Prison）

这是古罗马主要的囚禁犯人之所（建于公元前6-7世纪）。这里著名的犯人包括韦辛格托里克斯（Vercingetorix），他是叛变的居尔特部族领袖，据说是最后一位高卢国王，被捕后用铁链锁着送到罗马来。还有圣彼得，据说守卫曾把他的脸按压在楼梯旁的墙上，因而墙上留下了他的脸部痕迹。楼下也有一根柱子，据说圣彼得曾经被锁在上面。Via S Pietro in Carcere/Via Tulliano · 地图P5 · 开放时间：冬季早9点至晚5点；夏季早9点至晚7点 · 入场费自由捐献。

6 巴尔比天井（Crypta Balbi）

这里挖掘出来的遗址杂属于各个年代，包括一个公元前13世纪的天井（crypta，有门廊的庭院）连接着一座已毁的剧场。这所博物馆的解说牌对罗马城市的分层状况有详细介绍，再加上中世纪的壁画，看起来比下面挖掘出的遗址有意思得多。Via delle Botteghe Oscure 31 · 地图M4 · 开放时间：周二至周日上午9点至晚上7点45分 · 需购门票

圣克莱蒙特大教堂的地下圣水坛

7 圣约翰与圣保罗之家 Casa di SS Giovanni e Paolo (Celian)

这个房子位于一座古教堂底下，原为两位君士坦丁官员所有，他们在362年殉道。这里还有一连串的建筑，包括一个有壁画的水神庙，年代可追溯至公元1至4世纪。Clivio di Scauro/Piazza SS Giovannie Paolo · 地图E5 · 06 7045 4544 · 开放时间：周四至周一上午10点至中午1点，下午3点至6点 · 需购门票 · 有残障设施

8 巴拉可博物馆（Museo Barracco）

这座博物馆（参见55页）的地下室建筑年代始于4世纪，你可以看到墙、地板、柱墩、一点飞檐与浮雕、大理石盆和一个大型的手磨谷物的双杵。

9 庞培剧场（Pompey's Theatre）

在波拉若街（Largo del Pollaro）仍可找到建于公元前55-61年的庞培剧场痕迹。剧场的结构只能在地下室看到，包括附设于古石灰廊道上的达·潘克拉齐欧（da Pancrazio）餐厅。Piazza del Biscione 92 · 地图L4 · 开放时间：周四至周二下午12点30分至2点30分与晚上7点30分至11点 · 免费参观

10 圣德范圆形教堂下的密斯拉斯庙（Mithraeum under San Stefano Rotondo）

这座教堂下面有一个2世纪的密斯拉斯祭坛，这个宗教在罗马士兵与低层阶级人民之间很盛行，而当时基督教则盛行于贵族之间（参见128页）。Via di S Stefano Rotondo · 地图F5 · 开放时间只能以书面向教堂申请 · 免费参观

十大远景

1 从坎皮多里奥宫眺望古罗马市场（Roman Forum from Campidoglio）
从元老院宫（Palazzo Senatorio）的右侧绕行，可以看到宛如风景明信片上所见的广角景观，夜间有泛光灯照明。地图P5

2 维托里安诺（Il Vittoriano）
爬到“结婚蛋糕”顶上可以全览帝国议事广场（参见104页）。

3 吉安尼柯罗（Gianicolo）
从特韦雷河对岸情人巷一隅望过去，罗马这座永恒的城市就在你的脚下（参见141页）。

4 西班牙广场台阶（The Spanish Steps）
从台阶上可俯瞰满是观光客的广场（参见109页）。

5 卡皮托利尼博物馆的咖啡馆（Musei Capitolino Café）
从这里可鸟瞰罗马中心的考古公园（参见24页）。

6 圣彼得圆顶（St Peter's Dome）
从米开朗琪罗的圆顶上可以看见圣彼得大教堂的柱廊与圣天使城堡（Castel Sant'Angelo）（参见12页）。

7 马尔他骑士团钥匙孔（Knights of Malta Keyhole）
从这个花园的大门钥匙孔间可以看见圣彼得大教堂的圆顶，宛如镶嵌于一个完美的相框中（参见120页）。

8 圣天使城堡壁垒（Castel Sant'Angelo Ramparts）
这里的正下方就是缓缓流过的特韦雷河以及圣天使桥（Ponte Sant'Angelo）（参见140页）。

9 平乔山（Pincio）
瓦拉蒂耶（Valadier）很仔细地设计了这处从他花园望见的景观，可以全览人民广场至圣彼得广场（参见111页）。

10 梅里尼别墅（Villa Mellini）
从柯罗迪欧广场（Piazzale Clodio）上方的罗马天文台附近可以看见一种不同的景观，从西北方将整个城市与山丘尽收眼底。地图B1

炼狱灵魂博物馆

通心粉博物馆

TOP 10 罗马十大隐秘之处

1 嘉布遣洞穴（Capuchin Crypt）

如果你喜欢不错的鬼屋，这里就是你的第一选择。数以千计的修士尸骨被设计成残忍的图案，拿来装饰每处你能想象到的地方。完整的尸骸则穿上带有僧帽的袍子挂在墙上。（参见134页）

2 猫头鹰小屋博物馆（Museo della Casina delle Civette）

这是墨索里尼担任首相时的居所托隆尼亚别墅（Villa Torlonia）内已修复的建筑之一，这座新艺术风格的房舍有着陶瓷与彩绘玻璃装饰，包括猫头鹰的图案，这里因而得名"猫头鹰小屋"，目前这里的背景是一处公园。Via Nomentana 70 · 地图G1 · 开放时间：每日上午9点至日落前1小时（别墅部分）；4月至9月上午9点至晚上7点，10月至3月上午9点至晚上6点（博物馆部分）· 需购门票

猫头鹰小屋博物馆正面

3 通心粉博物馆（Museo Nazionale delle Paste Alimentari）

这所通心粉博物馆很骄傲地证明面食是12世纪的意大利发明的。你可知道面食是怎么用小麦做的，又经过怎样的加工变成干面(Pastaciutta)，怎样吃起来又劲道又容易消化。Piazza Scanderbeg 117 · 地图P2 · 开放时间：每日上午9点30分至下午5点30分 · 需购门票 · 有残障设施 · www.pastainmuseum.com

4 炼狱灵魂博物馆（Museo delle Anime del Purgatorio）

这座哥特式教堂（Sacro Cuore del Suffragio）展品内容实在吓人。有一个玻璃箱里面保存着各种实质"证据"（大部分是烙在表面上的手印），都是属于在炼狱中等待升天堂的亡灵。Lungotevere Prati 12 · 地图L1 · 开放时间：周一至周六上午7点至11点，下午4点30分至晚上7点 · 免费参观

5 凯伍斯·塞斯提伍斯金字塔（Pyramid of Caius Cestius）

许多古罗马人遵循埃及作风，把坟墓建成金字塔模样，但如今只有这一座留存下来，而当初它也是环城的防御城墙的一部分。（参见121页）

6 大阿根廷街的猫收容所（Cat Sanctuary at Largo Argentina）

西维亚·维维安尼（Silvia Viviani）医生是这个慈善机构的领头天才，然而让这里成功的是义工的热忱。观光客也欢迎参观这个兽医诊所，也欢迎收养猫。这个收容所的政策是"绝对不杀"。Largo di Torre

Argentina（广场西南角）· 地图M4 · 开放时间：每日中午至晚上6点 · 自由捐献

7 祖卡利府邸 (Palazzo Zuccari)

这里最著名的是门窗框都做成怪物尖叫的嘴形。这座16世纪幻想风格作品是画家塔戴欧（Taddeo）与费戴瑞柯 · 祖卡利（Federico Zuccari）的工作室。Via Gregoriana 28 · 地图D2 · 不对外开放

大门，祖卡利府邸

8 巴拉可博物馆（Museo Barracco）

这里的收藏代表着古代的雕刻艺术发展过程。最重要的是亚述与埃及作品，还有埃特鲁斯坎、罗马以及古基督教艺术。这里的原创希腊雕刻收藏仅次于梵蒂冈（参见104页）。

9 罗马文明博物馆（Museo della Civilta Romana）

这座迷人的博物馆是一座法西斯装饰艺术风格的卡尔纳克庙(Temple of Karnak)，里面最吸引人的展出是1:250比例的4世纪罗马城模型。这里还有古代家具、乐器及其他物品的模型。Piazza Giovanni Angelli · 地铁EUR Fermi · 开放时间：周二至周六上午9点至晚上6点15分，周日上午9点至下午1点 · 需购门票 · 有残障设施

10 壁画博物馆 (Museo delle Mura)

圣赛巴斯提安诺门（Porta San Sebastiano）是奥勒利安壁垒（Aurelian Wall）留存下来的一座壮观城门（参见152页）。这里有一所博物馆，收藏着关于这座壁垒历史的图画与模型。你也可以沿着修复的胸墙走走，景观非常不错，尤其是阿庇亚大道（Via Appia）一带。Via di Porta San Sebastiano 18 · 巴士118与218 · 开放时间：周一至周六上午9点至下午2点 · 需购门票

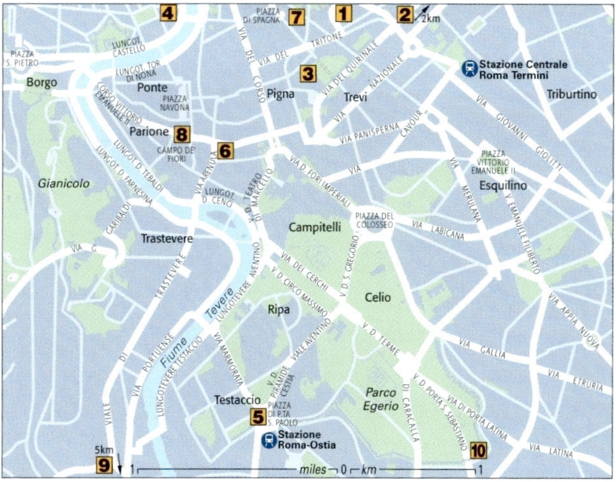

拜伦

马克·吐温

TOP10 曾住罗马的十大作家

1 歌德（Wolfgang Goethe） 德国作家歌德（1749-1832）是第一个游遍欧洲的文学家。1786至1788年间，他在柯索（Corso）路上租屋居住，该处现在是一所博物馆（参见112页）。他的书《意大利之旅》（Italian Journey）为后来到意大利研究历史与受教育的旅者提供了一份蓝图。

歌德

2 济慈（John Keats） 这位英国浪漫派诗人（1795-1821）于1820年来到罗马追求古风与意大利的生活方式——并休养一下多病的身体，但结果依旧无效。济慈25岁时因肺结核死于西班牙广场台阶（Spanish Steps，参见109页）的一处寓所。

3 亨利·詹姆士（Henry James） 这位纽约的作家（1843-1916）半辈子都待在欧洲。罗马出现在他写的《黛西·密勒》（Daisy Miller）《罗马假日》》（A roman Holiday）《仕女图》（Portrait of a Lady）以及旅游志《意大利时光》（Italian Hours）。他在1869年的一封信中宣称："终于——平生第一次——我生活着！什么都比不过这个：这是你幻想中的罗马——你受的教育——无处容身。"

4 霍桑（Nathaniel Hawthorne） 在1857年至1859年旅居意大利的期间，这位美国文学家（1804-1864）深受卡皮托利尼博物馆（Capitoline）的一座古代雕像感动，而将之写入他的最后一本小说《大理石牧神》（The Marble Faun）。

5 阿尔贝托·莫拉维亚（Alberto Moravia） 这位意大利的顶尖现代作家（1907-1990）有许多关于罗马的作品，如《Raconti Romani》、《La Romana》、《La Ciociara》、《冷漠时代》（Gli Indifferenti）与《无聊的人》（La Noia），大部分都已翻译成其他语言。

6 拜伦（Lord Byron） 这位极端的浪漫派诗人（1788-1824）一生过着典型的随性生活。他曾跟雪莱及其他朋友在意大利度过许多年，其作品《柴尔德·哈洛德的朝圣之旅》（Childe Harold's Pilgrimage）与《唐璜》（Don Juan）都是根据在这里的经验而写成。

7 吉朋（Edward Gibbon） 1764年，英国国会议员吉朋（1737-1794）第一次来到议事广场时深受感动，"凯撒倒下的每个地点都呈现在我眼前。”他决定开始写罗马的历史，到1788年他终于完成这本承先启后的巨作《罗马帝国衰亡史》(The Decline and Fall of the Roman Empire)。

8 高尔·维达尔（Gore Vidal）
这位多产的美国作家（1925年生）在罗马与拉维洛（Ravello）居住了几十年。他在罗马的经验纪录在《巴黎的审判》(The Judgment of Paris)、《朱利安》(Julian)与《回忆录》(Palimpsest)等作品中。

9 马克·吐温（Mark Twain）
这位美国作家（1835-1910）欧洲游时并未在罗马停留多久，但他作品《天真者出国游》(The Innocents Abroad)里面有许多讽刺语句常常被观光客引用。

10 雪莱（Percy Bysshe Shelley）
这位英国诗人（1792-1822）从1818年起就与妻子玛丽住在意大利，后来在比萨（Pisa）附近淹死。他经常到罗马来，并写成戏剧杰作《钦契》(The Cenci)，叙述罗马贵族碧翠丝·钦契（Beatrice Cenci）的丑闻故事。

雪莱

十大古典作家在罗马

1 普劳图斯（Plautus）
普劳图斯（公元前250-前184）的《错误喜剧》的刻板风格影响到莎士比亚的作品。

2 凯撒（Caesar）
将军、独裁者与作家（公元前100-前44），其著作《高卢战纪》(De Bello Gallico)记述他在高卢（法国）的战事，《内战》(The Civil War)记述他与庞培（Pom--pey）对抗的经过。

3 西塞罗（Cicero）
伟大的演说家与坚定的共和政体拥护者（公元前106-前43）。他的演说内容让人深入了解罗马人的政治生活。

4 维吉尔（Virgil）
诗人与宣传家（公元前70-前19）。他的史诗《伊尼亚德》(The Aeneid)将罗马的建立源于特洛伊战争。

5 奥维德（Ovid）
伟大的罗马古典诗人（公元前43-公元17）。他写的《变形记》(Metamorphoses)叙述许多罗马神话，但《爱的艺术》(Ars Amatoria)则详细叙述如何引诱女人，因而使他遭到放逐。

6 塔西图斯（Tacitus）
塔西图斯（55-117）的《编年史与历史》(Annals and Histories)记述了罗马的早期帝国史，《阿格瑞柯拉传》(Life of Agricola)则记述其岳父担任罗马驻不列颠总督的故事。

7 尤维纳利斯（Juvenal）
罗马人发明了讽刺诗体，尤维纳利斯（60-113）的诗则将这种体裁发扬光大。

8 小普林尼（Pliny the Younger）
普林尼（61-113）写给显赫人物的信札（Epistulae）让我们瞥见帝国社会面貌。

9 苏埃托尼乌斯（Suetonius）
历史学家（70-125），著有诸凯撒生平传记。

10 佩特罗尼乌斯（Petronius）
佩特罗尼乌斯（70-130）写的《萨蒂利孔》(Satiricon)以诙谐手法描述罗马人的生活。

《宾虚传》

《甜蜜的生活》

TOP 10 十大罗马电影城（Cinecitta）内制作的电影

1 《甜蜜的生活》（La Dolce Vita）

费里尼这部1960年的经典之作《甜蜜的生活》拍的是20世纪50年代的罗马，这座“永恒的城市”（Eternal City）成为国际名流汇聚之地。马斯楚安尼(Marcello Mastroianni）扮演一位卷入这种颓废生活方式中的记者，而有一个叫做“帕帕拉走”（Paparazzo）的角色专门在维内托路（Via Veneto）偷拍明星照片，他的名字也就成为其职业“狗仔队”的同义词。

2 《罗马风情画》（Fellini's Roma）

费里尼将这部1972年拍的电影献给他的家乡。罗马的文化遗产妨碍了现代化，梵蒂冈的荒谬性透过滑稽得骇人的教皇服装展表现出来。费里尼在电影城（Cinecitta）制片厂建了一条公路，以便拍摄尖峰时间状况而不致影响真实交通。

3 《宾虚传》（Ben Hur）

这部大预算（5千万美元）的斗士史诗电影拍摄于1959年，由威廉·惠勒（William Wyler）导演，查尔顿·赫斯顿（Charlton Heston）饰演一位犹太王子遭到陷害而成为奴隶。他为争取自由而赤裸上身参加马车比赛，这一幕影响了后继的每一部电影中的赛车场面。这部电影共得到11项奥斯卡奖。

4 《偷自行车的人》（The Bicycle Thieves）

德西卡（Vittorio de Sica）这部作品拍摄于1948年，是一部极度写实的片子，可说是重拍的20世纪40年代末期罗马纪录片。一个老实的父亲在战后的罗马辛苦谋生，但只能眼睁睁地看着一切希望瓦解，因为他最珍贵的脚踏车也是基本谋生工具被偷，他跑遍全城想找回来却只是徒劳。

《罗马假日》

5 《埃及艳后》(Cleopatra)

尽管布景铺张、服装奢华，还有数千名演员以及伊丽莎白·泰勒（Elizabeth Taylor）与理察·波顿（Richard Burton）撑场面，约瑟夫·曼其威克（Joseph Mankiewicz）这部1963年拍摄的电影仍是创下好莱坞票房惨败纪录的电影。

6 《罗马，不设防城市》(Rome, Open City)

这部强有力的1946年剧情片述说二次大战期间罗马反抗军的故事。罗塞里尼（Roberto Rossellini）试图创造一种纪录片的感觉，在战争结束仅仅几个月之后的街道上拍摄，使用真正的军人重现真实事件。年轻的费里尼曾帮忙编剧。

7 《罗马假日》(Roman Holiday)

这部1953年的浪漫喜剧使得新秀奥黛丽·赫本（Audrey Hepburn）成为闪亮明星，并赢得奥斯卡奖。她饰演一位有叛逆心理的公主，跟着穷作家格里高利·派克（Gregory Peck）跑遍全城。

8 《亲爱日记》(Caro Diario)

这部极具个性的电影(1994年)开场就是导演南尼·莫瑞提（Nanni Moretti）骑着摩托车跑遍罗马郊区。

9 《美丽人生》(Life is Beautiful)

这部意外成功的1998年电影融合喜剧与寓言，背景设于纳粹占据的意大利。编剧兼导演罗贝托·贝尔尼尼（Roberto Begnini）饰演犹太书商，他借着喜剧手法不让儿子害怕纳粹的集中营，假装整件事只是一场游戏。本片获得三项奥斯卡奖。

10 《纽约黑帮》(Gangs of New York)

在这部2002年的电影中，好莱坞导演马丁·斯科西斯（Martin Scorsese）耗资一亿元，于电影城制片厂重现19世纪40年代的纽约市以及一艘游轮。

十大意大利导演

1 **费里尼**（Federico Fellini）

这位五度奥斯卡奖得主（1920-1993）融合了新写实主义和魔幻写实的风格。

2 **罗塞里尼**（Roberto Rossellini）

新写实主义大师（1906-1977），作品包括《罗马，不设防城市》与《和平》(Paaisa)。

3 **维托里奥·德西卡**（Vittorio De Sica）

德西卡（1901-1974）是新写实主义的创始者，作品包括《擦鞋童》(Shoeshine)与《昨日，今日，明日》(Yesterday, Today and Tomorrow)。

4 **维斯康提**（Luchino Visconti）

维斯康提（1906-1976）最著名的电影是《浩气盖山河》(Leopard）与《魂断威尼斯》与(Death in Venice)。

5 **帕索里尼**（Pier Paolo Pasolini）

诗人、共产党图与制片人（1922-1975），曾拍过恶名昭彰的电影版本《伊迪帕斯国王》(Oedipus Rex）与《十日谈》(The Decameron)。

6 **塞吉欧·利奥尼**（Sergio Leone）

利奥尼（1929-1989）透过“意大利面式西部片”如《荒野大镖客》(A Fistful of Dollars)，把意大利变成美国西部，也把克林特·伊斯特伍德（Clint Eastwood）变成了明星。

7 **米开朗琪罗·安东尼奥尼**（Michelangelo Antonioni）

安东尼奥尼（1912年生）帮忙建立意大利电影的新浪潮《红色沙漠》(Red Desert)，也在好莱坞享受到成功滋味（《春光乍泄》，Blow Up）。

8 **南尼·莫瑞提**（Nanni Moretti）

这位编剧兼导演（1953年生）所拍作品常为自传式，也常自比为伍迪·艾伦（Woody Allen）。

9 **贝纳多·贝托鲁奇**（Bernardo Bertolucci）

诗人兼电影制片（1941年生）。在国外大为成功之后，他又回到祖国意大利拍摄《偷香》(Stealing Beauty)。

10 **罗贝托·贝尔尼尼**（Roberto Benigni）

这位编剧/导演/演员（1952年生）的作品常采用低俗闹剧形式，他以《美丽人生》(Life is Beautiful)享誉世界。

博尔盖塞别墅

伐拉迪耶之屋，平乔山

古阿庇亚大道的教堂

TOP10 十大浪漫景点

1 吉安尼柯罗 (Gianicolo)

携手在这座优雅的公园里漫步，欣赏传统的木偶戏表演，说不定还可以买一两个木偶，或者去坐旋转木马，但最重要的是好好欣赏景致，许多人认为这里的景致全市最佳。如果你们碰巧是在中午来此，可别被午炮的震撼声音吓着——这是每天中午的例行仪式。（参见141页）

2 平乔山 (Pincio)

这里的花园也是罗马著名景观，从19世纪吉伍塞培·伐拉迪耶（Giuseppe Valadier）设计了这些花园以来，这里就非常受浪漫作家欢迎。如果这里唯一的伐拉迪耶之屋咖啡馆（因重新整修而关闭已久）竟然奇迹似地营业了，就是最浪漫的享受餐饮之所。（参见111页）

3 玫瑰与橘子花园，巴而可·萨维洛 (Rose and Orange Gardens, Parco Savello)

优雅的公立玫瑰花园在当季时处处花香，你们还可以走到山丘上的橘子花园，在松树的树荫下休息，享受河对岸区（Trastevere）与圣彼得河（St Peter）的景致，然后再沿着Clivo di Rocca Savella走下山丘。地图A3

4 博尔盖塞别墅 (Villa Borghese)

这座大公园内有许多喷泉、长椅、绿荫小道与林间空地，但最吸引人的活动是在湖上划船绕行有着古庙的小岛。（参见110页）

5 Arnaldo ai Satiri

在一条老街上的这家点着烛光的幽静餐厅，你想要多浪漫都行。充满诗意的装潢是以芭蕾为主题，气氛柔和沉静。管形意大利面配包心菜酱（Rigatoni alla crème di cavoli）是最特别的招牌菜，火鸡胸肉配白干酪与蘑菇也同样可口。Via di Grotta Pinta 8 · 地图L4 · 电话：066861-915 · 周二休息

坎皮多利奥夜景

6 Lo Chalet del Lago

信不信由你，法西斯的EUR（罗马万国博览会馆，参见151页）有一家真正迷人的餐厅，这里的大型玻璃窗可以眺望湖面，你们在白天会看到游人

餐厅价位指南参见89页

划船以及鸭子戏水。这家餐厅的食物很简单，可是风味却跟环境一般高雅。（参见155页）

7 坎皮多利奥夜景 (Campidoglio by Night)

衬托着微妙又富戏剧效果的灯光，在山丘上的这三座宫殿制造出宛如具有魔力的夜景。你们可沿着缓坡走上去，绕着广场走一两圈，然后穿过广场走下去，欣赏着有动人灯光照明的古罗马市场与斗兽场景色。

8 许愿喷泉 (Trevi Fountain)

这里常常挤满观光客，然而这里的美感与力感不分日夜都实在迷人。你们也可以趁着大好机会许愿，越浪漫越好。要准备一些铜板丢进去——当然要往背后丢——才能确定你能再回罗马。（参见109页）

9 周日的古阿庇亚大道 (Appian Way on a Sunday)

每周有一天，阿庇亚古道（Via Appia Antica）会部分交通管制，只限游览车通行，因此非常适合骑脚踏车到乡下一游，或者你们想走很长的路仔细欣赏风景也可以。路旁种着松树与柏树，古罗马人就是在此埋葬死者，沿路仍有许多坟墓。（参见151页）

许愿喷泉

10 三阶的冰激凌 (Gelato at Tre Scalini)

三个大球里面有樱桃的冰激凌再加上鲜奶油，这就是这家咖啡馆著名的“塔图福”（tartufo）。如果你们要外带也很划算，但可能坐在店内共享比较浪漫——只要你们不会抢着吃樱桃的话。（参见88页）

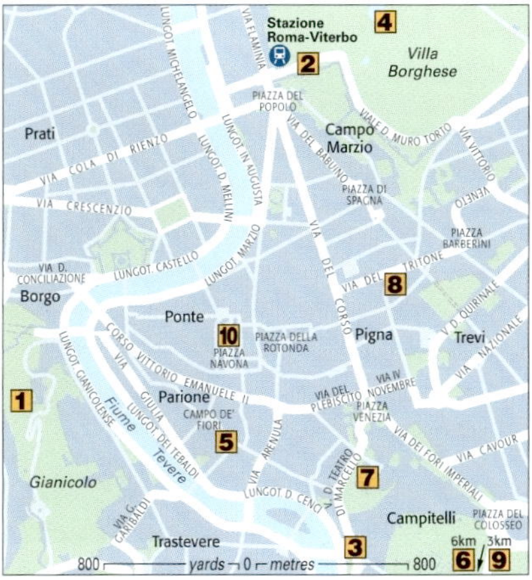

多利亚·潘菲利宫

奥尔图植物园

TOP10 十大绿地

1 博尔盖塞别墅（Villa Borghese）

这座公园又大又优雅，处处可见绿荫与美丽的喷泉，非常适合散步、野餐或慢跑。你也可在人工湖上划船、租脚踏车或者溜冰。（参见110页）

2 平乔山（Pincio）

传统上这里在日落时可以欣赏到罗马最著名的美丽全景。这里其他的引人之处还有水钟、各种名人胸像，以及哈德良皇帝在心爱的安提努斯（Antinous）墓旁树立的埃及式方尖碑。（参见111页）

3 塞利蒙塔纳别墅（Villa Celimontana）

在这里野餐的传统始于1552年，当时圣飞利浦·奈利（San Filippo Neri）安排了七所教会以及马太（Mattei）家族邀请朝圣者来此共进简餐。夏天则有许多极棒的晚餐音乐会在这里举行。Piazza della Navicella 12 · 地图E5 · 开放时间：黎明至黄昏 · 有残障设施

4 多利亚·潘菲利宫（Villa Doria Pamphilj）

这里是罗马最大的绿地，范围从吉安尼柯罗(Gianicolo）一直到奥勒利亚古道（Via Aurelia），非常适合跑步与运动。这里的山丘上散布着别墅、喷泉、湖和橘子园，也是散步的理想地方，还可以在绿荫如盖的松树底下野餐。（参见142页）

5 植物园（Orto Botanico）

这座优雅的植物园与柯西尼宫（Palazzo Corsini）最适合打发一两个小时的轻松时光，呼吸一下7000多种茂密植物制造出的新鲜空气。这个园区现在属于罗马大学，拥有各种原生与外来植物种类，全都依照生态环境分类栽种。（参见142页）

6 席亚拉别墅（Villa Sciarra）

这座小公园内处处皆是喷泉、露台、水池、凉廊与雕像，还有绿荫小道与草坪可供休息，也很适合带小孩来玩（参见65页）。Via Calandrelli · 地图C5 · 开放时间：黎明至黄昏 · 有残障设施

7 阿达别墅（Villa Ada）

这座大公园本来是维托里奥·埃马努埃莱三世国王（King Vittorio Emanuele III）的猎苑，里面有大片的草地、宁静的水域与树

博尔盖塞别墅

更多罗马广场和喷泉参见46-47页

林。如果你需要远离都市尘嚣，这里很值得一游。夏天晚上在尽头的湖边有小吃摊与音乐会。Via Salaria · 地图E1 · 开放时间：黎明至黄昏 · 有残障设施

8 开罗广场（Piazza Cairoli）

这是一座相当新的市立公园，在嘈杂的这一区内提供了一个理想的歇脚处。在长椅上坐坐，旁边是修剪整齐的草坪与盛开的花朵以及水声淙淙的喷泉，足以安抚紧张的神经。Via Arenula，Via dei Giubbonari · 地图L5 · 有残障设施

9 鸦片丘（Colle Oppio）

盛夏在议事广场与斗兽场走了几个小时之后，你会很高兴见到这片绿色坡地。这座公园的大部分其实是尼禄的金殿（Nero's Golden House，参见41页）的屋顶，你仍可看见房间的天窗结构。如果你还想再参观一下，也可以去看看这里散布各处的图拉真浴场（Baths of Trajan）遗址。Via Labicana, Parco Oppio · 地图E4 · 有残障设施

平乔山的水钟

10 9月8日抗暴纪念公园（Parco della Resistenza dell'8 Settembre）

这里本来是一片黄尘，如今已变成赏心悦目的绿地，本地人常常来此野餐，小孩也都来此嬉戏。这是罗马少见的几座没有围墙也没有门的公园之一，非常适合在晚餐后来散步，一面欣赏月光。Viale del Piramide di Cestia, Viale M Gelsomini · 地图D5 · 开放时间：黎明至黄昏 · 有残障设施

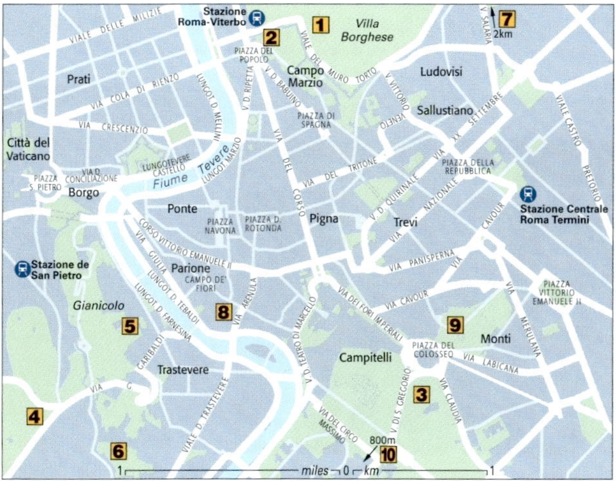

博尔盖塞公园别墅

博尔盖塞公园游乐场

TOP 10 十大儿童游玩场所

1 博尔盖塞别墅（Villa Borghese）

这里原是西皮奥内·博尔盖塞私人的文艺复兴风格公园，与19世纪的平乔山花园（Pincio gardens）相邻，里面有许多雕像与喷泉，是探索的好地方，尤其适合骑脚踏车。公园内到处都有出租脚踏车的摊铺。你也可以租一艘船在小湖上划，或者带孩子去小游乐场玩。（参见110页）

2 野餐（Picnicking）

罗马有许多公园与花园，你可以在里面找个地方坐下来野餐（参见62～63页）。这样不仅省钱又好玩，还有机会品尝罗马美味的小吃。地址：Via Flamina 82 · 地图C1 · 开放时间：周一至周五上午9点30分（周六、日及节假日上午10点）至下午6点45分。

3 嘉布遣洞穴（Capuchin Crypt）

里面有用修士尸骨装饰的镶嵌画，还有几副完整的骷髅架挂在骨头建的壁龛内。这里一定会让你印象深刻，对青少年以上的人更是旅游重点，不过对年纪很小的儿童或者胆子太小的人也许不适合。（参见134页）

4 动物园（Bioparco）

以前很让人失望的水泥兽栏，如今已重修，变成一个漂亮的“生物花园”，独处于博尔盖塞别墅公园的一个角落里。Piazzale del Giardino Zoologico 1 · 地图E1 · 开放时间：周一至周五上午9点30分至下午6点，周六、日上午9点30分至下午7点（11月至3月开放至下午5点）· 需购门票

5 露天游乐场（Lunapark）

法西斯党建的EUR郊区（参见151页）的云霄飞车、旋转轮与游乐宫种类也许无法跟巴黎的迪斯尼相比，却是相当划算的游乐场。Via delle Tre Fontane · 地铁EUR Magliana · 开放时间每日下午4点至上午1点（夏季），周一至周五下午3点至晚上7点，周六下午3点至上午2点，周日上午10点至晚上10点（冬季）· 需购门票

6 吉安尼柯罗的木偶戏（Puppet Shows on the Gianicolo）

你不必懂意大利文也能欣赏《庞趣与茱蒂秀》（Punch and Judy show），这两个角色是意大利当地的拳击人物。从前罗马的公园内有许多这种老式木偶戏表演，如今这是仅存的一个戏棚。免费提供。Teatro di Pulcinella, Gianicolo · 地图B4 · 时间不定，周二至周日 · 免费 · 有残障设施

罗马木偶

7 席亚拉别墅(Villa Sciarra)

这座公园依偎在奥瑞留壁垒的一个弯处，特韦雷河（Tra stevere）在此流入旧绿山（Monteverde Vec chio）。公园内有游乐场，还有一个小型儿童乐园，里面有一个小小的滑轮溜冰场地。Via Cala ndrelli · 地图C5 · 开放时间：每日黎明至黄昏 · 儿童乐园需购门票 · 有残障设施

罗马的儿童

8 探索地下墓穴(Exploring the Catacombs)

在罗马最刺激最骇人的活动就是在这些狭窄又阴暗的迷宫似的廊道里行走，两旁是成千上万的墓龛，装饰着粗糙的灰泥雕刻。在圣多密提拉（San Domitilla）区，有些导游还会让你伸手去摸骨头，大部分其他区的人骨都已搬到较下层的藏骨堂去了。（参见151页）

9 玫瑰游泳池（Piscina delle Rose）

若是逛古迹逛累了，你可以就近休息一下。这座位于EUR内的露天游泳池是罗马最大的也是最好玩的，还有专门给小孩子玩的一区。Viale America 20 · 地铁EUR Palasport · 开放时间：6月至9月中每日上午9点至晚上7点 · 需购门票

10 爬上圣彼得大教堂圆顶（Climbing St Peter's Dome）

在参观了梵蒂冈博物馆所有艺术品之后，这里是很受欢迎的小憩之地。你不仅可从塔顶上欣赏到绝佳景致，远眺圣彼得广场后面的特韦雷河，还可在半途的鼓形座位那里俯瞰圣彼得大教堂的袖廊透视结构。（参见12页）

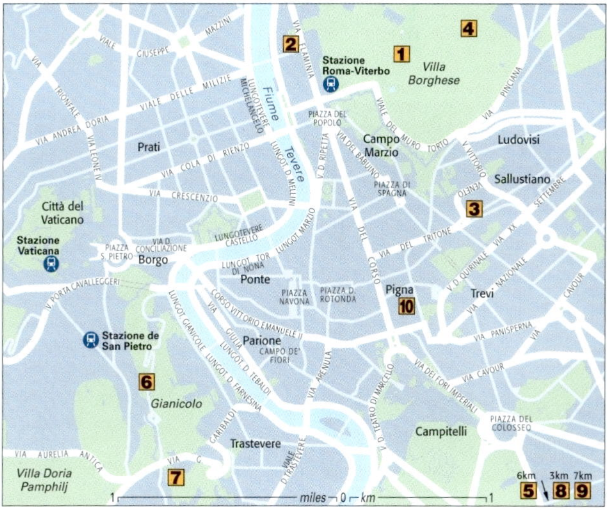

钢琴独奏会，罗马欧洲艺术节

复活节，圣彼得广场

TOP 10 十大节日

1 罗马欧洲艺术节（RomaEuropa Festival）

这项强调刺激性的表演艺术节规模扩展迅速，每年秋季在许多顶级场所举行，包括法国学院（French Academy）、法尔内塞宫（Palazzo Farnese）与西班牙学院（Spanish Academy），内容则为各种音乐、舞蹈与戏剧，一些国际级的艺术家都会参加。9月底至12月初

2 泰斯塔丘村（Testaccio Village）

这项内容丰富的活动持续一整个夏天，地点则是在一座旧屠宰场附近专门兴建的场地。每天晚上都有现场音乐演出至半夜，接着还有几场迪斯科音乐，包括各种不同的音乐形式与食物。每年都有一个新的装饰主题，通常都极为繁复精致。Via Monte Testaccio 16 · 地图D6 · 06 5730 1420 · 6月底至9月中每晚下午8点30分至上午3点

音乐节

3 统一庆典（Festa dell'Unita）

这项内容生动的晚间活动是由以前的共产党DS推出，主要包括音乐、电影、舞蹈、运动比赛等项目。举行场所与日期每年更换，但通常都是在市中心的公园内，时间则在7月左右，为期约一个月。

4 罗马的生日（Romes Birthday）

每年4月21日全市都在坎皮多利奥广场举行盛会，庆祝罗马在公元前753年建城（参见38页）。活动包括音乐、烟火以及市长致词宣布庆典开始，但最好看的是卡皮托利尼博物馆（Musei Capitolini，参见24-27页），免费参观，而且开放至晚上10点。

5 夏季歌剧节（Summer Opera Festivals）

不仅罗马歌剧团将在卡拉卡拉浴场（Baths of Caracalla，参见119页）推出例行的夏季节目，还会有许多其他歌剧节目在全市举行，来自全球的知名歌唱家都参加演出。

6 音乐节！（¡Fiesta!）

整个夏季每晚演出，有各种各样的拉丁音乐。近几年也增加了世界风、爵士、摇滚、流行等不同风格。演出场地是一座巨大的赛马场。Ippodromo delle Capannelle，Via Appia Nuova 1245 · 地铁Colli Albani再转公车 · 06 718 2139 · 6月中至8月中

7 春季音乐节(Spring Festival) 有多场管弦乐与合唱音乐会在Trinit a dei Monti举行，同时在这个热门的会场附近还有许多盛开的杜鹃花。时间为3月底。Piazza D1 Spagna · 地图D2

8 国际马秀（International Horse Show）
这是博尔盖塞别墅（Villa Borghese）的爱马族的年度盛事。国际性的马赛在这座漂亮的花园中举行，大部分园区都用来举办盛大派对而对外关闭。Piazza di Siena，Villa Borghese · 地图E1 · 5月最后一周

国际马秀

9 塞里蒙塔纳别墅爵士音乐会(Villa Celimontana Jazz)
在绝佳的松树林间，整个夏夜里点起极富戏剧效果的灯光，你可以每天晚上尽情享受美食与爵士乐。确定要准备防蚊虫药。Piazza della Navicella · 地图E5 · 6月底至9月

10 五月节音乐会（May Day Concert）
这项盛大的免费活动在Laterano的圣约翰教堂（Basilica of San Giovanni）（参见127页）举行，意大利流行音乐高手云集，偶尔也有国际名家。这项活动是意大利社会主义者为庆祝五一劳动节而举办，当天几乎所有营业点都休息。Piazza S Giovanni · 地图F5 · 5月1日

十大宗教节庆

1 五旬节（Pentecost） 玫瑰花瓣由万神殿的天窗撒下（参见14页），接着就举行游行。地图M3 · 圣灵降临节

2 圣诞节市集（Christmas Market）
有许多糖果、圣母像以及各式圣诞节装饰。Piazza Navona · 地图L3 · 12月1日至1月6日

3 白夜节（White Night Festinal） 博物馆、纪念碑、教堂等处均彻夜开放，各种文化活动五彩缤纷 · 9月

4 复活节周（Easter Week） 活动包括在斗兽场举行的耶稣受难日十字架游行（Good Friday Procession of the Cross），以及复活节周日在圣彼得大教堂阳台上教皇祝福信众。

5 白雪圣母（Madonna della Neve）
为纪念4世纪圣母在教廷显灵，产生8月下雪的奇迹，白色花瓣由圣马吉欧瑞的圣母教堂（S Maria Maggiore）天花板上撒下。8月5日

6 耶诞夜午夜弥撒（Christmas Eve Midnight Mass）
大部分教堂都会庆祝救世主诞生，但是参加圣彼得大教堂的弥撒需要入场券。

7 教皇《献给本城与全世界》文告（"Urbi et Orbi"）
圣诞节中午教皇会在圣彼得大教堂的阳台上祝福信众。

8 嘉年华（Carnival） 大家盛装打扮参加派对。1月底至2月

9 万圣节（All Saints' Day） 罗马人在这一天扫墓。11月1日

10 圣彼得与保罗节（Feast of Sts Peter and Paul）
这时会施放烟火，举行派对来纪念天主教会的两位创始人。Pia-zza S Paolo and Via Ostiense · 地图D6 · 6月28-29日

Dolce e Gabbana精品店

康多提路

TOP10 十大购物场所

1 康多提路（Via Dei Condotti）
这里有最时髦的店卖最时髦的东西，所有名牌高级女装都到这里来聚集：Gucci、Bulgari、Prada、Hermes、Ferragamo、Armani、Trussardi、Valentino等等。虽然不能断言这里一定没有便宜货，但店员总会让你觉得自己像是王公贵族一般。（参见111页）

2 柯索大道（Via del Corso）
罗马这条中轴大街从头至尾都有各式各样的购物选择。最多的是音乐商品与流行的年轻人时尚店，但也有好的鞋店以及罗马少见的高级百货公司“文艺复兴”（La Rinascente）。

3 科拉·迪·瑞安佐路（Via Cola di Rienzo）
罗马这条街是购买中价位衣服的好地方。此外，仅存的几家斯坦达（Standa）百货公司中有一家也在此，里面有各式不算贵的商品。若想找比较希罕的美国东西与传统食品，最好的店是卡斯特罗尼（Castroni）。（参见143页）

4 波哥纽纳路（Via Borgognona）
这是另一条卖名牌时装的主要街道，仅次于与之平行的康多提路。Dolce e Gabbana、Fendi、Ferre、Givenchy与Versace在这里都有专卖店。别错过附近的“西班牙广场”（Piazza di Spagna），Frette、Mission与Krizia都在这里。

5 柯罗纳利路（Via dei Coronari）
这条街最出名的是念珠制造业，以前是信众前往圣彼得大教堂朝圣的主要路线，两旁都是卖念珠的商店，如今则以古董闻名。然而只有一部分货真价实，因为价位常常太过夸张，而且多半是进口货。（参见86-87页）

6 巴别诺路（Via del Babuino）
高级时装（Armani、Chanel、Tiffany & Co.）与古董店都集中在这里，使得这条街成为罗马最高尚的一条街。值得去逛逛，看看一些较好的古董店，里面有许多巴洛克风格的家具、绘画与古玩。（参见113页）

7 马尔古塔路（Via Margutta）
这里有极多艺术品、古董与古玩店，这条小街因此闻名。45号与86号常有惊人商品拍卖，109号则以价格不贵的仿制古物为主。（参见113页）

8 狮口路（Via Bocca di Leone）
这是与康多提路以及波哥纽纳路相接的一条小街，街上

巴别诺路的玻璃瓶

更多购物信息参见164页

马尔古塔路的古董店

也有几家高级商店（参见114页）。有一家很棒的珠宝店叫席拉古萨（Siragusa），出售用古缠丝玛瑙印章、雕刻石头与硬币自制的特殊戒指、手链和项链。

9 国家路（Via Nazionale） 这里提供你充实的中价位购物体验，两边都是鞋店、服装店、东方地毯店、国际书店，还有一座可靠的皮包行李箱商场。专卖各种寝具用品的Frette在这里也有店面。地图R2

10 外套路（Via dei Giubbonari） 这条街是以传统的giubbonari外套为名，以前这条街上有很多制造这种外套的业者，如今仍以价钱实在的时尚服装闻名。运动服、鞋子、流行与古典样式的男女服饰这里一应俱全。（参见105页）

十大市场

1 波泰赛门（Porta Portese） 这是罗马最大的跳蚤市场，真假古董、纪念品、艺术品、衣服、植物等等应有尽有。每周日上午。Via Ippolito Nievo · 地图C5

2 花之田野广场（Campo de' Fiori） 在这座最地道的中世纪广场上有着罗马著名的露天蔬果及鱼市场。

3 马密阿尼路（Via Mamiani） 这是罗马最大的露天新鲜鱼肉市场，也卖衣服与家用品。周一至周六早上（参见130页）。

4 桑尼欧路（Via Sannio） 优质的衣服与仿冒名牌。平常工作日的早上与周六（参见130页）。

5 古董印刷品市场（Antique Print Market） 古董与复制的印刷品。周一至周六早上。Largo della Fon-tanella di Borghese · 地图M1

6 泰斯塔丘广场（Piazza Testaccio） 这座有遮阳篷的市场出售各式各样的自然农产品。周一至周六早上。地图D6

7 特里庸法勒路花市（Via Trionfale Flower Market） 廉价的新鲜切花与各种植物。周二早上。地图B2

8 博尔盖塞停车场（Parcheggio Borghese） 专卖儿童用品的跳蚤市场。10月至6月的每个月第一个周末。Via Francesco Crispi 96 · 地图E2

9 圣柯西马透广场（Piazza San Cosimato） 河对岸区的热闹蔬果市场。周一至周六早上。地图C5

10 柯罗那提区（Quattro Coronati） 奇货市场。周一至周六早上。地图E4

古希腊咖啡馆　　吉欧里提

TOP 10 十大咖啡馆与冰激凌店

1 古希腊咖啡馆（Antico Caffe Greco）
这是罗马在1760年对于巴黎著名文学咖啡馆所作的响应。这家高雅的怀旧式咖啡馆位于市区热闹的购物街上，就在西班牙广场台阶（Spanish Steps）旁，相连的几个舒适惬意的房间内摆着小小的桌子，还陈设着19世纪欧洲大旅行盛行年代的照片、印刷品与其他纪念品。往昔著名客人包括哥德、拜伦、卡萨诺瓦与华格纳。（参见116页）

2 圣尤斯塔修咖啡馆（Café Sant'Eustachio）
罗马最令人垂涎的卡普奇诺出自一个镀铬护板后面，店家把咖啡机藏起来，不让别人发现他们烧煮咖啡的诀窍，一般只知这里的用水来自一个古老的水道，煮的咖啡已事先加糖。永远客满。（参见96页）

3 圣克里斯皮诺（San Crispino）
穿过许愿喷泉一带充斥的劣质冰激凌店，你会看到这家高雅朴素的小冰激凌店。这里的招牌冰激凌内含蜂蜜，但也有其他柔滑顺口的口味，例如用新鲜水果或核果做成，再加上一点可口得让人有罪恶感的酒味。Via della Panetteria 42 · 地图P2

4 三阶（Tre Scalini）
这家咖啡馆据称其名气源自罗马最令人堕落的松露（tartufo）冰激凌球，这在其他零售点几乎总是包装起来的。巧克力冰激凌外覆黑色的巧克力薄片，中间则是福吉与樱桃。（参见88页）

5 吉欧里提（Giolitti）
这家19世纪的咖啡馆是罗马最出名的冰激凌店。观光客很多，但是东西极棒。（参见96页）

6 唐尼大咖啡馆（Gran Caffe Doney）
仍是维内托路（Via Veneto）上的顶级咖啡馆，但盛景已过，20世纪50年代全盛时是罗马的动力所在（还有对街的对手“巴黎咖啡馆”Café de Paris），名流贵客脸上戴着墨镜，身边陪着刚出道的小明星，坐在露天座位上亲密交谈。这种生活方式曾在费里尼电影《甜蜜的生活》（La Dolce Vita）中纪录下来（或者说是他创造出来），其中有一个叫做“帕帕拉走”（Paparazzo）的摄影迷角色，这个名字成为狗仔队摄影记者这一行的代名词。（参

吉欧里提

见136页）

7 罗萨提咖啡馆（Caffe Rosati）

人民广场（Piazza del Popolo）上有两家彼此竞争的咖啡馆（另一家是卡诺巴咖啡馆Caffe Canova），罗萨提的资格比较老，也比较偏左一些，创店老板是罗萨提两兄弟（第三个兄弟仍继续经营家族首创的维内托路咖啡馆）。这里展现着1922年新艺术风格装潢，顾客常把法拉利（Ferrari）或莲花（Lotus）敞篷新车停在店门口。（参见116页）

8 哈利的酒吧（Harry's Bar）

这家是威尼斯著名咖啡馆于1961年在罗马开的分店，位于维内托路头，却也处于这一区胜景之末。长久以来，许多政治家都喜欢坐在终年摆设在人行道上的座位上。（参见136页）

9 棕榈冰激凌店（Gelateria della Palma）

这是一家比较现代化的冰激凌店，口味超过100种，还有半冻式慕斯（Semifreddi）与冰冻的酸奶。这里营业至很晚，总是挤满罗马的年轻时髦一族。这家店离万神殿只有几步之遥。（参见96页）

金杯

10 金杯（La Tazza d'Oro）

这里的咖啡严格规定使用最高级的巴西咖啡豆。这个绝无矫饰的地方不求花俏，也不要什么吸引观光客的花招（尽管就在万神殿广场边）。店内只有一个波状的长吧台，常客总爱在那里享受超美味的浓缩咖啡，而且令人惊讶的是他们的咖啡竟有办法在罗马保持价廉物美。（参见96页）

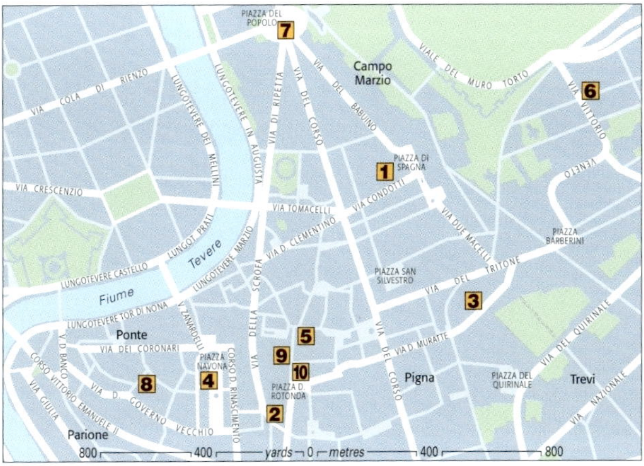

瑞奇比萨饼店

巴费托比萨饼店

TOP 10 十大比萨饼店

1 巴费托比萨饼店（Pizzeria da Baffetto）

这是罗马最好的比萨馆，但由于是传统馆子，所以只有晚餐时间营业，而且除了比萨饼之外只供应bruschetta与其他简单的开胃品。（参见162页）

2 伊沃比萨饼店（Pizzeria da Ivo）

河对岸区（Trastevere）最有名的比萨饼馆，绝对是由观光客发现的，但本地吃客也不会让这里被外地人占据。这里的比萨饼很棒，但其他的主餐就建议你不要尝试了。（参见148页）

3 瑞奇比萨饼店（Pizzeria da Ricci）

这家自由风格的比萨饼馆是在1905年由瑞奇家族创立，藏身于国家路（Via Nazionale）附近一条安静的小街尽头。这里的比萨饼很小（许多人都点两份）但极好。附赠带甜味的北拉其欧（Lazio）白葡萄酒（Est! Est! Est!），也因而成为这家馆子的别名（参见77页）。Via Genova 32 · 地图R2 · 电话：06-488-1107 · 周一休息 · €

4 诗人比萨饼馆（Pizzeria dar Poeta）

罗马式超薄比萨饼与劲道的拿坡里式厚比萨饼之间总是在客气地竞争。诗人比萨饼则走自己的路线，让面团发酵一整天（一般是一小时），做成薄而松的派饼，然后加上新鲜的馅料。这家店窝在河对岸区一条安静的小街上，露天座位较少也较少客满，店里面有空调的砖墙装潢，座位比较多。（参见148页）

5 维托利奥比萨饼馆（Pizzeria da Vittorio）

维托利奥·马提尼（Vittorio Martini）的朴实小馆内有着木头梁柱，外面的鹅卵石街道上摆着

伊沃比萨饼店

餐厅价位指南参见89页

诗人比萨饼馆

几张桌子，供应美味的拿坡里式比萨饼，附赠得奖的pizzaiolo Angelo Jezzi。综合前面菜分量多且划算。（参见148页）

6 魔鬼克星（Acchiappafantasmi）

这里的得奖比萨饼样子很像鬼脸、眼睛则是橄榄（这家馆子的名字意思是“抓鬼人”），还有6种花茎甘蓝（Calabrese）点心。服务可能有一点慢。Via dei Cappellari 66 · 地图K4 · 电话：06-687-3462 · 周一休息，周二至周五 · €

7 雷比萨饼（PizzaRe）

这是罗马的迷你连锁店，供应薄皮拿坡里式炭烤比萨饼。比较便宜的午餐菜单包括附加费、饮料、比萨饼与意大利面，或者一份烤肉。Via de Ripetta 14 · 地图D2 · 电话：06-321-1468 · €

8 高迪（Gaudi）

这里供应厚皮拿坡里式比萨饼，有现代的室内用餐区，也有屋顶的露天座，还有红色台灯，若开亮就表示希望快一点上菜。这里也有很多种意大利面食与甜点。不接受订位，而且经常大排长龙，所以尽量早到比较好。Via R Giovannelli 8-12 · 地图F1 · 电话：06-884-5451 · 周六、周日休息 · €

9 帕那托尼的“停尸间”(Panattoni "L'Obitorio")

这家河对岸区的馆子别名“停尸间”，指的是大理石墙面与桌面产生的冰凉效果，然而这里的招待却很热情，而且罗马式比萨饼极富美味，炸米球（suppli a telefono中间裹着融化的mozzarella乳酪，可以拉长变得像电话线一样）也很可口。营业到很晚。Viale Trastevere 53 · 地图C5 · 电话：06-580-0919 · 周三休息 · 不收信用卡 · €

10 蒙地卡罗比萨饼馆(Pizzeria La Montecarlo)

这家俭朴的罗马式比萨饼馆营业到很晚，因此一年到头都挤满本地人与学生。（参见89页）

伽奇诺1887

美味

TOP 10 十大餐厅

1 伽奇诺1887 (Checchino dal 1887)

这家Testaccio的顶级餐厅创立于1887年，据称拥有罗马最大的酒藏。劳工阶级的餐点——炖牛尾(coda alla vaccinara)就是这里的发明（参见77页）——与比较高雅的菜色都烹调得极佳，还有全市最丰富的意大利与法国乳酪。（参见125页）

2 阿格塔与罗密欧（Agatae Romeo）

这家自由风格的创意罗马美食圣地位于大圣母堂附近，老板是罗密欧·卡拉邱（Romeo Caraccio），妻子阿格塔·帕利塞拉（Agata Parisella）负责厨房，做出美味的肉、鱼与新鲜蔬菜创意组合。别错过她的极品甜点，包括奶油泡芙。（参见131页）

阿格塔与罗密欧的标志

3 阿尔贝托·西亚拉 (Alberto Ciarla)

这家位于河对岸区的餐厅以各式鱼的烹调闻名，这些年来品质起起伏伏，但好的时候就真正非常出色。价位相当高，即使是简单的海鲜亦然，现代化的房间内昏暗的气氛也有一点压迫感，但仍有一些忠实的顾客。（参见149页）

4 萨巴提尼 (Sabatini)

这是罗马的著名餐厅之一，以前最受费里尼那样的客人欢迎，后来则变得太过夸张。坐落于广场的绝佳位置，但菜色可是天价。这里提供的是精致罗马食物与海鲜。（参见149页）

伽奇诺1887的露天座

5 拜伦旅馆 (Sapori del Lord Byron)

位于罗马的一家高档小旅馆内，大厨最出名的是能够把意大利传统菜色加上创意变成艺术杰作，使这家高雅餐厅始终名列一流排行榜上，也是“观星”的最佳地点。Via G. de Notaris 5, Hotel Lord Byron · 地图E1 · 电话：06-322-0404 · 周日休息

6 凯撒小馆 (Da Cesaretto)

也被称为Fiaschetteria Beltra－mme，似乎从1886年开业至今，一直保持原样。价位相当低，菜肴则是道地的罗马特色（参见76-77页）。这里没有电话，也不

接受订位，最好提早来，否则就要准备排队。人多时要拼桌就餐。Via della Croce 39 · 地图D2 · 周日休息 · 不收信用卡 · €€

7 皮沛诺 (Piperno)

从1856年以来就是罗马犹太区最好的犹太馆子（不过也是最贵的）。曾有电视节目主持人试图溜进去偷窥大厨的烹调秘诀。这里的服务可能有些随性，但朝鲜蓟料理无人能比。（参见107页）

8 奥古斯都 (Da Augusto)

原味的河对岸区馆子。装潢采用原木桌子与肉店用的纸当做桌垫，菜单不是印的，而是由忙碌且冷漠的服务生背诵出来。好酒与美食组成口味绝佳的简单传统料理。天气好的时候在前面的小广场兼停车场会摆设座位。（参见148页）

9 美味 ('Gusto)

最新的看人也让人看的餐厅，位于热闹的广场边上墨索里尼所建的一栋豪华建筑内。玻璃墙装潢与露天座位可以眺望奥古斯都的陵墓（Augustus' Mausoleum，参见92页）。这里的几项选择都是风味绝佳：主餐厅内供应创意餐（cucina creativa），另外还有比萨饼区（营业至上午1点）以及供应泰式料理的酒吧（营业时间为上午11点至凌晨2点）。最好先订位。（参见117页）

10 佩若尼啤酒屋 (Birreria Peroni)

本地生意人定期在这家创立于1906年的啤酒馆用午餐，老板即是意大利最大的酿酒商。自助式点心与绝佳的主菜综合了罗马与日耳曼风味，装饰艺术风格的壁画以树林与运动为主题，仿佛在向客人保证“喝啤酒的人可以活到100岁”。（参见117页）

皮沛诺

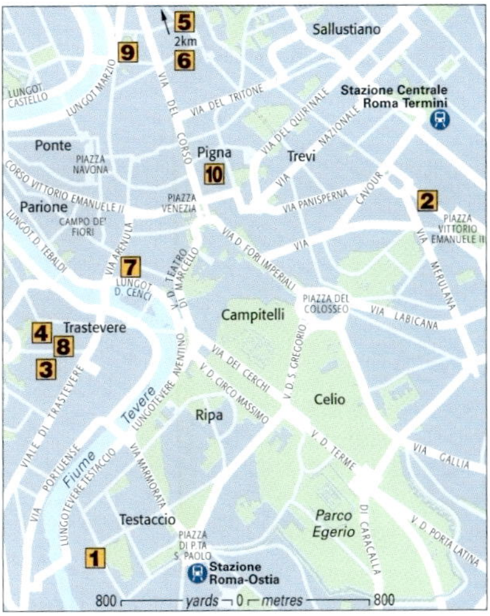

罗马式面团

炭烧意大利面

TOP 10 十大罗马美食

1 “跳到嘴里”的小牛肉 (Saltimbocca)

这道美味的小牛肉美食好吃得被称为“跳到嘴里”。薄肉片上面铺着鼠尾草叶与五香火腿，然后用白酒炖煮。

阿马特里塞意大利面

2 阿马特里塞意大利面 (Bucatini all'amatriciana)

源于拉其奥省（Lazio）西北部阿柏鲁其（Abruzzi）山间小城阿马特里塞（Amatrice），用的酱成分包括西红柿配意大利火腿——猪脸（guanciale）或猪肚（pancetta）——加辣椒再撒上罗马Pecorino起司粉。最传统的搭配面条是空心粗面（bucatini）。原版的阿马特里塞白面（amatriciana bianca新大陆的西红柿加入意大利料理之前）则用荷兰芹与奶油调味。

3 罗马式朝鲜蓟 (Carciofi alla romana)

鲜嫩的意大利朝鲜蓟用橄榄油与水炖煮，通常加上大蒜与薄荷。

4 热烤“烫指”小羊肉 (Abbacchio scottaditto)

这道热烤罗马式小羊肉丰美多汁，名字意指如果你吃得太快会“烫伤手指”。小羊肉（Abbacchio）在春季屠宰期结束缺货时，就会换成嫩羊肉（agnello）。

5 炭烤意大利面 (Spaghetti alla carbonara)

管状面趁热加上生鸡蛋、帕尔玛（Parmesan）起司粉与黑胡椒，让生蛋汁借着热面自己变熟，然后再拌以火腿（pancetta）。本地传说这道食谱源自二次大战后的美军军粮（火腿屑混和鸡蛋），但似乎无人证明或排斥这种理论。

6 罗马式朝鲜蓟 (Carciofi alla giudia)

朝鲜蓟先压平再用油煎。这道典型的罗马式犹太美食通常搭配煎美洲番瓜（zucchini）内镶白乳酪（mozzarela）与E鱼。

罗马式朝鲜蓟

7 帕亚踏 (Pajata)

听起来可能有一点恶心，但实际上非常好吃：炖煮的未断乳小牛肠，小肠内还有结块的母牛乳，

传统罗马风味餐厅资料参见125页

通常会切碎，裹上西红柿酱，搭配面食。

8 炖牛尾 (Coda alla vaccinara)

牛尾用芹菜与西红柿汤炖煮。就跟帕亚踏一样，这道菜充分利用屠宰当天不用的部分（quinto quarto），给19世纪的屠宰场工人带回家当做部分工资。“伽奇诺1887”做的这道菜是罗马最好的（参见125页）。

9 罗马式面团 (Gnocchi alla Romana)

炖牛尾

这种小小的面团用马铃薯与面粉做成，吃起来结实有嚼头，源于意大利北部，但后来罗马将之归为己有，甚至在传统上将每周四定为“面团日”，大部分餐厅都有这道菜。这种面团最好搭配新鲜西红柿酱，不过配gorgonzola乳酪也不错，或者只用鼠尾草叶与融化的奶油。

10 乳酪与青椒 (Cacio e Pepe)

有时候最简单的菜最好吃。最理想的“一口面”（al dente）做法是将意大利面趁热拌以碎青椒与罗马式Pecorino起司粉（一种味重的陈年羊乳酪，跟Parmesan类似）。

十大美酒

1 福拉斯卡提（Frascati）
拉其奥省唯一的高档酒，不甜，有果香，是用部分产自罗马南方的山区白葡萄酿制。

2 罗马城堡（Castelli Romani）
是福拉斯卡提的表亲，产自邻近的山城，也是用Trebbiano的葡萄酿制。

3 柯利·阿尔巴尼（Colli Albani）
也是以产自拉其奥省休眠火山坡地的Trebbiano白葡萄为基础酿制。

4 古典欧尔维托（Orvieto Classico）
产自Umbria省南边的不甜白葡萄酒，好喝得连文艺复兴时期艺术家西纽瑞里（Signorelli）都愿意接受这种酒当做酬劳。

5 就是它！就是它！就是它！(Est! Est! Est!)
一位主教的品酒师在拉其奥西北方的湖畔小村试饮这种甜葡萄酒后，兴奋地跑到门口写下“Est! Est! Est!”（拉丁文，意指“就是它！”）

6 艾尔柯拉纳塔（Torre Ercolana）
拉其奥省一种比较不出名的红酒，采用Cabernet与Cesanese葡萄酿制。

7 奇昂地（Chianti）
这种源自托斯卡尼边境的老牌人气酒，在罗马的酒馆与餐厅是最普遍的红酒。

8 基督之泪（Lacrima Christi）
这种白葡萄酒“基督之泪”产自庞贝城（Pompeii）附近恶名昭彰的维苏威火山（Mount Vesuvius）坡地。

9 侃帕里（Campari）
有一点苦的开胃红酒，最好用苏打水稀释，或者加柠檬汁当做甜饮。

10 拥抱（Grappa）
意大利最强的餐后酒，是一种相当烈的利口酒。

餐饮指南参见162页

大妈妈

亚历山大普拉兹

罗马卡卢塞斯

TOP 10 十大酒吧与音乐俱乐部

1 亚历山大普拉兹 (Alexanderplatz)

这里绝对是罗马最好的爵士音乐所在，场内烟雾弥漫。老板定期邀请国际一流好手与本地音乐家演出，并提供美味食物。强烈建议预订座位。(参见147页)

2 醉船 (Drunken Ship)

花之田野广场（Campo de' Fiori）知名夜店中的活力中枢，播放着震天响的摇滚乐，非常受罗马年轻人与外国人欢迎。优惠的快乐时光为晚上7点至9点，周末提供早午餐。(参见106页)

3 强纳森的天使 (Jonathan's Angels)

这里的异国风味装潢值得一看，这是出自老板强纳森的构想，他原是马戏团表演者，也是艺术家。他的设计带有巴洛克风格，将整个地方的每一寸空间都赋予跃动的色彩。这里设有钢琴酒吧与歌舞表演。(参见88页)

4 大妈妈 (Big Mama)

河对岸区历史悠久的场所，每晚推出不同的爵士、蓝调、节奏蓝调以及世界各地音乐节目。会员资格按月或按年计，但不幸周五与周六晚上的音乐会只开放给年度会员。(参见147页)

亚历山大普拉兹

5 提琴手之肘 (Fiddler's Elbow)

这家爱尔兰式酒馆在罗马历史已久，至今仍越卖越盛，本地人与外地人都经常来此。意大利人似乎喜欢所有具有爱尔兰风味的东西，当即兴的小提琴音乐响起时，整个气氛都热了起来。Via dell'Olmata 43 · 地图F4

6 三一学院 (Trinity College)

你仿佛穿过时光隧道，来到了爱尔兰。温暖迷人的两层楼空间又吵又挤，但永远洋溢着欢愉的气氛。这里在下午1点之前供应精选的可口简餐，周日有早午餐。(参见96页)

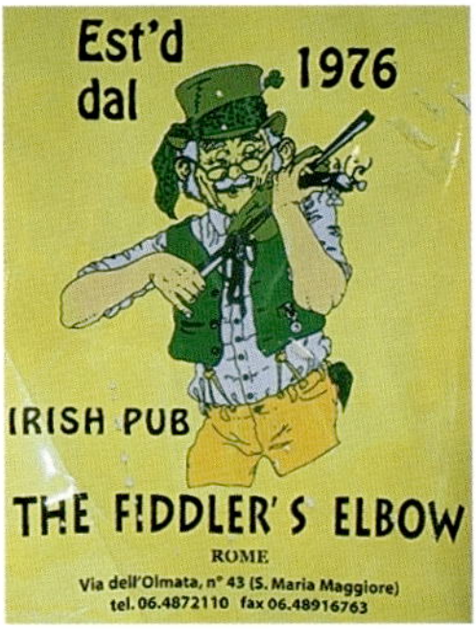

提琴手之肘

7 酒庄 (La Vineria)

这家历史性酒吧向来是本地人最爱光顾之地。场内烟雾弥漫，冬季绝对舒服，夏季客人则跑到外面的花之田野广场上。酒类与啤酒的价位相当低，尤其是你站在吧台

前喝的话。这里也提供各种精选的点心。（参见106页）

和平酒吧

8 和平酒吧 (Bar della Pace)

如果你想看人也想被人看，穿上你的名家设计盛装来这里就对了，尤其是在炎热的夏天晚上，你可以在露天座上尽量让自己曝光。这里冬天感觉也很舒适开放，很受本地人欢迎，不过东西都相当贵，而纳沃纳广场一带价位都是如此。Via della Pace 5 · 地图L3

9 摇滚城堡咖啡馆 (Rock Castle Café)

这个时髦场所以地牢和洞穴式装潢为主题，外国学生最爱来此。气氛轻松有趣，夜间备有很棒的摇滚乐与跳舞节目，地点就在犹太人区中心。（参见106页）

10 星尘 (Stardust)

这里是河对岸区忠实的慧眼客群公认最颓废的场所。每晚当班的音乐都各有特色，总会有令你惊喜的节目推出，包括热闹的现场演出。要等到午夜之后气氛才会真正野到最高点，然后一直持续到天亮。周末提供极佳的早午餐。（参见147页）

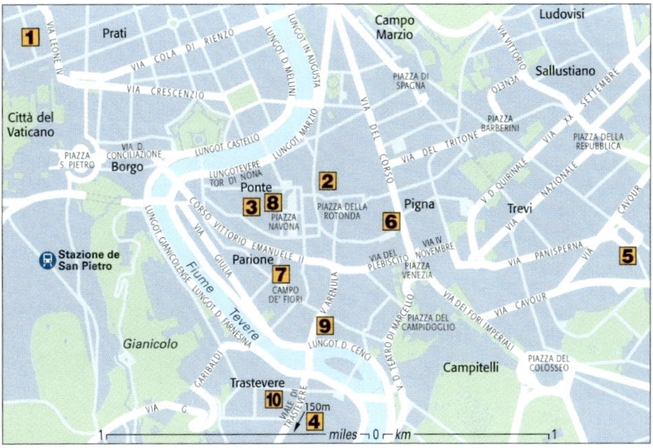

PIVS·VI·PONT·MAX
D. O. M.

分区逍遥游

纳沃纳广场　　马达马宫门楣

纳沃纳广场周边

这是巴洛克式罗马风格极盛时期的代表，拥有一系列富有曲线美的建筑与精致喷泉，都是当时两位大师贝尔尼尼和伯洛密尼（Borromini）的杰作，还有教堂里展藏极丰的卡拉瓦乔与鲁本斯等名家绘画作品。这里的街道规划已经在16-18世纪大幅翻修，因为当时的教皇试图改善圣彼得的外部交通——事实上，19世纪还曾计划把纳沃纳广场变成一条大道由普拉蒂（Prati）直通翁贝托一世桥（Ponte Umberto I），还好在上层的明智者取消了这个计划，改而把文艺复兴路（Corso del Rinascimento）拓宽。然而透过纳沃纳广场的形状与有柱大皇宫（Palazzo Massimo alle Colonne）的弯曲线条，古罗马的轮廓仍隐约呈现。这一带也有许多工艺师、店家以及古董修复师散布在柯罗纳利路（Via dei Coronari）旁（参见87页）。近来，和平路（Via della Pace）附近的窄巷已成为罗马的夜生活中心，小酒馆、人气咖啡馆与夜店林立，夏季时所有的客人都涌上了街头（参见88页）。

四河喷泉的恒河像

TOP 10 十大景点

1. 纳沃纳广场
2. 四河喷泉
3. 弗兰切西的圣路易吉教堂
4. 圣伊沃
5. 圣奥思定教堂
6. 和平圣母教堂
7. 阿尔滕普斯宫
8. 帕斯基诺
9. 有柱大皇宫
10. 马达玛宫

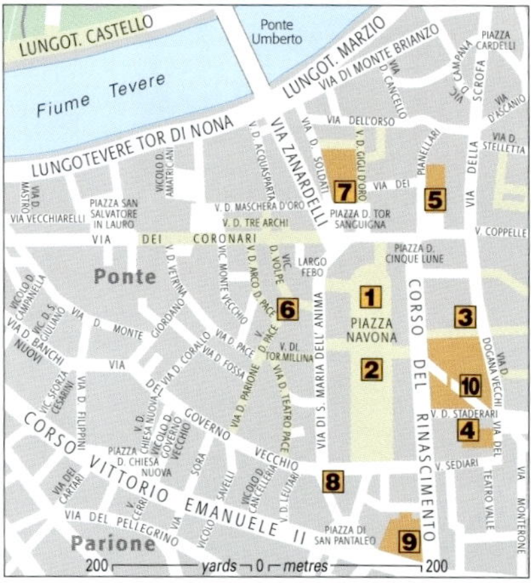

1 纳沃纳广场（Piazza Navona）

罗马这座漂亮的行人专用广场（参见46页）处处点缀着喷泉，旁边则是潘菲利（Pamphilj）等官府、圣依搦斯（Sant'Agnese）教堂，以及高级咖啡馆如三阶（Tre Scalini）等（参见88页）。地图L3

2 四河喷泉（Four Rivers Fountain）

这座贝尔尼尼于1651年在广场中央设计的大型喷泉环绕着四座雕像，代表着拟人化的各大洲大河：恒河（亚洲，轻松状）、多瑙河（欧洲，转身要稳住方尖碑）、普拉塔河（Rio de la Plata，美洲，秃头作旋转状）、尼罗河（非洲，头部遮住，因为当时源头尚未发现）。安放在建筑缝隙之上的方尖碑是罗马的仿制品，埃及花岗石上面用象形文字雕刻着伟士帕西安（Vespasian）、提图斯（Titus）与多密提安（Domitian）的名字。Piazza Navona · 地图L3

3 弗兰切西的圣路易吉教堂（San Luigi dei Francesi）

这座位于罗马的法国国家教堂内，右侧第二个祈祷室里有一些破损的多梅尼基诺（Domenichino）壁画（1616-1617），但大家都挤着去看左侧的最后一个祈祷室，那里有三件卡拉瓦乔的大型作品。他的庶民、自然主义风格常常引起反改革派的嫌恶。他的《天使与圣马太》（Angel and St Matthew）最初的版本中，天使引着圣人粗糙有如劳工的一只手，委托作画的老板要这位艺术家改成这幅比较温文的版本（参见45页）。在《圣马太殉教》（Martyrdom of St Matthew）与《圣马太的感召》（Calling of St Matthew，参见49页）的底下，可以看出卡拉瓦乔如何偏离象征性的结构法，改用比较实际的场景。Piazza S Luigi dei Francesi 5 · 地图L2 · 开放时间：上午8点至中午12点30分与下午3点30分至晚上7点（周四下午关闭）· 免费

纳沃纳广场

4 圣伊沃（Sant'Ivo）

波尔塔的加柯莫（Giacomo della Porta）的文艺复兴风格建筑正门作品，是他为1303年建的萨皮安匝宫（Palazzo della Sapienza）所作，那里是罗马大学的原址，拥有罗马市最漂亮的庭院。双层拱廊止于圣伊沃正门最远的一端，这座极富创意的正门展现出伯洛密尼凹凸曲线互用的复杂手法。艺术成就的最高荣耀，则属于上升的椭圆螺旋形圆顶。尽管有着祭坛装饰画《柯托纳的彼得》（Pietro da Cortona），建筑内部装饰还是令人失望。在庭院关闭的时候，你可以从圣尤斯塔修广场（Piazza Sant' Eustachio）看见圆顶。Corso Rinascimento 40 · 地图L3 · 庭院开放时间：周日至周五上午8点至晚上6点；教堂开放时间：周一至周五上午10点至下午4点30分，周六上午10点至下午1点，某些周日上午9点至中午 · 免费

圣伊沃的塔顶

会说话的雕像

在文艺复兴期间，批评政治丑闻与教廷暴行最尖利的声音来自雕像。罗马的雕像“说话”的方式是透过脖子上由匿名的“名嘴”挂的牌子（不过据了解帕斯基诺Pasquino是一位理发师）。帕斯基诺的“同伙”包括马尔佛瑞欧（Marforio，参见24页）、巴别诺路（Via del Babuino）上的巴别诺以及圣马谷广场（Piazza San Marco）上的《马达玛·露克瑞奇亚》（Madama Lucrezia）。

有柱大皇宫后面

5 圣奥思定教堂（Sant'Agostino）

拉斐尔这幅先知以赛亚（Isaiaha）的壁画（1512年）位于右侧第三根柱子上，还有雅可波·桑索维诺（Jacopo Sansovino）画的怀孕的《帕尔托的圣母》（Madonna del Parto），但圣奥思定最引以为傲的是卡拉瓦乔的《罗瑞托的圣母》（Madonna del Loreto，1603-1606）。在描绘圣母乘着奇迹似飞行的房子（最后降落于罗瑞托）时，这位大师严格的写实作风碰到传统概念也不得不让步。房子只是用石灰门与剥落的灰泥墙作象征，圣母则抱着过大的婴儿耶稣，接受一对衣衫褴褛的朝圣夫妻礼拜。Piazza di Sant'Agostino · 地图L2 · 开放时间：每日上午8点至中午与下午4点至晚上7点30分 · 免费参观。

6 和平圣母教堂（Santa Maria della Pace）

巴其欧·庞泰利（Baccio Pontelli）在1480 1484年间为教皇西克斯图斯四世重建这座教堂，但这座令人惊艳的正门（1656-1657）有着曲线形的柱廊挤在一个小小的广场内，这则是彼得·达·柯托纳（Pietro da Cortona）的巴洛克杰作。右侧拉斐尔的第一个祈祷室则有女先知（Sibyls）的壁画（1514年），这个作品受到当时刚公开不久的西斯廷礼拜堂天花板壁画（参见10-11页）影响。佩如齐负责装饰走道对面的祈祷室，伯拉曼泰（Bramante）在罗马的第一份工作就是以古代范例为基础设计的修道院，如今这里经常举行音乐会。Via della Pace · 地图L2 · 开放时间：周一至周五上午10点至中午12点30分 · 免费参观

7 阿尔滕普斯宫（Palazzo Altemps）

这座15世纪的皇宫在1585年由马提诺·隆基（Martino Longhi）重新整修，他可能也负责用灰泥与石灰做的庭院部分（以前以为是小安东尼欧·达·桑格罗Antonio da Sangallo the Younger或佩如齐所做）。如今这里成为国立罗马博物馆一个侧厅极佳的馆藏部分，装饰着壁画的房间里满是古代雕像。（参见28-31页）

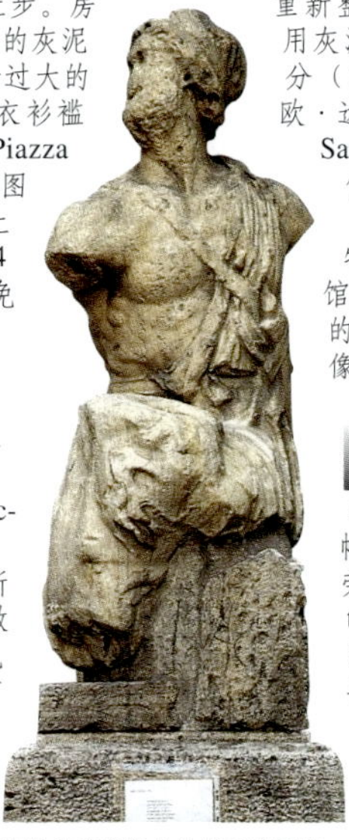

帕斯基诺广场的帕斯基诺雕像

8 帕斯基诺（Pasquino）

这座雕像原是《有着帕缇克鲁斯身体的梅内劳斯》（Menelaus with the body of Patroclus）的一部分，缺脸也缺手臂并不太重要。自从这座破损的雕像于1501年放在这里之后，就成为罗马声音最大的“说话雕

有柱大皇宫后面景观

像”（参见本页框注）。Piazza Pasquino · 地图L3

9 有柱大皇宫（Palazzo Massimo alle Colonne）

这是巴尔达萨勒·佩如齐（Baldassare Peruzzi）的杰作，象征罗马建筑由伯拉曼泰（Bramante）与桑格罗（Sangallo）的文艺复兴全盛期转移至风格主义（Mannerism）的夸大性实验风格，随后再发展出巴洛克风格。正门做成曲线式因为佩如齐非常尊崇新古典主义的概念，因而想要保留多密提安剧院（Odeon of Domitian）的拱门，那座小剧院原位于这位皇帝的竞技场南端（参见50页）。Corso Vittorio Ema-nuele II 141 · 地图L3 · 开放时间：3月16日上午7点至下午1点 · 免费参观

10 马达玛宫（Palazzo Madama）

这座建筑是以16世纪梅迪奇（Medici）家族教皇利奥十世（Pope Leo X）的文艺复兴风格宫殿为基础，用砖垒做的巴洛克式正门与粗大理石窗框是17世纪加上去的。从1870年起，这里就是意大利参议院所在，所以一般大众参观受到限制。Piazza Madama 11 · 地图L3 · 开放时间：每月第一个周六上午10点至晚上6点团体导览 · 免费参观

纳沃纳广场之晨

从萨皮安扎的庭院开始，先欣赏圣伊沃的正门（参见83页）。从教堂的右侧绕到通往Via della Dogana Vecchia的后门。如果你早起需要提提神，就左转再右转到圣尤斯塔修广场（如果同名教堂已开放，就进去看看18世纪初期的内部装饰）。在长形广场左侧可以很清楚看到圣伊沃的圆顶，还有两家很棒的咖啡馆卡蜜罗（Camillo）与圣尤斯塔修（Sant Eustachio）。

再回到旧海关路（Via della Dogana Vecchia），右转去看法国的圣路易吉教堂内的卡拉瓦乔作品（参见83页）。继续沿街走到柯佩雷路（Via delle Coppelle）然后左转，可在Sant'Agostino看到更多的卡拉瓦乔作品。继续走到五月广场（Piazza della Cinque Lune），再往左走几米，沿着黎纳西曼托路走到阿伊修道院（Ai Monasteri，参见87页），可欣赏那里上好的利口酒与旧式美容产品，全都是由僧侣做的。

转角就是阿尔滕普斯宫，里面有许多古典雕像，你可好好逛逛。走了一个早上，这时你可以轻松一下，欣赏街头艺人的表演以及纳沃纳广场的喷泉（参见83页）。在超棒的三阶（参见88页）吃一份松露冰激凌或者一顿大餐，然后在柯罗纳利路（Via dei Coronari，参见86-87页）逛逛古董店，结束这趟晨光之旅。

潘菲利宫

圣依搦斯雕像

TOP 10 其余之首选

1 阿果内的圣依搦斯教堂 (Sant'Agnese in Agone)

这座教堂是纪念一个13岁女孩的。她被迫在妓院脱光衣服，可是她的头发却奇迹似地变长，遮住她的裸体。伯洛密尼（Borromini）设计的正门巧妙地展现了凹凸形状的技巧。Piazza Navona · 地图L3 · 开放时间：正在维修 · 免费参观

2 多密提安竞技场 (Domitian's Stadium)

这座公元86年的竞技场透过纳沃纳广场展现出来，因为后者是建在它的遗址上。Piazza di Tor Sanguigna · 地图L3 · 只在特定场合开放 · 需购门票

3 柯罗纳利路（Via dei Coronari)

这条街两旁尽是古董店，在5月与10月古董市集时更是活跃（参见68页）。地图K2

4 潘菲利宫（Palazzo Pamphilj)

这座17世纪的皇宫楼上有一幅非常棒的柯托纳的彼得（Pietro da Cortona）壁画。Piazza Navona 14 · 地图L3 · 只限预约参观 · 免费

5 新教堂（Chiesa Nuova)

柯托纳的彼得为这座1575年的教堂圆顶与壁龛作画，鲁本斯则画了三幅圣殿油画。Piazza della Chiesa Nuova/Corso Vittorio Em-anuele II · 地图K3 · 开放时间：每日上午8点至中午与下午4点30分至晚上7点 · 免费参观

6 布拉席府邸（Palazzo Braschi)

这最后一座教皇府邸修建于1791至1811年。柯西莫·摩瑞里（Cosimo Morelli）采用文艺复兴风格的设计。里面有一座小博物馆专展罗马的历史文物。Via San Pantaleo 10 · 地图L3 · 开放时间：周二至周日上午9点至晚上7点

7 葡萄牙的圣安东（Sant'Antonio dei Portoghesi)

这座教堂是巴洛克艺术瑰宝。前面的Torre della Scimmia是罕见的中世纪罗马遗迹。Via dei Portoghesi · 地图L2 · 开放时间：上午8点30分至中午1点，下午3点至6点 · 免费参观

8 动物的圣母教堂（Santa Maria dell'Anima)

这座镀金教堂的精华是一幅朱利欧·罗马诺的祭坛装饰以及佩如齐的哈德良六世之墓（1523）。Vicolo della Pace 20 · 地图L2 · 开放时间：每日上午8 点至下午1点与下午2点至晚上7点30分 · 免费参观

9 拿破仑博物馆（Museo Napoleonico)

收藏的许多绘画、家具与艺术品以前都属于拿破仑家族。Piazza di Ponte Umberto 1 · 地图L2 · 开放时间：周二至周日上午9点至晚上7点 · 需购门票

10 劳若的圣萨尔瓦多 (SanSalvatore in Lauro)

这座1594年的教堂内有一个祈祷室，里面藏有柯托纳的《牧羊人礼拜》（Adoration of the Shepherds，1630）。Piazza S Salvatore in Lauro 15 · 地图K2 · 每日下午4点30分至晚上7点30分 · 免费参观

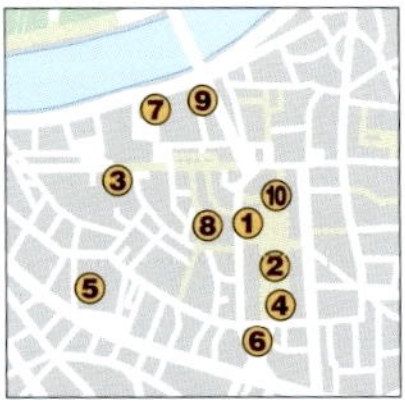

柯罗纳利路的古董店

阿伊修道院

TOP 10 古董店

1 Antica Cappelleria Troncarelli
别让这家店小小的外表欺骗了你，这里仍是罗马极佳的服饰用品店之一，创立于1857年。Via della Cuccagna 15 · 地图L2

2 阿伊修道院（Ai Monasteri）
全意大利各地的修道院都提供自制的蜂蜜、利口酒、美容产品、养生药等货品给这家店出售。Corso Rinascimento 72 · 地图L2

3 古宅（Antiqua Domus）
你可以带一些罗马的高尚纪念品回去装饰自己的屋子。这家相当大的店卖的大部分是18与19世纪的家具，其中有些极佳的帝国时期东西尤其值得看看。Via dei Coronari 39 · 地图K2

4 盖雅古董艺品（Gea Arte Antica）
你可以将古罗马的一件物品据为己有。这里有许多各式各样的东西供你选择，从简单的油灯到精致的彩绘花瓶都有。Via dei Coronari 233A · 地图K2

5 大马玛丽亚·梅丽斯（Massimo Maria Melis）
这家风格独特的珠宝工作室将21克拉的金子镀在古币、玻璃器皿与石器上面，埃斯特鲁坎、罗马帝国与中世纪的东西都有。Via dell'Orso 57 · 地图L2

6 柯里布瑞画廊（Galleri Il Colibri）
这家画廊虽小却值得一看，除了当代画家的团体或个人展之外，这里也有纪念性的海报与其他形式的艺术媒体作品。Via dell'Orso 92 · 地图L2

7 Dott. Sergio de Sanctis
专卖意大利古物，大部分是高级的18至20世纪初期的家具与镀金框的镜子。Via dei Coronari 218-219 · 地图K2

8 新艺术（L'Art Nouveau）
这家古董店专卖新艺术与自由派的家具、灯具、艺术品，以及具中国风味的丝质壁毯与礼服。Via dei Coronari 221 · 地图K2

9 卡佐雷瑞亚·佩特罗其（Calzoleria Petrocchi）
布鲁诺·瑞道尔飞（Bruno Ridolfi）的这家店始终保持着他舅舅提托·沛特罗契（Tito Petrocchi）的高级时尚、极佳品质以及量身定做的鞋匠传统，在20世纪五六十年代“甜蜜的生活”（dolce vita）全盛期，提托专门替电影或舞台剧明星制做鞋子。Via dell; Orso 25 · 地图L2

10 纳德奇亚（Nardecchia）
这里出售印刷品、旧照片与水彩画，从原版的皮拉内西（Piranesi）到20世纪的作品都有。Piazza Navona 25 · 地图L3

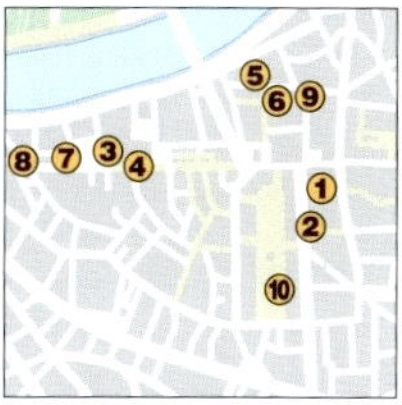

三阶咖啡馆

修道院剧场爱尔兰酒馆

TOP 10 时髦咖啡馆与酒吧

1 三阶（Tre Scalini）
这家历史悠久的咖啡馆就在纳沃纳广场（Piazza Navona）上，最著名的是自制巧克力松露冰激凌球（参见70页）。Piazza Navona 28 · 地图L3

2 强纳森的天使（Jonathan's Angels）
这大概是罗马最独特也最合大众口味的夜店，你必须眼见为实。老板以前是马戏团的特技演员，店内装潢怪异，有一个钢琴吧，长长的走道边摆着桌子，上面吊着奇幻的灯，偶尔会有即兴的现场演出。Via della Fossa 16 · 地图K3

3 修道院剧场爱尔兰酒馆（Abbey Theatre Irish Pub）
舒适惬意的健力士酒馆，更可喜的是这里远离这条路上新近冒出的许多夜店中心。店内提供基本的点心，还有一个网络终端区。Via del Governo Vecchio 51-53 · 地图K3

4 死巷（Cul de Sac）
这是罗马几家历史悠久的酒吧之一，提供的酒单很广。店内外都有一点挤，但跟附近纳沃纳广场的酒吧比起来，这里还是较好的选择。

5 斗牛犬酒馆（John Bull Pub）
这家美国式酒吧晚间充满活力，挤满许多年轻学生，本地与外国的都有。Corso Vittorio Emanuele II 107 · 地图L4

6 布鲁姆（Bloom）
这里的前身是克娄查（Clochard）夜总会，2001年改为现代的爵士音乐吧，楼上有一个在罗马极少见的寿司餐厅。Via del Teatro Pace 30 · 地图L3

7 伯拉曼泰（Bramante）
在众多酒馆中，这家咖啡馆兼酒吧具有一种特异的高雅风格。这里提供简餐，来客相当年轻。Via della Pace 25 · 地图K3

8 无花果酒吧（Bar del Fico）
这是一家另类的时髦场所，位于一个小广场上一棵富有传奇性的无花果树底下，你可以在早晨坐在室内或露天座上享受卡普奇诺咖啡，也可以在深夜享受利口酒。Piazza del Fico · 地图K3

9 波提切利（La Botticella）
这家总是客满的小“啤酒屋”位于这一区的夜生活中心，室外也摆了几张桌子。店内有活栓供应式的“魔鬼之吻”与卡所梅恩啤酒。Via di Tor Millina 32 · 地图L2

10 老熊（Old Bear）
这里提供精选美食与各式啤酒，地下室还有现场音乐演出。Via dei Gigli d'Oro 2-4 · 地图L2

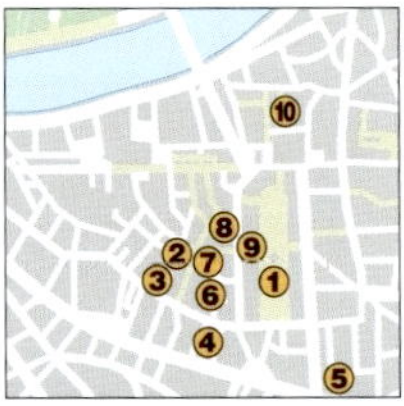

巴费托比萨饼馆

价格分级		
包含一人份的三道式餐点搭配半瓶酒（或对等的餐点）、税捐与服务费	€	低于30欧元
	€€	30-40欧元
	€€€	40-50欧元
	€€€€	50-60欧元
	€€€€€	60欧元以上

TOP 10 就餐之选

1 巴费托比萨饼馆（Pizzeria da Baffetto）
许多人公认这里是罗马最好的比萨饼馆（参见72页）。Via del Governo Vecchio 114 · 地图K3 · 电话：06-686-1617 · €

2 席爱纳之乡（Terra di Siena）
这是罗马极佳的托斯卡尼餐厅，老板家人自己向席爱纳附近的老家采购原料与传统的季节性特产。Piazza Pasquino 77-78 · 地图L3 · 电话：06-6830-7704 · 周日休息 · €€

3 莉莉（Lilli）
这家极度传统的餐馆是由一位前足球队员经营，店面处于河滨大道旁的一条小巷内。如果你想吃地道的罗马风味餐，这里的菜色就是最罗马的。Via Tor di Nona 23 · 地图L2 · 电话：06-686-1916 · 周日休息 · €

4 飨宴（Il Convivio）
这里最适合度过特别的一个晚上。这是旧市区中心最高级的一家餐厅，严格提供当季的意大利传统美食，还有绝佳的酒单。Vicolo dei Soldati 28 · 地图L2 · 电话：06-686-9432 · 周日休息 · €€€€€

5 丰富沙拉（Insalata Ricca 2）
这是罗马的素食迷你连锁店。分量十足的创意沙拉是这里的主打招牌，不过也有很好的意大利面食。有露天座。Piazza Pasquino 72 · 地图L3 · 电话：06-6830-7881 · €

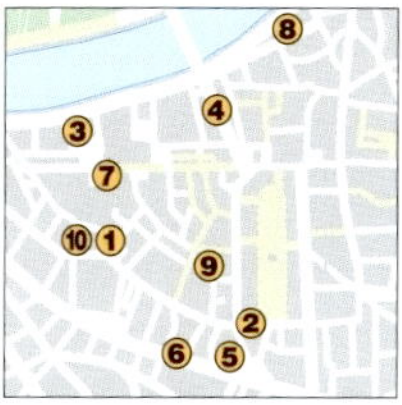

6 蒙地卡罗比萨饼馆（Pizzeria La MOntecarlo）
这里是由巴费托老板的下一代所经营，格调不如著名的父母店，但好处是排队等候的人比较少（参见73页）。Vicolo Savelli 12 · 地图K3 · 电话：06-686-1877 · 周一休息 · €

7 三拱门（Tre Archi）
这家区域性的饮食店有两个小房间，还有著名的罗马风味套餐。Via dei Coronari 233 · 地图K2 · 电话：06-686-5890 · 周日休息 · €

8 姊妹之家（Fraterna Domus）
这是在一个由修女经营的招待所内共营式的餐馆。这里的套餐通常包括汤或面食、一道肉食、沙拉与水果。Via di Monte Brianzo 62 · 地图L1 · 电话：06-6880-5475 · 周四休息 · €

9 西洛叔叔（Zio Ciro）
这家比萨饼馆最受欢迎的是露天用餐区，还有机会点到超大的比萨饼上面加上两三种馅料。Via della Pace 1 · 地图K3 · 电话：06-686-4802 · €

10 古酒栈（Antica Taverna）
这里的老板特别从萨比内丘陵区（Sabine Hills）老家选购羊奶乳酪与兔肉。Via Monte Giordano 12 · 地图K3 · 电话：06-6880-1053 · 周二休息 · €

圣依纳爵广场

和平拱门的中楣

万神殿周边

罗马帝国时期，特韦雷河湾区是一个训练士兵的场所，叫做马其奥营（Campo Marzio）。罗马帝国沦亡后，这座城市放弃了河边这一区以及几处外国殖民地。一直到15世纪这里只有几座教堂，此外别无其他建筑。巴洛克建筑风格兴起后，这一区的皇宫有了新的面貌。墨索里尼在20世纪二三十年代开始清理这一带，挖掘出古代的特色。他把奥古斯都陵墓（Augustus' Mausoleum）周围的断垣破瓦清除，重新组建和平祭坛（Ara Pacis），用法西斯党的建筑把这一块地方包围起来，还加上自我吹捧的浅浮雕。

和平祭坛的马可·阿格里帕

十大景点

1. 万神殿
2. 密涅瓦庙上的圣母教堂
3. 多利亚·潘菲利美术馆
4. 和平祭坛
5. 罗耀拉的圣依纳爵
6. 马可·奥勒利乌斯纪念柱
7. 奥古斯都陵墓
8. 圣依纳爵广场
9. 贝尔尼尼的小象方尖碑
10. 罗托达广场

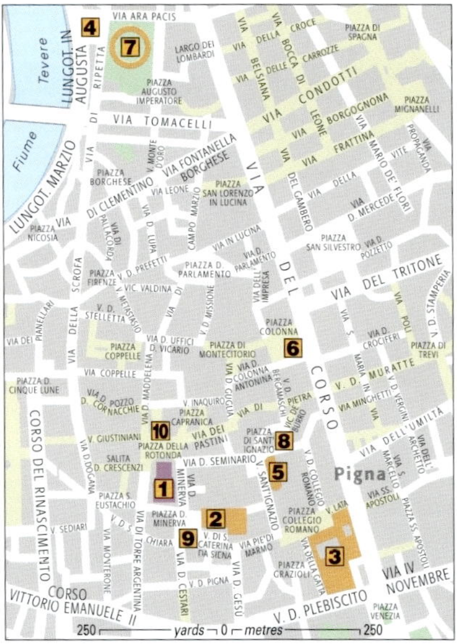

1 万神殿（The Pantheon）

“简单，直立，朴素、庄严、高贵”——连诗人拜伦也得努力搜寻适当字眼来表达这座古罗马建筑的神奇风范。这是唯一历经千年仍完整留存至今的古罗马庙宇。（参见14-15页）

2 密涅瓦庙上的圣母教堂（Santa Maria sopra Minerva）

这是罗马唯一一座真正的哥特式教堂，以其名称判断，大概是建筑于智能女神密涅瓦庙之上。米开朗琪罗大胆的《耶稣升天像》（Risen Christ）把救世主描绘成令人震惊的裸体肌肉男，教堂当局因而又加上一小块铜制遮布。菲力皮诺·里皮（Filippino Lippi）为右侧最后一间祈祷室作壁画，右边墙靠下面的一幅图像中包括了小约翰（Giovanni）与麦迪奇的朱利欧（Giulio de' Medici）（较为人知的称呼是教皇利奥十世与克勉七世），他们葬于壁龛中由小安东尼欧·桑格罗所做的墓里，同葬一处的还有安杰利可修士（Fra' Angelico）与（大部分的）席爱纳的圣凯瑟琳（St Catherine of Siena，参见44页）。Piazza della Minerva·地图M3·开放时间：每日上午7点至晚上7点·免费参观·有残障设施

浮雕拱门，万神殿

3 多利亚·潘菲利美术馆（Galleria Doria Pamphilj）

这是罗马最好的私人典藏美术馆。除了鲁本斯（Rubens）、柯勒乔（Correggio）、丁托列多（Tintoretto）、卡拉其（Carracci）与布鲁艾盖（Brueghel）等人作品之外，还有明星大师杰作如卡拉瓦乔的《玛丽亚·抹大拉》（Mary Magdalene）、《在逃往埃及之路上休息》（Rest on the Flight into Egypt）以及《年轻的施洗约翰》（Young St John the Baptist）（他的卡皮托利尼版本复制），还有提香（Titian）的《莎乐美与施洗约翰的头》（Salome with the Head of John the Baptist）、贝尔尼尼的教皇诺森十世（Pope Innocent X）胸像（参见42-43页）。Piazza del Collegio Romano 2·地图N3·开放时间：周五至周三上午10点至下午5点·门票8欧元·有残障设施·www.doriapampilj.it

中殿，密涅瓦庙上的圣母教堂

4 和平祭坛（Ara Pacis）

奥古斯都·凯撒（Augustus Caesar）在公元前13与9世纪之间建造了这座“和平祭坛”，庆祝他所创立的“罗马和平”（pax romana）时期——多半是靠征服欧洲、地中海地区与北非而来。这座建筑原来位于柯索大道（Corso），但墨索里尼在20世纪20年代把它美丽的罗马盛会与象征符号标志浮雕挖出，重新安放到这里来。然而有些部分已流落到世界各地的博物馆如巴黎卢浮

马可·奥勒利乌斯纪念柱的浮雕

官内，他也只能接受那些部分的铸模复制品。Piazza Augusto Imperatore & Lungotevere Augusta ·地图D2·06-8205-9127·开放时间：周二至周日上午9点至晚上7点·门票6.5欧元· www.arapacis.it

5 罗耀拉的圣依纳爵 (Sant'Ignazio di Loyola)

这座耶稣会的新巴洛克教堂在1685年完工时仍缺少一座圆顶。视幻觉法（trompel'oeil）大师安德烈·波佐（Andrea Pozzo）就用无暇的技法，在教堂建筑交叉点上方的平面天花板上创造出一个大圆顶的错觉。站在黄色大理石圆盘上可以欣赏到完整效果，然后再直接走到“圆顶”下面看看这幅画究竟有多斜。波佐还在中殿穹窿上画了一幅美丽的《圣依纳爵之荣耀》（Glory of Sant' Ignazio）。Piazza di S Ignazio ·地图N3·开放时间每日上午7点30分至下午12点30分与下午3点至晚上7点15分·免费参观

再利用庙宇

罗马人是很聪明的资源回收者，把万神殿变成了教堂，哈德良庙（Hadrian's Temple）变成股票交易所，圣克莱蒙特（San Clemente）教堂建于密斯拉斯（Mithras）庙之上，密涅瓦庙之上的圣母庙则盖在密涅瓦庙上面。在11世纪，议事广场（Forum）上的米兰达的圣乐伦（San Lorenzo in Miranda）以及才禄路之剧场路（Via Teatro di Marcello）上的卡赛瑞的圣尼古拉（San Nicola in Carcere）墙壁都被拿去当庙柱了。

6 马可·奥勒利乌斯纪念柱 (Column of Marcus Aurelius)

图拉真的纪念柱非常成功（参见22页），因此在180-193年间又建立了这座29.5米的柱子以纪念奥勒利乌斯的军事胜利。螺旋状的浮雕在下方描绘着他对抗日耳曼人（169-173），上方则是对抗萨尔玛特人（174-176）。教皇西克斯图斯五世（Pope Sixtus V）在1588年改用圣保罗（St Paul）代替原来的皇帝与皇后雕像。Piazza Colonna·地图N2

7 奥古斯都陵墓 (Augustus's Mausoleum)

奥古斯都在公元前27年兴建这座大皇陵，随后皇帝提贝留斯（Tiberius）与内尔瓦（Nerva）以及贵族如阿格里帕（Agrippa）和才禄（Marcellus）也加入，与他的骨灰相伴。后来入侵的野蛮人把骨灰瓮劫走，本地人也把石灰饰面挖去给自己的官府用。往后这座圆形古建筑身分多变，包括空中花园、堡垒、耍熊的马戏团以及音乐厅。20世纪20年代这座建筑顶端修复成古代式样，上面覆盖以青草与扁柏，墨索里尼又在周围加上了法西斯广场，政府已对这里做了大规模的整修规划。Piazza Augusto Imperatore·地图D2·只限预约参观·需购门票

奥古斯都陵墓

罗托达广场

8 圣依纳爵广场（Piazza di Sant'Ignazio）

法兰契斯柯·拉古其尼（Francesco Raguzzini）在1727-1728年为耶稣会设计了这个巴洛克杰作，巧妙安排在华丽的铁栏杆阳台与粉色灰泥墙之下建立一座剧场式的广场。地图M2

9 贝尔尼尼的小象方尖碑（Bernini's Elephant Obelisk）

这是贝尔尼尼谐趣面的一个例子。艾尔柯乐·费拉塔（Ercole Ferrata）在1667年依这位大师的设计雕出一只小象，背上驮着一个小型公元前6世纪的埃及方尖碑，暗喻迦太基（Carthaginian）领袖汉尼拔（Hannibal）在公元前218年让作战用的大象扛着攻城塔翻过阿尔卑斯山来攻打罗马帝国。Piazza della Minerva·地图M3

10 罗托达广场（Piazza della Rotonda）

万神殿前面的广场在1847年之前每天都是热闹的市集，万神殿有些门廊柱上仍有着方洞，那是摊贩插入固定杆架用的痕迹。如今这座广场上满是观光客、露天咖啡桌与马车，而且都围绕着Giacomo della Porta在1575年建的喷泉，喷泉上还有一座小小的拉美西斯二世（Ramses II）埃及方尖碑。地图M3

万神殿之晨光之旅

先从圣尤斯塔修咖啡馆（Café Sant' Eustachio，参见96页）的卡普奇诺开始，然后沿着Salita de' Crescenzi走到罗托达广场并欣赏奇美的万神殿（参见14-15页）。继续到密涅瓦广场（Piazza di Minerva），那里有贝尔尼尼的小象方尖碑与密涅瓦庙上的圣母教堂（参见91页），教堂内则有菲力皮诺·利皮（Filippino Lippi）与米开朗琪罗的杰作。

席艾纳的圣凯瑟琳路（Via S Caterina da Siena）变成了马尔墨的脚路（Via Pie' di Marmo）（往右可看到著名的古大理石脚）。这条街直通向多利亚·潘菲利美术馆（参见91页）前面的长形广场。欣赏了卡拉瓦乔、丁托列多（Tintoretto）与贝尔尼尼的作品后，继续由广场东端走到拉塔路（Via Lata），再沿着柯索大道（Corso）到拉塔路上的圣母教堂（Santa Maria in Via Lata，参见94页）。往左沿着柯索大道走到巴洛克式的圣依纳爵广场（Piazza Sant' Ignazio），那里的罗耀拉的圣依纳爵教堂中有着罗马最好的视幻觉壁画作品。穿过广场后面的小皇宫，来到皮艾特拉广场（Piazza di Pietra）。有一条窄巷通往马可·奥勒利乌斯纪念柱。再到吉欧里提（Giolitti）吃一份美味的冰淇淋（参见96页）。

沿着狮子路（Via del Leone）往西走到博尔盖塞广场，那里有一个古印刷品市场以及博尔盖塞府邸（Palazzo Borghese，参见94页）。往北走两条街口是奥古斯都皇帝广场（Piazza Augusto Imperatore），那里有许多教堂、奥古斯都陵墓以及和平祭坛（参见91页）。最后在时髦的“美味”（Gusto，参见117页）吃午餐，结束这一趟晨光之旅。

法奇诺小喷泉

哈德良庙

TOP 10 其余之首选

1 哈德良庙
这座哈德良庙是45年由他的儿子所建，如今仍有11根巨大的破损石柱矗立着。Piazza di Pietra 9A · 地图M2 · 免费参观

2 圣玛丽亚·抹大拉教堂 (Santa Maria Maddalena)
这座椭圆形教堂是巴洛克建筑瑰宝。吉伍塞培·萨尔迪在1735年设计的正门是罗马最好的洛可可式纪念物。Piazza della Maddalena · 地图M2 · 每日上午8点至中午与下午5点至晚上7点30分 · 免费参观

3 马尔墨的脚（Pie' di Marmo）
这只穿着破凉鞋的大理石脚属于一座无名古雕像。Via S Stefano del Cacco，Via Pie di Marmo · 地图N3

4 路西纳的圣乐伦教堂 (San Lorenzo in Lucina)
建于5世纪，在1090-1118年间翻修，祭坛上的十字架是由基多·瑞尼（Guido Reni）设计，贝尔尼尼则负责设计右侧第二间祈祷室。Piazza S Lorenzo in Lucina · 地图M2 · 每日上午9点至中午与下午5点至晚上7点30分 · 免费参观

5 蒙泰西托瑞欧宫 (Palazzo di Montecitorio)
贝尔尼尼在1670年设计的这座官殿从1871年起就成为国会。南边的正门是原版，北边则是新艺术风格作品。Piazza di Montecitorio & Piazza del Parlamento · 地图M1 · 06 67601 · 每月第一个周日上午10点至晚上6点 · 免费参观

6 蒙泰西托瑞欧广场 (Piazza di Montecitorio)
广场上的方尖碑原是奥古斯都大日晷仪的一部分，本来立在和平祭坛（参见91页）旁边。地图M1

7 博尔盖塞府邸 (Palazzo Borghese)
这个形状怪异的“罗马大键琴”由维纽拉（Vignola）在1560年开始建造，最后由福拉米尼欧·庞其欧加上一座眺望特韦雷河的阳台才算完工。Via Borghese & Via di Ripetta · 地图M1 · 免费参观

8 拉塔路的圣母教堂 (Santa Maria in Via Lata)
柯托纳的伯多路（Pietro da Cortona）设计正门与前庭（1660年），贝尔尼尼设计高祭坛（1639-1643）。作于6世纪的壁画如今放在巴尔比天井（参见52页）内。Via del Corso 306 · 地图N3

9 法奇诺小喷泉 (Fontanella del Facchino)
这个墙边的小喷泉（可能建于16世纪70年代）做成一个卖水人的样子，桶里一直有新鲜的水冒出来。Via Lata，在Via del Corso旁边 · 地图N3

10 圣尤斯塔修广场 (Piazza Sant'Eustachio)
一座可爱的广场，还有一座1196年的钟塔，也可清楚看到圣依沃教堂（Sant'Ivo，参见83页）。地图M3

戴维德·先驰

纸店

TOP10 商店

1 戴维德·先驰 (Davide Cenci)

这家店从1926年起就开始卖男女装。除了自有的略带保守又绝对时髦产品外，也有国际名牌如Ralph Lauren、Church's、Brooks Brothers与Fay。Vi adi Campo Marzio 1-7 · 地图M2

2 维托利奥·巴格利 (Vittorio Bagagli)

从1855年起即供应优良的家用品，包括领导设计的Alessi厨房用品以及Pavoni的意式浓缩咖啡机。Via di Campo Marzio 42 · 地图M2

3 西莫提·罗其 (M Simotti Rocchi)

专卖希腊、埃特鲁斯坎与罗马古物，项目无所不包，有钱币、花瓶与雕刻，部分依拍卖方式叫价（简单东西如钱币与赤陶器皿起价约75欧元）。Largo Fontanella Borghese 76 · 地图M1

4 古董市场 (Mercato dell'Antiquariato)

很可爱的古董市场，约有17个摊位专卖古印刷品与书籍。Piazza Borghese · 地图M1

5 太阳城 (Citta del Sole)

意大利高级玩具连锁店，提供富有教育意义的玩具。Via della Scrofa 65 · 地图L1

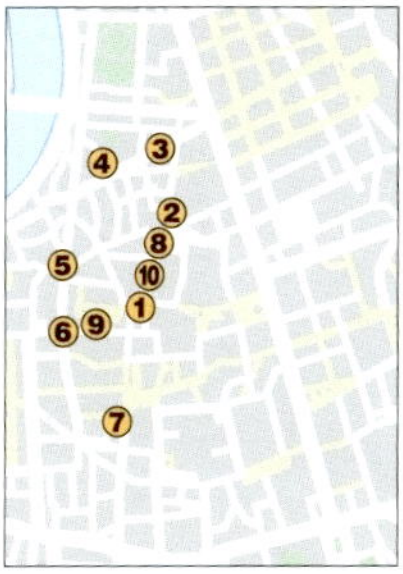

6 培恩面包房 (Pane Company Forno)

一间小店铺，出售特产糕点和饼干。美味的阿月浑子坚果饼干是这家店的特色食品。地址：Viadella Stelletta 2 · 地图M2

7 纸店 (Il Papiro)

著名的佛罗伦萨连锁店之罗马分店，专卖大理石花纹纸、纪念笔以及书法用品。Via del Pantheon 50 · 地图M3

8 罗马马其奥广场 (Campo Marzio Roma)

出售自制的镀银钢笔，还有各式书写与书法用品，漂亮的皮面笔记本很适合买来当做礼物。Via di Campo Marzio 41 · 地图M2

9 玛丽亚·泰瑞莎·尼提·瓦伦提尼 (Maria Teresa Nitti Valentini)

这里出售令人惊艳的19世纪至20世纪40年代的古董珠宝，还有原创的仿古别针。Via della Stelletta 4 · 地图M2

10 玛瑞娜时装店 (Amarena Chics)

女鞋专卖店，有质量相当好的女鞋，也有价格适中的鞋子，独特的设计风格别出心裁，并有各种颜色可选。Via di Campo Mahzio 9 · 地图M2

圣尤斯塔修咖啡馆

棕榈冰激凌店

TOP 10 咖啡馆、冰激凌店与酒吧

1 吉欧里提 (Gioliti)

这个19世纪地标咖啡馆提供公认罗马最好吃的冰激凌（参见70页）。Via degli Uffici del Vicario 40 · 地图M2

2 圣尤斯塔修咖啡馆 (Café Sant'Eustachio)

也是最好喝的卡普奇诺。不必讶异，这里的食谱配方是最高机密（参见70页）。Piazza Sant'Eustachio 82 · 地图M3

3 三一学院 (Trinity College)

柯索路（Corso）附近一家始终受欢迎的酒馆，楼上供应可口的食物，楼下则是标准的酒吧。有露天座（参见78页）。Via del Collegio Romano 6 · 地图N3

4 黑公爵 (Black Duke)

舒适的地下室是地道爱尔兰酒馆，提供酒馆式的食物，夏天则有露天座。Via della Maddalena 29B · 地图M2

5 棕榈冰激凌店 (Gelateria della Palma)

就在万神殿广场附近，提供各式口味的冰激凌，而且营业到很晚（参见71页）。Via della Maddalena 20-23 · 地图M2

6 金杯 (Tazza d'Oro)

创立于1946年的罗马“咖啡之家”。常有一群忠实的本地顾客光临，因为这里提供他们发誓是罗马最好的咖啡（参见71页）。Via degli Orfani 84 · 地图M2

7 议会酒店 (Enoteca al Parlamento)

极有情调与风格的酒吧，常有在附近的意大利国会上班的政治人物光顾这里。Via dei Prefetti 15 · 地图M1

8 卡普兰尼卡 (Capranica)

这家酒吧兼餐厅正适合来一份快速的开胃酒或者比较悠闲式的露天午餐。内部陈列的酒瓶非常壮观，显示这是一家地道的酒吧，拥有种类丰富的窖藏名酒。Piazza Capranica 99 · 地图M2

9 奶油堡 (Cremeria Monteforte)

主要的观光景点位置（就在万神殿旁边）并不一定是致命伤。这里有一个《木偶奇遇记》里的木偶门房，并提供全市最好的草莓冰激凌以及有趣的变化口味，例如橘子巧克力。Via della Rotonda 22 · 地图M3

10 帕斯库其 (Pascucci)

这里供应罗马泡沫最多的奶昔与沙冰，而且有各种口味与组合。Via de Torre Argentina 20 · 地图M4

海豚餐厅

价格分级

包含一人份的三道式餐点搭配半瓶酒（或对等的餐点）、税捐与服务费	€	低于30欧元
	€€	30-40欧元
	€€€	40-50欧元
	€€€€	50-60欧元
	€€€€€	60欧元以上

TOP 10 就餐之选

1 生命之水（L'Eau Vive）
穿着各地传统服装的女孩穿梭在16世纪壁画之间，为客人提供精致的法式料理与自己祖国的风味餐。每个人在端上酒烧法式薄饼时都会唱“卢尔德的圣母”（Ave Maria of Lourdes）。虽然可能有一点流俗，但这里所有的营业收入都做慈善之用。Via Monterone 85 · 地图M3 · 电话：06-6880-1095 · 周日休息 · €€

2 巴卡洛（Il Bacaro）
这家小吃馆一定要预先订位。虽然里面装潢现代，但坐在外面象牙色墙边的座位时，感觉却有如置身古罗马。这里的料理是意大利各地的传统风味。Via degli Spagnoli 27 · 地图M2 · 电话：06-687-2554 · 周日休息 · €€

3 道地小馆（Osteria dell'Ingegno）
很受欢迎的现代酒吧，也提供份量充足的肉类餐点与乳酪盘。Via di Pietra 45 · 地图N2 · 电话：06-678-0662 · 周日休息 · €€€

4 埃诺特卡西餐厅
这家葡萄酒店已发展成一家欣欣向荣的餐馆（只提供午餐），供应精美的传统菜肴，价格也很适中，店中黑板上写有每天的特价菜。地址：Via del Gesn 87 · 地图N3 · 电话：06-679-0821 · 周日休息 · €

5 通心粉（Maccheroni）
宽敞的餐厅内，忠实的顾客环绕着开放式厨房而坐，看起来有巴黎啤酒餐厅的样子，不过菜单内容仍坚持罗马风格。Piazza delle Coppelle 44 · 地图M2 · 电话：06-6830-7895 · €€

6 伯康地维诺餐厅（Ristorante Boccondivino）
这家高级的现代化餐厅拥有一套当代艺术收藏以及露天座位。Piazza in Campo Marzio 6 · 地图M2 · 电话：06-6830-8626 · 周六、日休息 · €

7 惬意酒馆（Enoteca Corsi）
廉价又充实的罗马料理，种类有限的菜单每天写在黑板上，座位也是共享。Via del Gesu 87-88 · 地图M3 · 电话：06-679-0821 · 晚上与周日休息 · €

8 橘路第七家（Settimo all'Arancio）
场面有一点乱哄哄的，但提供的罗马美食绝对高级。Via del Arancio 50-52 · 地图M1 · 电话：06-687-6119 · 7、8月周日休息 · €€

9 季诺（Da Gino）
在宛如视幻觉艺术作品的地窖式房间内，你可以享受到好像奶奶做的家常菜。Vicolo Rosini 4 · 地图M1 · 电话：06-687-3434 · 周日休息 · €

10 海豚（Il Delfino）
这里提供自助式罗马美食，价位极为合理，服务也很友善。Corso Vittorio Emmanuele 67 · 地图M4 · 电话：06-686-4053 · €

除非另有说明，所有餐厅都接受信用卡并提供素食

花之田野广场的市场

坎皮多利奥广场

从花之田野广场到卡皮托利尼

这个楔形地区有可能是凯撒遇刺的地方，也是卡皮托利尼丘的所在，也就是罗马至今仍然最荣耀的地方。古时候这一区满是重要的公众纪念物，但在14世纪教廷搬到法国后，罗马就沉沦至几近灭绝，只有在河湾一带剩下1.5万个市民，生活凄苦潦倒。教廷搬回来之后，这里开始大幅改造——教廷的皇宫一个一个兴建起来，连接大教堂的长长的大马路一条一条铺设，商业也开始兴隆。今日，你可以在罗马这块最地道的地区找到明显的漫长历史痕迹。

议会宫

TOP 10 十大景点

1. 花之田野广场
2. 卡皮托利尼丘
3. 大阿根廷塔
4. 河谷的圣安德烈教堂
5. 柯斯美丁的圣母教堂
6. 佛若·波阿瑞欧
7. 耶稣教堂
8. 天空圣坛的圣母教堂
9. 乌龟喷泉
10. 马塞路斯剧场

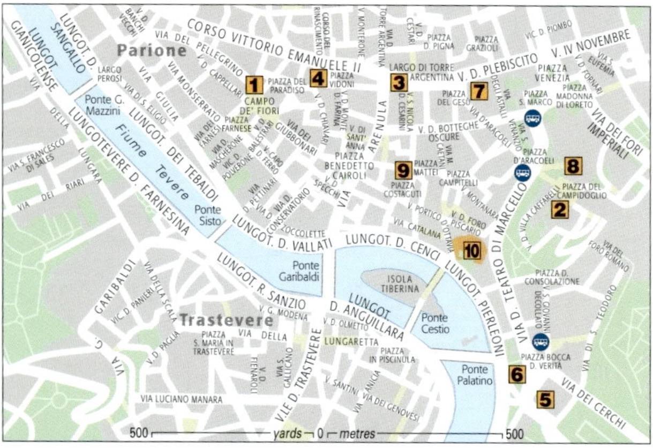

1 花之田野广场 (Campo de' Fiori)

这处“花之广场”（参见46页）在古代是庞培剧场（Theatre of Pompey）前面的空地。从中世纪起，这里就是罗马最充满活力的地方，王公贵族与朝圣者都在此活动。这里也有黑暗的一面，因为这是宗教法庭执行死刑的地方，戴头罩的哲学家吉欧达诺·布鲁诺（Giordano Bruno）的雕像就足以为证，他于1600年天主教庆祝大赦时在此被焚。地图L4

2 卡皮托利尼丘 (Capitoline Hill)

理解罗马的基本原则，就是要知道所有东西都建筑在某种东西之上。例如，卡皮托利尼（参见24页）本来有两个丘顶：一个叫阿克斯（Arx），上面有天后朱诺的庙（Temple of Juno），另一个叫卡佛（Cavo），上面是天王朱比特庙（Temple of Jupiter），如今则大部分为保守宫（Palazzo dei Conservatori，参见26-27页）所占据。公元前78年，两个丘之间建立了一座巨大的“Tabularium”（史料馆），因而形成一个丘，叫做卡皮托（Capitol），而12世纪这上面又盖起了元老宫（Palazzo Senatorio）。地图N5

3 大阿根廷塔 (Largo di Torre Argentina)

这里是四座共和时期的寺庙遗址（其一年代可溯至公元前4世纪），于1925年被挖掘出来（参见40页）。西北侧是美丽的18世纪阿根廷剧院（Teatro Argentina）正门，上面有献给缪斯女神的铭文。19世纪有许多歌剧在此首演，包括罗西尼（Rossini）的《塞维尔理发

柯斯美丁之圣母教堂

大阿根廷塔

师》（Barber of Seville）。这出歌剧的第一晚演出惨败，不过那是因为罗西尼的敌人保利娜·波拿巴（Pauline Bonaparte，拿破仑之妹）买通一帮鼓噪分子去闹场。地图M4

4 河谷的圣安德烈教堂 (Sant'Andrea della Valle)

这么了不起的一座17世纪巴洛克式教堂怎么会有一个不对称的正面呢？答案在于艺术鉴赏力。看看上面宏伟的装饰，你会立刻注意到只有左边一位天使在支撑上层。这里完工之后，教皇亚历山大七世（Pope Alexander VII）直言批评这个作品，但雕刻家柯西莫·范塞里（Cosimo Fancelli）拒绝在右边再加一个天使。他对教皇的答复是：“如果他还要一个天使，他可以自己去做！”（参见45页）。Piazza di Sant'Andrea della Valle · 地图L4 · 开放时间：每日上午7点30分至下午12点30分与下午4点30分至晚上7点30分 · 免费参观

5 柯斯美丁的圣母教堂 (Santa Maria in Cosmedin)

这里本来是一个面包发放中心，在6世纪变成教堂，200年后又成为罗马的希腊流亡社区。希腊名字“柯斯美丁”意思是“有装饰的”，然而最早的装饰绝少留存下来，如今大部分都是12与13世纪的，不过还有一个典雅的祭坛屏风是典型的东正教教堂特色。然而这里最受欢迎的东西是“真理

罗马的犹太人

从公元前2世纪起，罗马的众多犹太人口就不容忽视，整个中世纪越来越多。到1556年，创立宗教法庭的教皇保罗四世（Pope Paul IV）限制他们只能居住在肮脏的犹太区（Ghetto）内，他们就一直在那里居住到1870年。60年后，他们在法西斯党的压迫下再度遭受致命迫害，但今日在罗马的犹太人已是市民生活中不可缺少的一部分，总人口约1.6万。

之口”（Bocca della Verita），这是一个古水池的盖子。据说那张嘴巴会咬住说谎者的手。Piazza della Bocca della Verita 18 · 地图N6 · 开放时间：每日上午9点至下午5点（夏季晚上6点）· 免费参观

6 佛若 · 波阿瑞欧 (Foro Boario)

这个名字的意指古代这里原是牛市，如今则为一个迷你的考古公园，有两座公元前2世纪的寺庙以及年代稍晚的一座兽神亚努斯拱门（Arch of Janus）。若非交通状况太可怕，这里倒挺适合待久一点。这座拱门可追溯至君士坦丁大帝或者稍后的时期，虽然貌不惊人，寺庙却保存得出奇地好。矩形神坛供奉的是河神与港口之神波图努斯（Portunus），环形神坛则是海克力斯庙（Temple of Hercules）。地图N6

7 耶稣教堂 (Gesu)

这座原型反改革派教堂位于一处多风的广场上。建筑大而华丽，刻意彰显耶稣会信仰的杰出。正面非常高雅，内部却只是让人眼花缭乱——第一印象是金碧辉煌，在阳光下更是金光闪闪。然后可见到天使与圣人透过屋顶上一个奇迹出现的洞被吸到天上。这个教派的创立者依纳爵（Ignatius）之墓上装饰着世界上最大的一块天青石。Piazza del Gesu · 地图N4 · 开放时间：每日上午6点至下午12点30分与下午4点至晚上7点15分 · 免费参观

耶稣教堂内的圣依纳爵祈祷室

8 天空圣坛的圣母教堂 (Santa Maria in Aracoeli)

这座6世纪教堂所在地是古守卫者朱诺之庙（Temple of Juno Moneta），但也是罗马铸币厂，也是“金钱”（money）的字源。根据迷信，你如果跪着沿台阶爬上未完成的正门门面就会中彩票，但你一定会有的收获就是绝佳的视野。教堂里面中殿的22根柱子材料来自不同的古建筑，左边第三根上面刻着“来自皇帝的卧室”）（a cubiculo Augustorum）。Scala dell'Arca Capitolina, 12 · 地图N4 · 开放时间：每日上午9点至中午12点30分与下午3点至晚上6点 · 免费参观

9 乌龟喷泉 (Fontana delle Tartarughe)

这座乌龟喷泉是三位艺术家的作品。最初是在16世纪末期为马太（Mattei）家族所建，由Giacomo della Porta设计，然而四个男孩铜

天空圣坛的圣母教堂

像是由Taddeo Landini所雕。最后完工之作差不多出现于一个世纪之后，由一位不知名的艺术家（有人说是贝尔尼尼）加上乌龟，这个喷泉因此得名（参见47页）。Piazza Mattei · 地图M5

10 马塞路斯剧场 (Theatre of Marcellus)

这是本区三座古剧场之一（参见41页），年代可溯至公元前1世纪，也可能是最受欢迎的皇家剧场，直到后来被斗兽场把观众抢走。较低层的拱廊曾有一些漂亮的中世纪商店，20世纪20年代被考古学家赶走。剧场右侧有三根柱子与一截中楣，原属于公元前1世纪的阿波罗庙（Temple of Apollo）。Via del Teatro di Marcello · 地图N5 · 开放时间：每天上午9点至下午6点

乌龟喷泉

层层相叠的罗马文化

由于教堂开放时间不同，你应该从大约早上10点或下午4点开始走这段路（约需2或4小时）。先从马塞路斯剧场开始，注意支撑建筑用的上升形拱壁，这是16世纪加上去的。再绕到下一个街角，在坎皮泰里的圣母教堂（参见102页）内可用望远镜观看祭坛小圣像上画的橡树叶。继续往西走到乌龟喷泉，仔细听飞溅的水声在中世纪围墙间产生的回音。往北是Crypta Balbi Museum，那里展出很有趣的本区历史资料。再往北走一条街口就是气势迫人的耶稣教堂。

若想尝尝全市最好的卡普奇诺与羊角面包组合，可在Bernasconi坐坐（开罗广场Piazza Cairoli, 16）。

在河谷的圣安德烈教堂（参见99页）抬头欣赏少有的桶形天花板，然后往南沿着Via di Grotta Pinta走到庞培剧场（参见53页）。往西北方过去一条街口，在法尔内塞宫（参见104页）欣赏双胞喷泉，那是用卡拉卡拉浴场（Baths of Caracalla）的石座组成的。穿过花之田野广场（参见99页），来到大使府邸（Palazza della Cancelleria，参见51页）仔细欣赏那里完美的文艺复兴时期作品。

这趟路的最后止于巴可元老院（Curia di Bacco，参见106页），在这个位于公元前1世纪庞培剧场穹廊内的店里喝一杯饮料。

犹太教堂

圣所，坎皮泰里的圣母教堂

TOP 10 其余之首选

1 法尔内塞宫（Palazzo Farnese）
这是罗马较大的皇宫之一，米开朗琪罗的作品更为这里锦上添花，例如极美的檐楣部分（参见50页）。Piazza Farnese · 地图K4 · 06-686-011 · 提前电话订票 · 需购门票

2 斯巴达府邸（Palazzo Spada）
这座府邸属于17世纪的斯巴达两兄弟（Bernardino and Virginio Spada），他们收藏了许多绘画作品。这里如今属于国家议会（Council of State），也是一所美术馆（参见51页）。Piazza Capo di Ferro 13 · 地图L5 · 开放时间：周二至周日上午9点至晚上7点 · 需购门票

3 维托里奥纪念碑
这座献给维多·埃马努埃莱二世（Victor Emmanuel II）的纪念碑主题跟本市不太搭调，罗马给它取外号，如“结婚蛋糕”。Piazza Venezia · 地图N4 · 开放时间：上午9点30分至下午4点30分（夏季至5点30分）

4 威尼斯宫（Palazzo Venezia）
教皇保罗二世（Pope Paul II）兴建这座宫府，他曾在阳台上观赏过赛马盛会。墨索里尼也曾在同样地点发表他的法西斯主义演说（参见51页）。Piazza Venezia · 地图N4 · 06-6999-4318 · 开放时间：周二至周日上午9点30分至晚上7点 · 需购门票

5 渥达维亚柱廊（Portico d'Ottavia）
这是通往福拉密纽斯斗兽场（Circus Flaminius）的入口，是为了纪念奥古斯都的妹妹渥达维亚而建。虽然正在做考古挖掘工程，你还是可以穿过鹰架上的遗址。地图M5

6 巴拉可博物馆（Museo Barracco）
这座赏心悦目的官府内拥有量虽不多却极重要的古雕刻收藏品（参见53页）。Corso Vittorio Emanuele II 166 · 地图L4 · 06-6880-6848

7 朱利亚路（Via Giulia）
这条时尚的街道是由布拉曼泰（Bramante）在16世纪铺设。垂着长春藤的高架是由米开朗琪罗设计，但是始终未完工。地图K4

8 犹太教堂（Synagogue）
这座犹太教堂内有一所博物馆，展品纪录着罗马的犹太社区历史（参见100页）。Lungotevere dei Cenci · 地图M5 · 开放时间：6月至9月，周日至周四上午10点至晚上7点（周五至下午4点），10月至3月，周日至周四上午10点至晚上5点（周五至下午2点），· 需购门票

9 大使府邸（Palazzo della Cancelleria）
这座高贵的文艺复兴式建筑曾是教廷大使府邸。Piazza della Cancelleria · 地图L4 · 仅限预约开放 · 需购门票

10 坎皮泰里的圣母教堂（Santa Maria in Campitelli）
这里有罗马奢华至极的神龛。Piazza Campitelli · 地图N5 · 开放时间：每日上午7点30分至中午与下午4点至晚上7点 · 免费参观

利奥·卡萨图瑞

TOP 10 商店

1 大理石与砖瓦店 (Marble and Tile Bottega)

这里是一处非常迷人的地方，拥有许多货真价实的工作坊，尤其吸引人的是18与19世纪的拿坡里地砖。Vicolo Cellini 16 · 地图J3

2 葛切托 (Il Gocceto)

行家公认是罗马顶级酒铺，至少有500种供你试饮。你想买几瓶带回家时，老板非常乐意提供专业知识帮你选择。Via dei Banchi Vecchi 14 · 地图J3

3 小古董店 (Antichita)

这条街上顶尖迷人的古董店之一，有各式家具与小摆设，价位合理。Via dei Banchi Vecchi 47 · 地图J3

4 巴贝雷书店 (Libreria Babele)

这是罗马第一家同性恋书店，有不少英文书，还提供市内相关去处的信息。Via dei Banchi Vecchi 116 · 地图J3

5 席安母 (Sciam)

这家绝妙的商店拥有一种中东市集的氛围，最具特色的东西是手工吹制的玻璃器皿。Via del Pellegrino 55 · 地图K3

6 华氏451度 (Fahrenheit 451)

拥有丰富的电影、艺术与摄影书籍。Campo de'Fiori 44 · 地图L4

7 布鲁克斯 (Brooks)

这家小店里出售现代高级男装，据了解是这条街上最好的，大部分商品也是罗马最时髦最划算的。Via dei Giubbonari 69 · 地图L4

8 依恩运动服装 (Inn Sport)

对喜欢活动的男女，牛仔装与上衣或者为特别运动所需的服装这里都有，而且价位会让罗马其他店显得太过分了。Via dei Giubbonari 99 · 地图L4

9 马赛拉钟表店 (Orologeria Mazzella)

想在预算之内买一个好表吗？这位友善的老板以零售定价的5折至7折出售各式名表，最大卖点是Swatch。Via dei Pettinari 41 · 地图L4

10 利奥·卡萨图瑞 (Leo Calzature)

这里宣称店内所有时髦男鞋女鞋都只在时装表演上穿过一次。鞋子都依尺寸摆在架子上，你可以20欧元的价钱买一双回家。Via del Portico d'Ottavia 57 · 地图M5

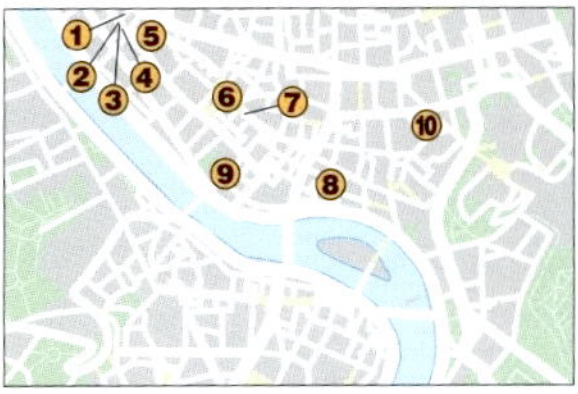

酒庄

摇滚城堡咖啡馆

TOP 10 酒吧

1 醉船 (The Drunken Ship)
当红的人气店，每晚都有满场的酒客在这个活跃的地方痛饮。店内有主流摇滚乐，店外则是在服务窗口等着拿饮料的长龙。Campo de'Fiori 20-21 · 地图L4

2 夜间巨人 (I Giganti della Notte)
这是新加入这座广场的一家店，但已经深受年轻帅气一族欢迎。店内有现代摇滚乐，店外则有极棒的高科技装潢，以及许多座位和站位。Campo de'Fiori 26 · 地图L4

3 广场酒栈 (Taverna del Campo)
这家洋溢活力的饮酒与美食馆占据拥有绝佳优势的街角位置，总是挤满想找乐子的人。店内外都有桌子。Campo de'Fiori 16 · 地图L4

4 酒庄 (La Vineria)
这家小酒吧拥有众多长期忠实顾客喜欢在露天座上闲坐。Campo de'Fiori 15 · 地图L4

5 法尔内塞咖啡馆 (Caffe Farnese)
这个别致的地方让人很难想象。位于面对高尚的法尔内塞广场一隅，某些罗马的年轻帅气一族喜爱坐在露天座上饮酒，然而这里也确实非常友善。Piazza Farnese 106 · 地图K4

6 席安姆 (Sciam)
阿拉伯风味在这里等着你，入口处有一座蓝绿色的喷泉轻轻涌着泉水，里面则是镶木板与瓷砖的装潢。这里提供茶与甜点以及梦幻似的音乐。Via del Pellegrino 56 · 地图K4

7 巴可元老院 (La Curia di Bacco)
这个狭长的地方原是古庞培剧场(Pompey's Theatre，参53页）的穹廊。Via del Biscione, 79 · 地图L4

8 疯杰克 (Mad Jack's)
传统的爱尔兰酒馆，提供你所能想象的各种酒类，尤其是健力士，还有许多可口的小食。Via Arenula 20 · 地图L4

9 摇滚城堡咖啡馆 (Rock Castle Café)
这是一处中世纪地牢，座位挤在怪异的角落里，衬着摇滚乐当背景，还有一个舞池。Via Beatrice Cenci 8 · 地图M5

10 香堤 (Shanti)
这是一个天方夜谭似的地方：水烟斗、异国风味茶、现场音乐与肚皮舞表演。Via dei Funari 21 · 地图M5

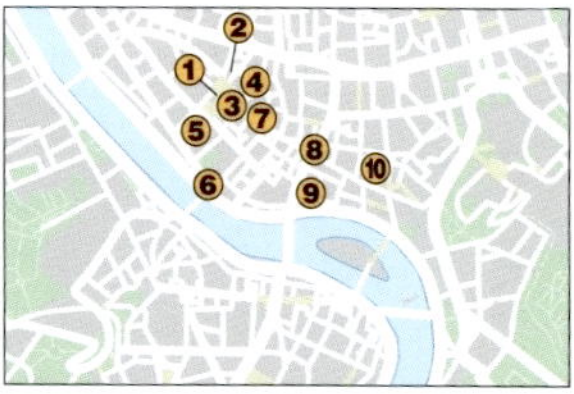

传统的罗马犹太式面包

价格分级

包含一人份的三道式	€	低于30欧元
餐点搭配半瓶酒	€€	30-40欧元
（或对等的餐点）、	€€€	40-50欧元
税捐与服务费	€€€€	50-60欧元
	€€€€€	60欧元以上

TOP 10 罗马的犹太餐厅

1 皮沛诺（Piperno）
僻处远离尘嚣的一座美丽广场上，提供罗马最好的犹太美食。传统菜式包括犹太式炸朝鲜蓟。必须预先订位。Via Monte de 'Cenci 9 · 地图M5 · 06-686-1113 · 周日晚餐与周一休息 · €€€€

2 吉盖托（Da Giggetto）
就在渥达维亚柱廊（Portico d'Ottavia，参见104页）的石柱边，以一流美食与豪华场地闻名。可试试菊苣芽配E鱼酱，这是典型的罗马菜。Via del Portico d'Ottavia 21a22 · 地图M5 · 06-686-1105 · 周一休息 · €€€

3 老罗马（Vecchia Roma）
极好的餐厅，以古式装潢闻名，还有极佳的服务与优质的酒单内容。Piazza Cam-pitelli 18 · 地图N5 · 06-686-4604 · 周三与8月有两周休息 · €€€€

4 犹太区酒栈（La Taverna del Ghetto）
改装过的中世纪房间提供地道犹太美食，外面广场上也有座位。烤鱼是这里的主打。Via Portico d'Ottavia 8 · 地图N5 · 06-6880-9771 · 周五晚餐休息 · €€

5 玛格丽特之夜（Sora Margherita）
妙极的犹太式罗马美食。没有招牌，所以要注意找门口挂的长幡。周一至周五只提供午餐。Piazza delle Cinque Scole 30 · 地图M4 · 06-686-4002 · 不收信用卡 · €

6 齐芬尼西亚（Zi Fenizia）
比萨饼馆与犹太咖啡馆都综合在一家店内。Via dell 'umilta 31 · 地图N3 · 349-252-5347 · 周五白天及晚上，周六休息 · 不收信用卡 · €

7 巴卡拉鱼片（Filetti di Baccala）
固守罗马传统，几世纪都没多大改变。丰腴多汁的炸鳕鱼，服务则是一般的罗马水准。Largo dei Librari 88 · 地图M4 · 06-686-4018 · 周日休息 · 不收信用卡 · €

8 Da Sergio alle Grotte
这里提供简单的传统罗马式用餐经验：炭烤意大利面、面团、肚子等等。Vicolo delle Grotte, 27 · 地图M4 · 06-686-4293 · 周日休息 · €

9 格雷托小馆（Osteria ar Galletto）
一家长久受欢迎的小餐馆，每年夏季座位都挤到外面广场上。很好、很实在的美食。Piazza Farn-ese 102 · 地图K4 · 06-686-1714 · 周日休息 · €€

10 约瓦塔（Yotvata）
餐厅的建筑历史悠久，供应犹太教食品。有好吃的比萨饼。鲜鱼及意大利面、地图电话：点心十分出色地址：Piazza Cenci 70 · 地图L5 · 06-6813-4481 · 周六中午周五晚上休息 · €€ · €€

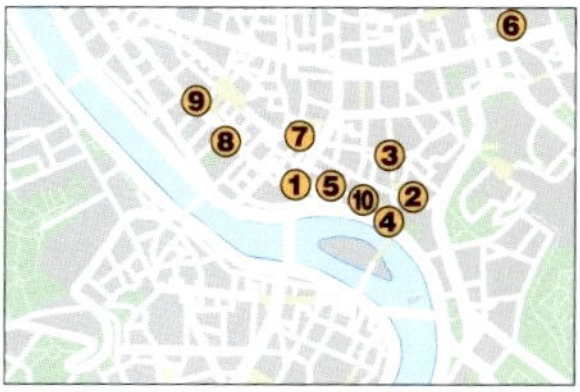

人民广场

品图瑞丘壁画，人民圣母堂

西班牙广场台阶与博尔盖塞别墅

这里是罗马最整齐最高尚的地方，是当年在16世纪教廷的规划下谨慎开发出来的。巴洛克时期的教皇如利奥十世（Leo X）与西克斯图斯五世（Sixtus V）由于市区发展太快，又把全区重新建设，却放弃了柯索路（Corso）一带，这里原是古福拉密尼亚路（Via Flaminia）从北意大利延伸过来的。罗马人现在称之为三叉路（Tridente），因为这里有柯索、瑞配塔（Ripetta）与巴别诺（Babuino）三条路从人民广场（Piazza del Popolo）往外延伸出去。这里的特殊标记是喜欢夸张：漂亮的对称式人民广场，沿着笔直道路延伸下去的长远视野，景观仔细规划的平乔山（Pincio）花园与有着广大绿地的博尔盖塞别墅（Villa Gorghee），具舞台背景式的西班牙广场台阶（Spanish Steps），超大与太过讲究的许愿喷泉（Trevi Fountain）。这里也是罗马最注重流行时尚的一区，以出售天价高级时装闻名。长久以来艺术家都落脚于马尔古塔路（Via Margutta）一带，众多的画廊与古董店足以为证，而罗马最高级的“看人也让人看”（传统上于黄昏时逛街看人也现给人看）地区就是沿着柯索路一带。

济慈－雪莱纪念胸像

TOP 10 十大景观

1. 博尔盖塞美术馆
2. 人民圣母堂
3. 西班牙广场台阶与西班牙广场
4. 许愿喷泉
5. 济慈－雪莱纪念胸像
6. 破船喷泉
7. 人民广场
8. 山上的三一教堂
9. 博尔盖塞别墅
10. 康多提路

1 博尔盖塞美术馆（Galleria Borghese）

欧洲一流的小美术馆，仅仅为了欣赏建筑背景本身就值得一游。这里收藏了罗马最好的贝尔尼尼早期雕刻作品。（参见20-21页）

2 人民圣母堂（Santa Maria del Popolo）

在这座宏伟的教堂里，丰富的文艺复兴与巴洛克式艺术、建筑及雕刻可以让你学到无价的一课。（参见32-33页）

西班牙广场台阶与西班牙广场

3 西班牙广场台阶与西班牙广场（The Spanish Steps and Piazza di Spagna）

这一道高雅奇特的台阶是罗马最受喜爱的洛可可风格纪念物。5月这里开满了杜鹃花时最令人难忘，但实际上一年到头都有许多人坐在上面享受“甜蜜的生活”（la dolce vita）与吉他演奏直到夜间。法兰契斯柯·德·桑可提斯（Fancesco De Sanctis）在1723-1726年间为国王路易十五（Louis XV）设计了这道台阶，实际是以上面的教堂为名，叫做“Scalinata della Trinita dei Monti”。沙漏形的西班牙广场上面有贝尔尼尼的破船喷泉（Barcaccia）以及成群的观光客，而这广场的名字则源于附近的西班牙驻梵蒂冈大使馆。地图D2

4 许愿喷泉（Trevi Fountain）

在电影《甜蜜的生活》（La Dolce Vita）中，安妮塔·艾克伯格（Anita Ekberg）在这里面洗澡，《喷泉里的三个硬币》（Three Coins in a Fountain）则教我们要从肩头往后将硬币丢进去就可以确定以后会再来罗马（这比原来要喝水求好运的传统健康一点）——多亏了电影业者，这个美丽的喷泉成为世人最熟悉的罗马景点。右边的浮雕描绘一个少女发现了这处泉水，奥古斯都（Augustus，左边的浮雕）就建立了一座处女水道，泉水至今仍流入喷泉中。尼可拉·萨尔威（Nicola Salvi）为了向古传说致敬，又把洋溢着生气的巴洛克风格加在一座胜利拱门（参见46页）的传统建筑架构之上。Piazza di Trevi · 地图P2

5 济慈－雪莱纪念胸像（Keats-Shelley Memorial）

这座粉色灰泥公寓俯瞰着西班牙广场台阶，25岁的诗人济慈（John Keats）当年在这里呼出最后一口气，于1821年死于肺病。后来这里变为朴实的小博物馆，用以纪念曾在罗马住过的浪漫派英国诗人（参见56页）。主要展出包括文献、书信、出版品以及济慈的遗容面模。济慈临死时，同伴约瑟夫·塞逢（Joseph Severn）曾抱着他的头，而塞逢的素描《临死的济慈》也在展出之列。Piazza di Spagna 26 · 地图D2 · 06-678-4235 · 周一至周五上午9点至下午1点与下午3点至6点，周六上午11点至下午2点与下午3点至晚上6点 · 需购门票

6 破船喷泉（La Barcaccia）

贝尔尼尼的父亲皮耶特罗（Pietro）大概曾帮忙训练自己的儿子在

放逐至罗马的人

自从歌德（Goethe）写了《意大利之旅》(Italian Journey，参见56页）之后，欧洲北部的人就喜欢来这里念书并享受阳光。虽然由于这里有济慈的居所与巴宾顿（Babington）的茶室（Tea Rooms），“西班牙广场台阶”又称“英国人区”（English Ghetto），但歌德也曾住在这里。这里也有美国运通与麦当劳，还有获颁罗马奖（Prix de Rome）的法国学院（French Academy）优良学生在梅迪西别墅（Villa Medici）念书。

1623年创作这个开玩笑似的沉船模样喷泉。这个设计巧妙地解决了低水压的问题，让一艘船从裂缝中漏水出来，而不像一般的往上喷出。Piazza di Spagna · 地图D2

7 人民广场 (Piazza del Popolo)

罗马最高尚的公共生活空间始于一座1538年的梯形广场。1589年西克斯图斯五世要杜梅尼柯·方塔纳（Domenico Fontana）建一座喷泉，顶上加一个有3200年历史的方尖碑——从埃及古城赫利奥波利斯（Heliopolis）运来的25米高巨石，原是纪念拉美西斯二世（Rameses II），后来被奥古斯都带到罗马来。拿破仑在罗马的手下雇请吉乌塞培·伐拉迪耶（Giuseppe Valadier）在1811-1824年间将这座广场重修为现在的新古典模样，成为一个大椭圆形，沿着一条蜿蜒的斜坡爬上平乔山（Pincio）的陡坡。伐拉迪耶也给喷泉加上埃及式的狮子（参见46页）。地图D2

山上的三一教堂

8 山上的三一教堂 (Trinita dei Monti)

这座教堂位于法国委建的西班牙广场台阶上方，原是路易十二世（Louis Xii）在1503年建的一座修道院。双塔式的正面（1584年）是由波尔塔的贾柯墨（Giacomo della Porta）设计，两侧的台阶（1587年）是由方塔纳设计。巴洛克式的内部共有三间祈祷室。丹尼艾雷·达·福尔泰拉（Daniele da Volterra）在右侧第三间祈祷室有一幅壁画，并且画了祭坛装饰《圣母升天图》(Assumption，其中包括他的老师米开朗琪罗的肖像，位于图的最右侧)，以及左侧第二间祈祷室的《耶稣遗体下十字架》。附近16世纪的麦迪奇别墅（Villa Medici）（只在特定时开放）从1803年起就是法国学院所在。Piazza Trinita dei Monti · 地图D2 · 每日上午10点至下午1点与下午4点至晚上6点30分 · 免费参观

9 博尔盖塞别墅 (Villa Borghese)

这片罗马最大的绿地包括688公顷的公园、景观花园、雕像、喷泉、树林、步道、亭子与一个水钟。还有三个世界级博物馆：博尔盖塞美术馆（参见20-21页）的文艺复兴与巴洛克艺术作品，朱利亚别墅（Villa Giulia，参见51页）的古艾特鲁斯坎艺品，国立现代美术馆（Galleria Nazionale d'Arte Moderna，参见43页）的现代艺术创作。此外，2006年开放

康多提路

的卡洛比洛提博物馆（Museo Carlo Bilotti）长期展览意大利艺术家Giorgio cle Chirico（1888-1978）的当代艺术作品。这都要归功于红衣主教西皮奥内·博尔盖塞（Scipione Borghese），他在1608年把这一大片位于奥勒里安壁垒外的家产变为私人娱乐园，后来在1901年对外开放。1809-1914年间，吉乌塞培·伐拉迪耶把城墙内相邻的地方变成附阳台的平乔山（Pincio）花园，里面处处可见意大利伟人雕像（参见62页），这里也是最受欢迎的“看人也让人看”（passeggiata）之处。这里还有一个精致的茶馆与哈德良皇帝为纪念爱人所委建的方尖碑。入口在Piazza Flaminio、Piazza del Popolo、Via Trinita dei Monti与Corso Italia · 地图D2

10 康多提路 (Via Condotti)

这是罗马的“第五街”（Fifth Avenue），两旁尽是时髦的商店与名牌服装店，20世纪90年代曾摇摆于零售连锁店之间，后来高级女装店开张并因此闻名（参见68页）。地图D2

罗马的午后爱招摇一族之旅

从圣使徒广场（Piazza SS Apostoli）开始，看看以之为名的教堂（参见112页）与柱廊右边墙上的2世纪御鹰浮雕。再直行穿过伍密利他路（Via dell'Umilita）与建于19世纪80年代有华丽铁门、玻璃窗及壁画的步行区。右转走Via di Muratte来到许愿喷泉（参见109页）。将三枚硬币往后丢进去将可确信你能重游罗马。离开拉佛拉托瑞路（Via di Lavoratore）的广场后左转到潘内泰瑞亚路（Via di Panetteria），在那里的圣克里斯皮诺（San Crispino）尝尝罗马最好吃的冰激凌（参见70页）。

右转后沿着蝾螈路（Via del Tritone）走，再左转到方济·克里斯皮路（Via Fran-cesco Crispi）的现代大众美术馆（Galleria Comunale d'Arte Moderna）欣赏一下罗马的当代艺术创作（参见43页）。沿着家长路（Via Capo le Case）走，在马塞里路（Via Due Macelli）转到西班牙广场与西班牙广场台阶（参见109页）。你可以在广场西侧的街上浏览橱窗，逛多久都行，但要记得在下午5点结束才能继续往北走，穿行于巴别诺路（Via del Babuino）与玛古塔路（Via Margutta）之间欣赏古董店的艺术品（参见113页），再来到人民广场。

在卡诺巴咖啡馆（Caffe Canova，参见116页）喝一杯卡普奇诺，休息一下，然后到对面人民圣母堂（参见32-33页）欣赏卡拉瓦乔、拉斐尔与贝尔尼尼的作品。尽量在下午7点左右来到蒙泰桑托的圣母教堂（Santa Maria in Montesanto，参见112页）欣赏果戈理式（Gregorian）吟唱，再去波隆尼亚（Dal Bologness）享受一顿特别的晚餐（参见117页）。

德国作家歌德曾居住于柯索路

柯索路的圣安伯若吉欧与圣卡洛教堂

TOP 10 其余之首选

1 朱利亚别墅（Villa Giulia）
拥有意大利最佳艾特鲁斯坎收藏，供人欣赏意大利半岛上第一个伟大文明（公元前8世纪至前3世纪）。Piazzale di Villa Giulia 9 · 地图D1 · 周二至周日上午9点30分至晚上7点30分 · 需购门票 · 有残障设施

2 国立现代艺术馆（Galleria Nazionale d'Arte Moderna）
这座国立现代艺术馆的展藏涵盖了19与20世纪的作品，最强部分是意大利艺术，不过也有外国作品。Viale delle Belle Arti 131 · 地图D1 · 周二至周日上午8点30分至晚上7点30分 · 需购门票 · 有残障设施

3 现代大众美术馆（Galleria Comunale d'Arte Moderna）
这所美术馆藏品涵盖19世纪末期至20世纪中期的意大利艺术创作。Via S Francesco Crispi 24 · 地图P1 · 周二至周六上午9点至晚上6点30分，周日上午9点30分至下午1点30分 · 需购门票 · 有残障设施

4 柯索路的圣安伯若吉欧与圣卡洛教堂（SS Ambrogio e Carlo al Corso）
罗马这座巴洛克式教堂（1669年）是由皮耶特罗·达·柯托纳所建，他设计了讲坛、圆顶与灰泥装饰。Via del Corso 437 · 地图N1 · 每日上午7点至晚上7点 · 免费参观

5 奇迹的圣母教堂与蒙泰桑托的圣母教堂（Santa Maria dei Miracoli and in Montesanto）
卡洛·方塔纳负责设计这两座17世纪的“双胞胎”教堂，不过贝尔尼尼曾指导他装饰比较复杂的蒙泰桑托教堂。Piazza del Popolo · 地图D2 · 周一至周六上午6点至下午1点30分与下午4点至晚上7点30分，周日上午8点至下午1点与下午4点30分至晚上7点30分 · 免费参观

6 卡诺巴工作室（Canova's Studio）
这位艺术家的工作室墙上嵌有许多雕像的碎片。Via del bab uind 150A · 地图D2 · 周一至周六上午8点30分至晚上8点30分 · 免费参观

7 柯洛纳宫（Palazzo Colonna）
主要收藏有廷托瑞托、洛托与维若内赛的作品。Via della Pilotta 17 · 地图N2 · 周六上午9点至下午1点，8月闭馆 · 需购门票

8 人民的门廊（Porta del Popolo）
米开朗琪罗曾用提托斯胜利拱门（Arch of Titus）做这座门廊模板。Piazza del Popolo · 地图D2

9 歌德之家（Casa di Goethe）
歌德在1786至1788年间住在这里（参见56页），他的书信也在此展出。Via del Corso 18 · 地图D2 · 周二至周日上午10点至晚上6点可要求导游 · 需购门票

10 圣使徒教堂（Santissimi Apostoli）
这座6世纪的教堂于1702-1708年重建，祭坛上方有一幅视幻觉画法的穹顶。Piazza SS Apostoli · 地图N2 · 上午7点至中午与下午4点至晚上7点 · 免费参观

威尼斯人艺廊

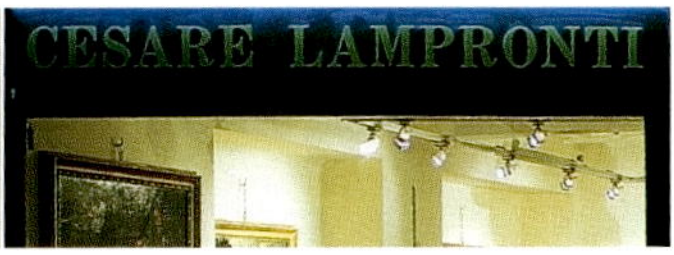

Dott. Cesare Lampronti

TOP 10 艺术与古董店

1 Dott. Cesare Lampronti
虽然这里很像一所美术馆，但你可以购买展出的作品：静物画、宗教画、神话创作、罗马浮士绘与新古典雕像，年代包括16至19世纪。Via del Babuino 174-175 · 地图D2

2 贝努其
(Benucci)
这里的高水平艺术品与古董比较就像通常在博物馆内看到的展出——15世纪罗马与佛罗伦萨的圣母与圣婴图、卢卡·吉欧达诺(Luca Giordano)或巴尔托洛梅欧修士(Fr' Bartolomeo)等画家的作品，还有美丽的镶青贝与硬木家具。Via del Babuina 151-153 · 地图D2

3 威尼斯人艺廊
(Galleria Veneziani)
这家大型艺廊出售各式高级古董，包括家具、旧油画、雕像、花瓶与各种艺品，绝对值得一看。Via Margutta 45 · 地图D2

4 毛瑞奇欧·格罗西
(Maurizio Grossi)
毛瑞奇欧·格罗西是大理石专家，这里是购买罗马胸像或栩栩如生的雕刻水果的地方。Via Margutta 109 · 地图D2

5 卡斯特罗的阿尔贝托
(Alberto di Castro)
从17世纪60年代至20世纪20年代的蚀刻、石版与其它各式版画，都可在这家可爱的店里买到。Via del Babuino 71 · 地图D2

6 奥古斯都艺术廊
(Galleria Augasto Consort)
这里定期更换各种展出，包括当代画作、水彩与版画。Via Margutta 52 · 地图D2

7 古文物艺廊
(Galleria Antiquaria)
收藏一小批艺术作品，多半是雕刻、绘画与艺品。Via Margutta 67 · 地图D2

8 Il Postiglione
量不算多的精选收藏，多半是乡居式木制家具，价位合理。Via Mario de Fiori 5 · 地图D2

9 丹能
(E & R Danon)
大部分是18至20世纪初的东方地毯与祈祷用的毡，产地包括波斯、印度、西藏与中国。Via Margutta 36-37 · 地图D2

10 玛莫拉洛之店
(La Bottega del Marmoraro)
这家位于马尔古塔路上最后一家风格独特的古物工作室内，凌乱地挂满了手工制作的大理石片镶布。Via Margutta 53B · 地图D2

古奇

阿玛尼

TOP 10 高级时装店

1 阿玛尼(Armani)
这个意大利顶级名牌提供既时髦又酷的服务。阿玛尼商场的分店(Via del Babuino 140)以低价出售名家设计的女装。低文件的产品如Armani牛仔装则在Via del Babuino 70A出售。Via dei Condotti 77 · 地图D2

2 Prada
最昂贵的意大利顶级名牌。这家米兰时装店提供极简式略带复古风味的服装。Via dei Condotti 92-95 · 地图D2

3 古奇(Gucci)
发迹于佛罗伦萨的制鞍者把制作皮件的技巧转变成意大利最早成功的时装业者。在每样东西上都印有串在一起的华丽“G”字时代已经过去了，但他们的配件仍是顶尖的。Via dei Condotti 8 · 地图D2

4 瓦伦蒂诺(Valentino)
这家店提供罗马本土设计师的高级成衣，从20世纪60年代起如杰奎琳·肯尼迪与奥戴丽·赫本等上流阶层就开始穿他的衣服。Via del babuino 61 13 · 地图D2

5 菲拉格慕(Ferragamo)
这家鞋店在好莱坞的黄金年代就替明星做鞋，至今仍保有自己品味，但却已转向大量生产式而不再创作独特鞋品。Via dei Condotti 73-74 · 地图D2

6 范思哲(Gianni Versace)
已故服装设计名师的本店，在超炫的款式与鲜艳的色彩上决不从俗。Via Bocca di Leone 27 · 地图D2

7 Fausto Santini
各种华丽款式的高级皮鞋以天价出售。Via Frattina 120 · 地图D2

8 Fendi
五个姊妹把父母的工作坊改造成罗马的时装帝国，在皮草产品方面更是统领整个意大利风潮。Largo Goldoni 420 · 地图D2

9 Philosophy di Alberta Ferretti
高级剪裁的时装极为女性化，却又充满力量与现代感。Via Condotti 34 · 地图D2

10 Laura Biagiotti
这位设计名师从1972年起就开始制作流行时装。在男装方面由于她使用软羊毛而获得“喀什米尔羊毛女王”的外号。Via Borgognona 43-44 · 地图D2

讯息唱片行 费玛斯托克

TOP 10 折价店与特殊商店

1 高档折扣店（Il Discount dell'Alta Moda）

这家仓储式的店内大部分是男女服饰与配件。员工诚恳且乐意帮忙。Versace、Donna Karan、Armani、Dolce & Gabbana等名牌可能售价从五折起。Via di Gesu e Maria 14-16A · 地图D2

2 费玛斯托克（Firmastock）

量不多却是精选的名家设计的男女服饰与鞋子，依一般零售定价的五折至三折出售。Via delle Carrozze 18 · 地图D2

3 伯康内（Buccone）

具有悠久历史的酒铺，酒品种类繁多，价位也极为合理。特别的意大利式食物也有出售。Via di Ripetta 19-20 · 地图D2

4 艾尼格玛（Enigma）

这家店属于宝格丽（Bulgari）品牌，出售各种难得的手表和珠宝。Via Margutta 61 · 地图D2

5 维尔泰其（Vertecchi）

罗马的文具店女王，商品包括数百种笔（比较花俏的款式在隔壁72号出售）、数千种笔记本以及最佳的美术用品。Via della Croce 70 · 地图D2

6 厨房（C.U.C.I.N.A.）

这家店专卖顶级的极简式厨房用品，他们的口号是“看厨房如何让你胃口大开”。Via Mario de'Fiori 65 · 地图D2

7 讯息唱片行（Messaggerie Musicali）

大型超现代化的音乐产品商店，拥有几十间试听站，让你方便挑选录像带与CD，种类从意大利流行乐至古典歌剧都有。Via del Corso 472 · 地图D2

8 特布罗（Tebro）

始于1867年，主营昂贵的亚麻床品、毛巾及女式内衣，可以量身定做。地址：Via dei Prefetti 46-54 · 地图M1

9 剩余物资（Remainders）

商品正如其名：以半价起出售库存剩余的书籍，包括许多豪华版的艺术品目录与咖啡桌版大部头的书。Piazza S Silvestro 27-28 · 地图D2

10 全国领带店（Cravatterie Nazionali）

以合理价位专卖各式的漂亮领带，集Valentino、Gigli、Givenchy、Zenga、Gucci与Les Copains等名牌于一处。Via Vittoria 62 · 地图D2

巴宾顿的茶室

TOP 10 酒馆、咖啡馆与酒吧

1 安提卡小酒馆（L'Antica Cantina）
一间老式却气氛活泼的餐馆，有上好的开胃菜和论杯出售的葡萄酒。地址：Via della Croce 766 · 地图D2

2 葛丽达（Glida）
罗马这家最主要的迪斯科舞厅多年来一直极受欢迎，晚上提供比萨饼以及跳舞音乐直到半夜。周末的服务费很高，却始终拥有众多的一流顾客群。Via Mario de'Fiori 97 · 地图D2

3 古希腊咖啡馆（Antico Caffe Greco）
从1760年起就是罗马首要的文学咖啡馆，16世纪的英国浪漫派诗人常在此流连（参见70页），使这里声名远播。Via Condotti 86 · 地图D2

4 佛得角（The Verde）
始于1890年，店主是一家茶商。东方情调的安静的茶室内有两百多种茶叶出售。还有自制糕点和便餐。地址：Via Bocca Leone 46 · 地图D2

5 维多利亚之屋酒馆（The Victoria House Pub）
几乎每一位流放至此的英国人都仿佛把这家维多利亚式的酒馆视为己有，使这里具有一种可信赖的气氛。Via Gesu e Maria 18 · 地图D2

6 老马头（Nag's Head）
自成一格的苏格兰酒馆，偶尔会有DJ，周一至周三则有现场音乐演奏。Via IV Novembre 138B · 地图P3

7 罗萨提咖啡馆（Café Rosati）
这家新艺术风格咖啡馆长久以来就是左派知识分子流连之所，正与广场对面右派的卡诺巴是对手（参见70页）。Piazza del Popolo 4-5 · 地图D2

8 卡诺巴咖啡馆（Caffe Canova）
在人民广场上的长期咖啡馆战争中，这里是右派的堡垒，提供较低价的意式浓缩咖啡、更好的冰激凌，楼上还有餐厅（不过罗萨提比较时髦）。Piazza del Popolo 16-17 · 地图D2

9 沙其（Shaki）
这家后现代的酒吧提供沙拉与三明治，还有几个露天座。他们在西班牙广场65号也有一家很好的食品专卖店。Via Mario de'Fiori 29A · 地图D2

10 巴宾顿的茶室（Babington's Tea Rooms）
这是享受一壶高价茶与其他英国可口点心的好地方，1893年由一位来自英国得比郡（Derbyshire）的女士开设，在稍后流行的欧洲大旅行年代中，这里是流放人士的活动中心。Piazza di Spagna 23 · 地图D2

罗马的十大酒馆、酒吧与音乐俱乐部信息请参见78-79页

价格分级

包含一人份的三道式	€	低于30欧元
餐点搭配半瓶酒	€€	30-40欧元
（或对等的餐点）、	€€€	40-50欧元
税捐与服务费	€€€€	50-60欧元
	€€€€€	60欧元以上

美味

TOP 10 就餐之选

1 Fiaschetteria Beltramme（da Cesaretto）
这家极度传统的小吃馆就在西班牙广场台阶过去的街口，本地客与观光客都挤在共享大桌上用餐。Via della Croce 39 · 地图D2 · 周日休息 · 不收信用卡 · €€

2 艾迪（Edy）
这家店位于租金昂贵的地带，但以最低价提供一些最好的食物，包括混合的海鲜与罗马美食。前面的烛光座位气氛极佳。Vicolo del Babuino 4 · 地图D2 · 电话：06-3600-1738 · 周日与周一午餐休息 · €

3 美味（'Gusto）
这里提供最流行的东西：爵士乐餐厅、比萨饼馆与泰式酒吧（参见75页）。Piazza Augusto Imperatore 9 · 地图D2 · 电话：06-322-6273 · €€€

4 佩若尼啤酒屋（Birreria Peroni）
这家提供极佳低价食物的啤酒屋是由意大利的顶级酒厂经营——试试他们的“蓝带”（Nastro Azzurro）品牌（参见75页）。Via San Marcello 19/ Piazza SS Apostoli · 地图N3 · 电话：06-679-5310 · 周日休息 · €

5 波隆尼亚餐馆（Dal Bolognese）
这家餐厅极受欢迎的溜冰鞋现在又当红，国际名流再度来到人民广场上的露天座享受传统罗马美食，这样可以看到他们停在店前面的法拉利。Piazza del Popolo 1 · 地图D2 · 电话：06-361-1426 · 周一休息 · €€€

6 阿布汝其（Abruzzi）
从店名就可知道，这里的美食风味来自老板的老家，也就是附近的阿布汝其山区。Via del Vaccaro 1 · 地图D2 · 电话：06-679-3897 · 周六休息 · €

7 圣安娜小馆（Hosteria St Ana）
地下室拥挤的房间内贴满了知名顾客的照片。这里提供传统的罗马美食。Via della Penna 68-69 · 地图D2 · 电话：06-361-0291 · 周六午餐与周日休息 · €€

8 Al 34
价位极合理的菜单内容包括富有创意的意大利美食。Via Mario de'Fiori 34 · 地图D2 · 电话：06-679-5091 · 周一休息 · €€

9 醉话（Il Brillo Parlante）
这家极受欢迎的餐馆位于地下室，许多本地人都来此享受分量充足的沙拉与可口的比萨。Via della Fontanella 12 · 地图D2 · 电话：06-324-3334 · 周一午餐休息 · €

10 阿尔切托（L'Archetto）
附近奇里诺剧院的演员都来这里享受超过100种的意大利面酱。Via dell'Archetto 26 · 地图 D2 · 电话：06-678-9064 · €

注：除非另有说明，所有餐厅都接受信用卡

圣德奥教堂

古罗马

这里一直都是最高级与最低级的对照混合处，有最铺张的奢华，也有最艰困的劳力世界。古时候，皇帝的华丽宫殿都建在帕拉丁山（Palatine），但在不远处的码头区，搬运工扛着从世界各地进口的沉重货物。本区有三座山丘：帕拉丁与阿凡提内（Aventine）是最初的七个丘之二，但泰斯塔丘山（Monte Testaccio）整个是人造的。据说雷穆斯在阿凡提内建立一个平民村落，以便跟双胞胎兄弟罗穆路斯夸大的营地相抗衡（参见38页）。多少世纪以来，这里只有贫苦的劳工居民以及宗教机构。今天，这里又变成绿地与漂亮建筑所在，中间点缀着世界级古代纪念物与无价的考古大发现。

卡拉卡拉浴场无头雕像

TOP 10 十大景点

1. 古罗马市场与帕拉丁山
2. 斗兽场与帝国广场
3. 卡皮托利尼博物馆
4. 圣萨宾纳教堂
5. 卡拉卡拉浴场
6. 马尔他骑士团广场
7. 圣萨巴教堂
8. 凯伍斯·塞斯提伍斯金字塔
9. 圣德奥教堂
10. 新教徒墓园

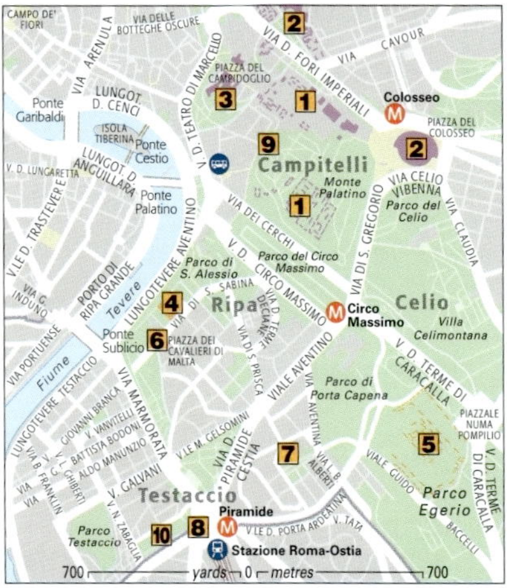

1 古罗马市场与帕拉丁山(Roman Forum and Palatine Hill)

这里曾是罗马帝国的心脏，如今这片废墟形成一幅怪异景观，仿佛被一个古文明的幽灵盘据着。（参见16-19页）

2 斗兽场与帝国广场(Colosseum and Imperial Fora)

这些纪念物仿佛在追忆帝国时期的至高权威。图拉真广场（Forum of Trajan）被列为当代世界奇迹，如今仅存图拉真纪念柱（Trajan's Column），公认是代表罗马雕刻艺术的巅峰成就。斗兽场代表着罗马人对残忍娱乐的热情。（参见22-23页）

3 卡皮托利尼博物馆（Musei Capitolini）

这些博物馆虽然壮观美丽，最初的建筑却纯粹出于政治动机。教皇于1471年在此兴建第一座博物馆，却夺去罗马的公民自主希望——保守宫（Palazzo dei Conservatori）是极受憎恨的教廷咨议所在，他们借着“劝告”议院来管理罗马。如今，这些博物馆则收藏着丰富可观的艺术品。（参见24-27页）

4 圣萨宾纳教堂(San Sabina)

这座教堂约于425年建在天后朱诺的庙（Temple of Juno Regina）上面，用以纪念一位罗马殉道者。1936-1938年间这里经过重建，大致恢复原先的状态，保留了9

卡拉卡拉浴场健身房

世纪的附加建筑物，例如哥斯马特式与钟塔。24根完全相称的柯林斯柱顶加上大理石浮雕中楣，光线由透明石膏窗格间穿进来。门是用5世纪的雕刻杉木做的，上面有18格圣经里的场景，包括所知最早的“钉十字架”——奇怪的是上面并没有十字架。Piazza Pietro d'Illiria 1 · 地图D5 · 每日上午6点30分至中午12点45分与下午3点30分至晚上7点 · 免费参观 · 有残障设施

5 卡拉卡拉浴场(Baths of Caracalla)

建于217年，一直使用到546年水管道被入侵的哥德人破坏时。这些豪华的浴室同时可容2000人使用。一般而言，罗马式浴场包括社交中心、艺廊、图书馆、妓院与健身区（palestrae）。洗澡则包括一次热水浴、一次蒸汽浴、冷却一下，然后再冲冷水。法尔内塞家族收藏的古代雕刻是在这里发现的，其中包括海克力斯(Hercules）像，那是上面有签名的希

圣萨宾纳教堂

随身带一瓶水，在此地你随时可在本区的小喷泉补充新水

腊原版作品。今日这些个别房间剩下的废墟仍可分辨出来。Via delle Terme di Caracalla 52 · 地图E6 · 周一上9点至下午2点，周二至周日上午9点至日落前1小时 · 需购门票 · 有残障设施

凯伍斯·塞斯提伍斯金字塔

6 马尔他骑士团广场 (Piazza of the Knights of Malta)

每个人都来这里想从铜钥匙孔内欣赏圣彼得大教堂，这样看过去，有一个树棚架形成完美的图框（参见53页）。然而，这个广场上极美的18世纪装饰也值得一看，这是由吉安巴提斯·皮拉内西（Giambattista Piranesi）所做，他素以强有力的幻想式古代场景雕刻闻名。为了向这支十字军骑士团（成立于1080年）致敬，这位建筑师决定用矮方尖碑与甲胄以古代方式来装饰墙壁。这些骑士本来基地在罗得岛（Rhodes），后来改为马尔他，如今集中在罗马。地图D5

7 圣萨巴教堂 (San Saba)

本来是第7世纪逃离祖国的巴勒斯坦僧侣的小礼拜堂，如今的教堂则是10世纪整修过的产物，又加上了许多附属部分。美丽的15世纪凉廊的门厅部分有无数具考古价值的东西。希腊式的平面设计包括三座神龛，内部装饰则大部分是科斯马蒂式（参见35页）。最特殊的是有一幅13世纪的壁画，描绘圣尼古拉（St Nicholas）正要将一袋金币丢给三个躺在床上的裸女，希望这样能拯救她们，使她们不再卖淫。Via di San Saba · 地图E6 · 每日上午7点至中午与下午4点至晚上6点30分 · 免费参观

8 凯伍斯·塞斯提伍斯金字塔 (Pyramid of Caius Cestius)

这座12世纪建筑是为献给富有的护民官而兴建，至今看来依旧雄伟壮观，高36米，根据石头上的铭文显示，当初花了330天才完工。然而这座金字塔与埃及的原版有所不同，本身是用砖造再覆盖上大理石，这是典型罗马人讲求实际的作风。Piazzale Ostiense · 地图D6

阶级划分与权力斗争

本区的历史正是典型的统治阶级与劳动阶级之间永无休止的斗争。罗穆路斯在帕拉丁对抗在阿凡提内的雷穆斯，因而促成贵族与平民阶级崛起。如今在富有的阿凡提内与朴实的泰斯塔丘之间，这种对比依旧存在。

圣萨巴的门廊雕刻

参观教堂时带一个手电筒与一副望远镜，就可看清楚建筑细节

9 圣德奥教堂 (San Teodoro)

这座小小的6世纪环形教堂位于帕拉丁山丘底下，也是罗马的无形宝藏之一。圣德奥是在这里殉道的，他的教堂就建于一座大型谷仓的遗址之上。神龛上的镶嵌画描绘耶稣坐在一个球体上，这个是最初的原版作品，但佛罗伦萨式的圆顶（1454年）与其他装饰大部分是15世纪由教皇尼古拉五世下令重修的，庭院则是卡洛·方塔纳（Carlo Fontana）在1705年所设计。Via di San Teodoro · 地图P6

10 新教徒墓园 (Protestant Cemetery)

又称为阿卡托利卡（非天主教）墓园，1738年以后有许多不同信仰的人埋葬于此，最著名的就是英国诗人济慈与雪莱（参见56-57页）。在1870年之前，十字架与有关救赎的铭文都禁止在此使用。Via Caio Cestio 6 · 地图D6 · 周二至周日上午9点至下午4点30分 · 参观费自由捐献

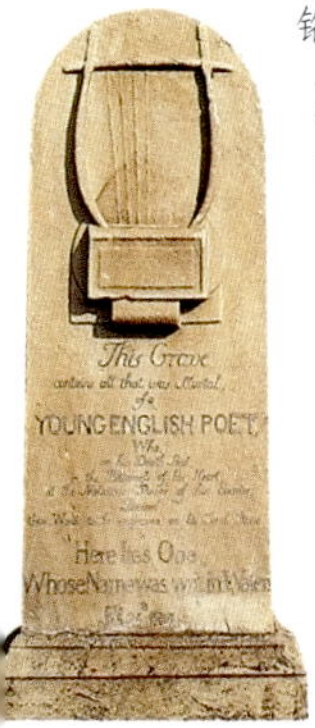

济慈的墓碑

公共园地之晨

帕拉丁山上马西穆斯竞技场（Circus Maximus）另一边的公共园地上隐藏了极精致的早期教堂与其他瑰宝。先从马西穆斯竞技场的南边开始，昔日这里是一处大规模的赛马场，后来教皇把这里的石头拿去盖皇宫，如今只是一块满布尘土与野草的低地。再往丘上走到玫瑰园（Rose Garden，参见60页），春夏之际，这里之美艳在罗马少有其他地方能比。继续沿着旧墙走进巴而可·萨维洛（Parco Savello）的橘子园（Orange Garden，参见60页），从矮墙边可欣赏到美丽景致。旁边就是圣萨宾纳教堂（Santa Sabina，参见119页），用手电筒与望远镜仔细欣赏雕花木门与耶稣钉十字架的图画。接着到皮拉内西（Piranesi）的马尔他骑士团广场，从著名的钥匙孔里瞧瞧洞天。

再沿着圣阿雷西欧路（Via di San Alessio）走下去，来到阿凡提诺街（Viale Aventino）与圣萨巴教堂。慢慢欣赏左侧墙上素有恶名的圣尼古拉壁画。在9月8日抗暴纪念公园（Parco della Resistenza dell'8 Settembre，参见63页），你可在公园内的咖啡馆点一客冰激凌，一面欣赏3世纪的奥瑞里安壁垒（参见152页）。

再走到对面漂亮的新教徒墓园，到雪莱、济慈与他们朋友的墓前致意，再看看壮观的凯伍斯·塞斯提伍斯金字塔，出去时在捐献箱里丢一点钱。

佛尔佩提（Volpetti）是极棒的午餐地点，你可以点一份特制的美味三明治。

阿尔非伍思

阿力比

TOP 10 罗马最热门的夜店

1 阿尔非伍思(Alpheus)

阿尔非伍思有三个演奏不同音乐的迪斯科场地，另外还有一个花园。这里也推出特别表演节目、主题之夜，偶尔有现场音乐会。门票包括一杯免费饮料。Via del Commercio 36 · 地图D6 · 有残障设施

2 纳兹卡（Nazca）

罗马最亮眼的年轻一族都先到这里来喝一两杯特调鸡尾酒，再尝尝TestaccioOstiense区的其他美味。这里的音响效果很好，也有一个同样热门的餐厅。Via del Gazometro 40 · 地图D6

3 伦敦广播电台(Radio Londra)

罗马一年到头都受欢迎的地方之一，让你度过精力充沛的一晚。吵翻天的摇滚乐背景加上空军式的主题，偶尔会请当红乐团现场演出。这里也提供餐点。Via di Monte Testaccio 65B · 地图D6 · 有残障设施

4 阿力比（L'Alibi）

这是罗马最大最著名的同性恋迪斯科，包括几个舞池、交谊厅，还有一个可以在夏天乘凉的大型屋顶花园。Via di Monte Testaccion 44 · 地图D6

5 地球村(Villaggio Globale)

这个地球村场地原是一座旧屠宰场的一部分，提供极棒的世界各地音乐与不同种族风味的点心。只有冬季开放。Lungotevere Testaccio · 地图C6

6 拉丁咖啡馆(Caffe Latino)

这里提供电影欣赏、酒店与迪斯科场地，以及极棒的各类音乐。Via di Monte Testaccio 96 · 地图D6 · 有残障设施

7 东方咖啡馆(Café de Oriente)

偶尔会有巴西乐团演出森巴，其他时候则有拉丁风味的迪斯科音乐让你动起来。Via di Monte Testaccio 36 · 地图D6 · 有残障设施

8 四X酒馆(Four XXXX Pub)

罗马极受欢迎的英国式酒馆，但提供的是南美风味食物，偶尔也有爵士与拉丁音乐。Via Galvani 29 · 地图D6 · 有残障设施

9 芒特给(Mount Gay)

气氛非常轻松的两个房间式迪斯科酒吧，店名源于一种加勒比海兰姆酒，偶尔提供现场节目与DJ主持的演出。Via Galvani 54 · 地图D6

10 可拉木(Clamur)

这家酒馆具有地道的英国式氛围，又带一点活泼的意大利味道。提供健力士啤酒，还有各式点心。Piazza dell'Emporio 2 · 地图D5 · 有残障设施

价格分级		
包含一人份的三道式餐点搭配半瓶酒（或对等的餐点）、税捐与服务费	€	低于30欧元
	€€	30-40欧元
	€€€	40-50欧元
	€€€€	50-60欧元
	€€€€€	60欧元以上

传统罗马风格的伽奇诺1887

TOP 10 传统罗马餐厅

1 伽奇诺1887 (Checchino dal 1887)
罗马顶级餐厅之一（参见74页），提供以内脏为基础的美食，例如小牛肠面食。Via di Monte Testaccio 30 · 地图D6 · 电话：06-574-6318 · 周日至周一休息 · €€€

2 奥古斯塔瑞罗 (Augustarello)
罗马风味的高水平美食。建议试试肚子、牛尾、舌头与其他可口菜式（参见76-77页）。Via G Branca 98 · 地图D6 · 电话：06-574-6585 · 周日休息 · 不收信用卡 · €

3 达・瑞墨 (Da Remo)
典型的罗马比萨饼馆，地道，便宜，而且永远都客满。Piazza S Maria Liberatrice 44 · 地图D6 · 电话：06-574-6270 · 周日休息 · 不收信用卡 · €

4 佛尔佩提 (Volpetti)
罗马的顶级熟食店，也很适合吃午餐三明治，或者特制全套野餐外带。Via Marmorata 47 · 地图D6 · 电话：06-574-4306 · 周日休息 · €

5 快乐 (Felice)
你可在这家俭朴的小馆试试罗马最好的传统罗马式朝鲜蓟（参见76页）。Via Mastro Giorgio 39 · 地图D6 · 电话：06-574-6800 · 周日休息 · €

6 柯奇小馆 (Il Ristoro dei Cocci)
这里的招牌是可口的比萨饼，还有罗马最好的focaccia面包。Via di Monte Testaccio 34/B · 地图D6 · 电话：06-5728-8940 · 冬季周一休息 · 不收信用卡 · €

7 迪皮耶罗 (Di Pietro)
这家饭馆靠近行政官金字塔，传统罗马菜做得很好，深受当地人欢迎，还可以提供外卖。Piazza di Porta San Paolo 6A · 地图D6 · 电话：06-578-0252 · 周二休息 · €€

8 水里游的和天上飞的？(Acqua e Farina?)
在“水里游的和天上飞的？”实际上菜单上从开胃菜到甜点每一项都是以面食为底，而且都是用地道的做法。Piazza O Giustiniani 2 · 地图C6 · 电话：06-574-1382 · 不收信用卡 · 周日休息 · €

9 种子与叶子 (Il Seme e la Foglia)
提供分量十足的沙拉与创意三明治，例如羊肉三明治、菊苣与橄榄酱。Via Galvani 18 · 地图D6 · 电话：06-574-3008 · €

10 分享艺术 (Ne Arte ne Parte)
由两名意大利电视演员经营，有传统的意大利面Carbonara及烧羊肉等。Via Luca della Robbia 15-17 · 地图D6 · 电话：06-575-0279 周二、周三中午休息 · 七月的第三个星期休息 · €€

除非另有说明，所有餐厅都接受信用卡

圣普拉塞德教堂镶嵌画

圣约翰与保罗教堂中殿

埃斯奎里山与拉特兰

这是古时候罗马城七座丘中最大的一座，几乎都是住宅区，其中大部分是上层阶级的别墅。本区西侧的斜坡，也就是帝国广场（参见22-23页）后面的部分，不仅最富裕同时人口也最密集——帝国广场后面的大墙就是要阻挡脏乱的贫民区。然而到了4世纪，本区变成基督教的发展中心。君士坦丁大帝将基督教定为国教时不敢惹怒太多异教徒，就把基督教中心设在城外的圣墓之上。最主要的一个就是现在的拉特兰诺的圣约翰教堂（San Giovanni in Laterano），其他教堂很快就跟进，而以5世纪雄伟的大圣母教堂（Santa Maria Maggiore）为最极致代表。本区一直极富历史性与宗教的神秘性气氛。

雕像，拉特兰诺的圣约翰教堂

十佳景点

1. 圣克莱蒙特大教堂
2. 国立罗马博物馆马西莫宫
3. 大圣母教堂
4. 拉特兰诺的圣约翰教堂与圣阶
5. 文柯里的圣彼得教堂
6. 尼禄金殿
7. 圣普拉塞德教堂
8. 圣德范圆形教堂
9. 圣约翰与保罗教堂
10. 东方美术馆

1 圣克莱蒙特大教堂(San Clemente)

层叠的建筑结构透露罗马的历史，时间涵盖公元前2世纪至公元15世纪。(参见34-35页)

2 国立罗马博物馆马西莫宫(Palazzo Massimo alle Terme)

收藏有极丰富的古代壁画、镶嵌画与雕刻，可说是国立罗马博物馆最富启发性的一座分馆。建筑本身是由马西莫家族在19世纪末建造的，后来成为耶稣会学院所在。(参见28-29页)

3 大圣母教堂(Santa Maria Maggiore)

这座教堂的独特形式混合了多种建筑风格。中殿与其中的镶嵌画是5世纪原迹，科斯马蒂式作品、壁龛上的镶嵌装饰以及罗马式钟塔都是中世纪作品，镶花格的天花板（用来自新大陆的黄金当材料）是文艺复兴式，双圆顶与前后门面都是巴洛克式。教皇西克斯图斯五世于1587年竖立一座埃及方尖碑，这是他的整体规划之一部分，目的是为朝圣者提供一个地标。前面的柱子是在1615年取自马森提伍斯与君士坦丁大教堂(Basilica of Maxentius and Constantine，参见44页)。Piazza di S Maria Maggiore · 地图F3 · 开放时间：每日上午7点至晚上7点 · 免费参观

大圣母教堂正面外观

4 拉特兰诺的圣约翰教堂与圣阶（San Giovanni in Laterano and Scala Santa)

除了在全罗马都看得到的巴洛克宏伟建筑之外，这处昔日教廷单位宣称拥有世界第一个洗礼堂，八个角的形状也成为日后类似建筑之范例。圣阶位于广场上一个建筑内，据说来自彼拉多（Pontius Pilate）的家里，当初耶稣就是走上这道台阶去面对审判的——虔诚的信徒都会跪着爬上这28级台阶。传说这个台阶是由君士坦丁大帝的母亲圣海伦（St Helena）从耶路撒冷带来的（参见44页）。Piazza di S Giovanni in Laterano · 地图F5 · 每日上午7点至晚上7点（回廊上午7点至晚上6点；洗礼堂上午7点至中午12点30分与下午4点至晚上7点） · 回廊需购门票

5 文柯里的圣彼得教堂(San Pietro in Vincoli)

米开朗琪罗的摩西是这里最不可错过的一景。这位头上长了怪角

圣克莱蒙特大教堂的地下墓穴

的族长义愤填膺，正气得要把石板砸向他子民祭拜的偶像。这座气势强有力的雕像只是这位艺术家为教皇犹利二世之墓所做的40个计划之一，而这些计划始终没有完成（参见49页）。原来的神坛是建于4世纪，用来供奉据说是监狱里绑住圣彼得（彼得）的铁链，后来这里在8世纪第一次重修，15世纪再度重建。Piazza di S Pietro in Vincoli 4A · 地图R4 · 每日上午7点至中午12点30分与下午3点30分至晚上7点（10月至5月开放至晚上6点）· 免费参观 · 有残障设施

6 尼禄金殿 (Nero's Golden House)

尼禄的挥霍使得后来的皇帝都很尴尬，纷纷设法尽量补救。方法之一是把尼禄占用的一些土地还给罗马人民使用。福拉维亚家族（Flavians）把他的湖水汲干，建了一座斗兽场（Colosseum，参见22页），让市民有地方观赏斗士比赛。然后图拉真（Trajan）干脆穿过原来尼禄的房子，就在上面建了罗马第一座综合浴场（参见41页）。Viale della Domus Aurea · 地图E4 · 正在维修，不开放 · 需购门票 · 有残障设施

7 圣普拉塞德教堂 (Santa Prassede)

这里是于9世纪建在一座2世纪的小礼拜堂之上，尽管经过多次整修，原始设计仍可辨识。中殿中央有一块石板覆着一个井，据说圣普拉塞德在里面埋了2000个殉道者。拜占廷艺术家用镶嵌画装饰壁龛，描绘着圣人、羔羊、棕榈树与罂粟花。圣齐诺大教堂（Chapel of St Zeno）的墙与穹顶也有同时期的镶嵌画，还有一截石柱，耶稣受鞭刑时曾绑在上面。Via S Prassede 9A · 地图F4 · 开放时间：每日上午7点至中午 · 免费参观 · 有残障设施

雕像，文柯里的圣彼得教堂

8 圣德范圆形教堂 (Santo Stefano Fotondo)

这座早期教堂（468-483）的不寻常形状可能表示它是建在尼禄的圆形“Macellum Magnum”（肉类市场）之上，不然也可能这个形状是受到耶路撒冷圣墓教堂（Church of the Holy Sepulchre）的启发。无论如何，最近一次挖掘又发现下面有一座密斯拉斯庙（Mithraeum，参见53页）。这里是一个平和愉悦的庇护所，远离都市尘嚣，不过里面尼柯罗·波玛拉西欧（Niccolo Pomarancio）所做的16世纪壁画却以残酷方式描绘殉道者。Via di S Stefano Rotondo 7 · 地图F5 · 开放时间：周一下午2点至4点15分，周二至周五上午9点至下午1点与下2点至4点15分 · 免费参观

教堂之兴建

本区在基督教早期扮演着中心角色。虽然君士坦丁自己不是真正改信基督教的人，他母亲圣海伦却不屈不挠地推动这个新宗教。她说服儿子让罗马主教在古拉特兰家族别墅原址上建立公署，那里原是他妻子继承而得的产业。

9 圣约翰与保罗教堂 (Santi Giovanni e Paolo)

这两位圣人是4世纪的殉道者，在这座5世纪建筑底下仍可看到他们的家。他们于361年在此被朱利亚皇帝（Emperor Julian）下令斩首。除了巴洛克晚期的装潢之外，这座教堂许多地方都是纯中世纪的。钟塔底部属于原来立于此处的1世纪克劳迪屋斯庙(Temple of Claudius)。Piazza SS Giovanni e Paolo 13 · 地图E5 · 开放时间：每日上午8点30分至中午与下午3点30分至晚上6点30分 · 免费参观

10 东方美术馆 (Oriental Art Museum)

这里收藏的中东与远东艺术品量虽不多却极精致，涵盖范围从史前的波斯陶器到18世纪西藏绘画。最引人的是甘德哈兰（Ghandharan），这些公元前3世纪到公元10世纪的印度佛教作品呈现亚洲与希腊的影响，因为亚历山大大帝曾征服如今属于巴基斯坦的地区。Via Merulana 248 · 地图F4 · 开放时间：周二、四、日上午8点30分至晚上7点30分，周一、三、五、六上午8点30分至下午2点（每月第一与第三个周一休息）· 需购门票 · 有残障设施

圣德范圆形教堂

探索罗马的早期教堂

早上

从圣克莱蒙特大教堂（参见34-35页）引人入胜的层层相叠建筑开始。最底层可用手电筒欣赏美丽的壁画上一个留胡子的人。

走过一条街到四殉道路(Via dei Santi Quattro Coronati)瞧瞧农产市场，再左转走上山丘到达四殉道教堂(Santi Quattro Coronati)，这是一座漂亮但很少人来的4世纪小教堂，祈祷室(1246)内有极美的壁画。继续走到拉特兰诺的圣约翰教堂（参见127页），那里的回廊有着漂亮的扭曲式柱子与镶嵌画，绝对使你不虚此行。

再前往坎纳福塔（Cannavota，参见131页），在那里享受一顿同样另你难忘的午餐。

下午

午餐之后，该去探访一所伟大的教堂——大圣母教堂（参见127页）了。欣赏一下前面与里面的古代石柱，用望远镜细观5世纪中殿上的镶嵌画。最后，穿过那里来到圣普拉塞德教堂，你可以欣赏到一些罗马最绚丽的拜占廷镶嵌画以及圣器收藏室的鞭打画。

这趟性灵之旅结束后需要补充粮食，继续走下山丘，经过大圣母教堂的大台阶，在拿坡里一角（L'Angolo di Napoli，参见131页）享受一杯饮料或者用拿坡里式比萨饼当晚餐。

手电筒与望远镜是很有用的配件，可让你仔细欣赏教堂的细节特征

马密阿尼路市场

桑尼欧路市场

TOP10 服装折扣商店

1 桑尼欧路市场 (Via Sannio Market)

在这里买新皮夹克可以省不少钱。不然也有许多仿冒品、状况不错的二手衣服以及其他各式各样的东西（参见69页）。地图G5

2 马密阿尼路市场 (Via Mamiani Market)

异国风味食品、调料、鲜花、衣服、旅行箱—各种东西你都可以在这个大市场内找到。在柱廊底下还有更多摊子可以逛逛（参见69页）。地图F4

3 欧维赛z (Oviesse)

品质相当不错的衣服，价钱也很划算，还有各式化妆品与盥洗用品。这里是欧维赛在罗马最大的一家分店。Piazza Vittorio Emanuele 108-110 · 地图F4

4 钱币 (Coin)

非常时髦的百货公司，价位合理。大部分商品是衣服、鞋子与配件，但也有厨具与比较一般化的家具。Piazza Appio 7 · 地图G5

5 MAS

MAS的意思是雕像仓库。在这里购物就好像大清仓寻宝一样，一大堆的商品堆在架子上，价钱低得可笑。员工亲切热心。Piazza Vittorio Eman-uele 138 · 地图F4

6 巴里塔时装店 (Barrita Boutique)

手工制作的皮鞋惹人喜爱，物有所值。有长靴、鞋子及皮包，并可提供皮靴保养服务。地址：Via Appia Nuora 41 · 地图G5

7 UPIM

中低价位的百货公司，出售衣服、化妆品与家用品。Via Gio-berti 74 · 地图F3

8 里姆 (Leam)

专门出售最流行款式的商场，顶层有厂家降价区，出售Prada、DG女装品牌。Via Appia Nuora26 · 地图 · G5

9 异国风味食品 (Exotic Food)

罗马少见的商店，你可买到中国、泰国与印度香料以及料理酱。Via Napoleone III 95 · 地图F3

10 国际贸易公司 (International Trade Corp)

位于罗马中国城内的众多中国商店之一，这家专卖女装。Piazza Vittorio Emanuele 61/A · 地图F3

价格分级

包含一人份的三道式	€	低于30欧元
餐点搭配半瓶酒	€€	30-40欧元
(或对等的餐点)、	€€€	40-50欧元
税捐与服务费	€€€€	50-60欧元
	€€€€€	60欧元以上

阿格塔与罗密欧

TOP10 就餐之选

1 阿格塔与罗密欧

人名即是店名的这对夫妻分工非常专业，她是主厨，他是经理。试试开胃菜单，尝尝每天的招牌菜。必须订位（参见74页）。Via Carlo Alberto 45 · 地图F3 · 电话：06-446-6115 · 周六至日休息，1月与8月休息2周 · 有残障设施 · €€€€€

2 奇亚湾（Baia Chia）

萨丁尼亚风味美食，有许许多多鱼和许许多多口味。Via Machiavelli 5 · 地图F3 · 电话：06-7045-3452 · 周日休息 · 有残障设施 · €

3 坎纳福塔（Cannavota）

传统的邻家式餐厅。试试这里的海鲜菜饭。Piazza S Giovanni in Laterano 20 · 地图F5 · 电话：06-7720-5007 · 周三与8月休息 · 有残障设施 · €

4 蒙提小吃馆（Trattoria Monti）

这家友善亲切的餐厅提供来自马尔切（Marche）地区的创意美食。Tagliatelle con ragu美味至极，招牌酒Verdicchio更在水准之上。最好先订位。Via di San Vito 13A · 地图F4 · 电话：06-446-6573 · 周一、周日晚餐与8月休息 · €€

5 F.I.S.H.

双语（英语与意语）服务生提供海鲜以及混合式美食。Via dei Serpent 16 · 地图Q3 · 电话：06-4782-4962 · 8月及每周一中午休息 · €€€

6 小印度（Little India）

罗马最好的超值印度餐厅，拥有两间迷人的中世纪式房间。坦都里料理是这里的招牌。Via Principe Amedeo 303-305 · 地图F4 · 电话：06-446-4980 · €

7 蒙提D.O.C.（Monti D.O.C.）

舒适的酒吧，提供各式丰富的托斯卡尼汤、库斯库斯、鲔鱼排，甜点则有可口的胡萝卜蛋糕。Via Lanza 93 · 地图F3 · 电话：06-487-2696 · €

8 卡福酒馆（Enoteca Cavour 313）

烟雾弥漫的友善老酒吧，有来自世界各地的酒可选择，还有精致的沙拉、面食、三明治等等。Via Carour 313 · 地图R4 · 电话：06-678-5496 · 7月至9月的周日休息 · €

9 拿波里一角（L'Angolo di Napoli）

在这家明亮宽敞的地方提供自助餐厅式的服务，你可好好享用一顿便餐，包括很棒的各式冷热自助餐菜式。Via Agostino Depretis 77A · 地图E3 · 电话：06-474-6866 · 周日午餐休息 · €€

10 印度大师（Il Guru）

高雅的印度餐厅，风格在其他家之上。这里的食物是顶级的北印度风味。Via Cimarra 4/6 · 地图R4 · 电话：06-474-4110 · 午餐休息 · €

注：除非另有说明，所有餐厅都接受信用卡

奎里纳莱宫

威尼托路

奎里纳莱与威尼托路

奎里纳莱是原来的罗马丘，在帝国时期主要为住宅区，以大浴场与寺庙闻名。中世纪时这里转变为旷野，一直到16世纪才再度重要起来，丘顶被教皇的新皇宫所占据。接着，重要的教皇家族也在周围大兴土木，包括巴尔贝里尼（Barberini）、柯西尼（Corsini）与卢多维西（Ludovisi）家族。奎里纳莱宫（Quirinal Palace）历经许多转变，但本区最大的变化发生于1870年之后。卢多维西家族把大别墅卖给开发商，威尼托路与周边迅速发了起来，成为这个新统一国家的有钱阶级所在。本区历来都代表着高贵与权势。

TOP 10 十大景点

1. 戴克里先浴场与欧塔格纳室
2. 天使的圣母教堂
3. 胜利的圣母教堂
4. 巴尔贝里尼府邸
5. 巴尔贝里尼广场
6. 威尼托路
7. 嘉布遣洞穴
8. 奎里纳莱宫
9. 奎里纳莱的圣安德烈教堂
10. 四泉的圣卡洛教堂

戴克里先浴场

1 戴克里先浴场与欧塔格纳室 (Baths of Diocletian and Aula Ottagona)

这所博物馆的主要收藏相当偏学术性，多半是铭文与碑文。奥拉·欧塔格纳拥有两座公元前2世纪的美丽铜像，本来是巧妙地藏在太阳庙（Temple of the Sun）混凝土地板下6米深的沟里，也就是奎里纳莱陡峭的山边（参见40页）。戴克里先浴场：piazza dei Cinquecento 78，地图F3，周二至周日上午9点至下午7点45分，需购门票；欧塔格纳室：Via Romita, piazza della Repubblica，地图F3，开放时间：周二至周日上午9点至下午2点，免费参观

2 天使的圣母教堂 (Santa Maria degli Angeli)

1561年教皇委请米开朗琪罗把戴克里先浴场的中央大厅“frigidarium”（冷水室）改为教堂，结果产生这个气势宏伟的地方，让人确知罗马的这些公共浴场有多大。即使在那时候，已完工的教堂也只占原来空间的一半。米开朗琪罗必须把地板抬高2米，才能把15米高的玫瑰红色花岗石柱按照他的计划方式使用。Piazza della Repubblica·地图F3·开放时间：每日上午7点30分至晚上6点30分·免费参观·有残障设施

3 胜利的圣母教堂 (Santa Maria della Vittoria)

这座17世纪的巴洛克杰作大概拥有罗马最华丽的装潢，其中大部分是由贝尔尼尼与他的学生所做。最夸张的地方是神坛左方的柯纳若祈祷室（Cornaro Chapel），贝尔尼尼的惊世之作《圣德兰之狂喜》（Ecstacy of St Teresa，参见49页）就在那里。Via XX Settembre 17·地图E2·开放时间：每日上午8点30分至11点（周日上午10点）与下午3点30分至晚上6点·免费参观·有残障设施

胜利的圣母教堂

4 巴尔贝里尼府邸 (Palazzo Barberini)

巴尔贝里尼家族在1949年把府邸卖给意大利政府，作为国家美术馆的一部分，后者成立于1893年，当时购买的是柯西尼府邸（Corsini Palace）。这里现在收藏的作品超过1700件，都是随后得自罗马的贵族私人收藏而扩充的结果。知名的作品包括飞利浦·里皮（Filippo Lippi）的《圣母与圣婴》（Maddonna and Child）、富争议性的La Fornarina（据推测是拉斐尔的情妇，可能是由他最喜爱的学生朱利欧·罗马诺Giulio Romano所画），还有卡拉瓦乔的《茱迪与荷洛费内斯》（Judith and Holofernes，参见51页）。Via delle Quattro Fontane 18·地图Q1·电话：06-328-101·开放时间：周二至周四上午9点至晚上7点，·需购门票·有残障设施

巴尔贝里尼府邸

权贵象征

从16世纪起，奎里纳莱丘就是罗马俗世权力与统治的象征，首先是教皇，再后来是国王，现在则是共和国的总统。从19世纪末期起，威尼托路就充分彰显财富所伴随的权能与荣耀以及金钱万能的事实。

5 巴尔贝里尼广场 (Piazza Barberini)

这里可称为“蜜蜂广场”，因为蜜蜂是巴尔贝里尼家族的象征（他们财富增加后就由马蝇升格了）。广场上两座贝尔尼尼设计的喷泉都雕有这种忙碌昆虫的大型突变版，好让大家知道是谁赞助他们的创作。中央有一个吹海螺的海神像，是用温暖的蜂蜜色洞石做成，这也是罗马最有魅力最令人难忘的一座雕像。另外一座喷泉则是简单的扇贝形状（参见47页）。地图Q1

6 威尼托路 (Via Veneto)

这条平缓弯曲的街上拥有几家美好年代（belle epoque）风格的大旅馆以及人行道上的遮篷咖啡座。这里在20世纪五六十年代也曾享有盛极一时的“甜蜜生活”，电影明星都在这里用餐喝饮料，为狗仔队摆出假笑。如今，这种盛况只限于观光客，但每个来罗马的人都应该至少逛一次这条街。地图E2

巴尔贝里尼广场喷泉

7 嘉布遣洞穴 (Capuchin Crypt)

你若喜欢看骷髅，可能就会喜欢这里。有个强健的胃的人也不会受伤。或许这种强烈的“死亡警告”最吸引人的地方是所在位置，也就是在《甜蜜生活》盛极时最热闹的街道底下（参见64页）。Via Veneto 27·地图E2·开放时间：周五至周三上午9点至中午与下午3点至晚上6点·参观费自由捐献

8 奎里纳莱宫 (Palazzo del Quirinale)

奎里纳莱是罗马原始七大山丘中最高的一座，在罗马早期也是古萨宾人的国度（参见38页）。如今这里可见到5.5米高的罗马复制版迪欧斯库里兄弟（Dioscuri）马上英姿雕像，希腊原始版本则完成于公元前5世纪。位于丘上的巍峨宫殿是罗马最大的一座，建于1574年，原是为了躲避梵蒂冈一带流行的疟疾而造的教皇夏宫，19世纪70年成为意大利国王的居所，而1947年后意大利总统也都在此办公。Piazza del Quirinale·地图P2·开放时间：9月至6月中周日上午8点30分至中午12点30分·每年6月2日（意大利国庆节）花园对外开放·需购门票·有残障设施

9 奎里纳莱的圣安德烈教堂 (Sant'Andrea al Quirinale)

这里可说是贝尔尼尼建筑巅峰代表作，建于1658至1670年间，是他唯一能够充分发挥艺术天才的建筑。浅阔的空间需要椭圆形的平面规划，并且借着内凹的曲形入口发挥平衡作用。椭圆形的内部极为耀眼，教会威严与雕刻装饰结合起来，制造出一种高贵的和谐感。教堂虽小，冲击力却强得惊人，来自西西里的红色大理石柱更添气势。Via del Quirinale 29·地图Q2·开放时间：周三至周一上午8点至中午与下午4点至晚上6点·参观费自由捐献·有残障设施

奎里纳莱的圣安德烈教堂

10 四泉的圣卡洛教堂（San Carlo alle Quattro Fontane）

伯若密尼（Borromini）这个17世纪杰作充分表现建筑的自由形式。他对这个小空间的应付之道是注入流动的波动感，表现出复杂的几何关系。伯若密尼成功地淡化了建筑与雕刻之间的分野，做出质感和谐的内部装潢以及一个椭圆形的拱顶。Via del Quirinale 23 · 地图R2 · 开放时间：每日上午10点至下午1点，周一至周六下午3点至晚上6点 · 免费参观 · 有残障设施

四泉的一座雕像

探索奎里纳莱

上午

从奎里纳莱开始，这里也因为有一座马的雕像而称为"马丘"（Monte Cavallo）。可悲的是奎里纳莱宫的柔和感不太能够激发想象力。沿着奎里纳莱路走至一半，穿过一个门，你就会看到贝尔尼尼的建筑杰作奎里纳莱的圣安德烈教堂。在里面你会注意到许多跟海洋有关的主题，象征着原是渔夫的安德烈。

继续走到伯若密尼的四泉的圣卡洛教堂，别错过出色的墓穴与精致的回廊。再走过两个街口，右转到欧塔格纳室（参见133页）。亲王与拳击者（Prince and the Boxer）的古铜像地表现出一种内敛的力量。

现在再走比索拉提路（Via Bissolati）到威尼托路。浏览一下沿路的咖啡馆、商店与旅馆，再到高雅的"唐尼大咖啡馆"（Gran Caffe Doney）用午餐（参见136页）。

下午

午餐后，欣赏一下美丽年代的怡东饭店（Excelsior Hotel，参见171页）漂亮建筑，尤其是穹顶以及富性意味的女人像。也别错过高贵的巴格利奥尼女王旅馆（Regina Baglioni，参见170页），里面的公共空间绝对奢华至极。

眼睛看饱之后再走去欣赏怪异的嘉布遣洞穴，再换一种观点看人生。最后，将此行终点定在巴贝里尼广场以及贝尔尼尼肯定人生的海神喷泉。

人行道咖啡馆，威尼托路

巴黎咖啡馆

TOP 10 甜蜜的生活场景

1 唐尼大咖啡馆 (Gran Caffe Doney)
世界上最美好的事情就是坐在木兰花树下，一面啜着咖啡一面欣赏行人——不过现在多半是观光客而非往日名流。（参见70-71页）Via Veneto 145 · 地图E2 · 有残障设施

2 巴黎咖啡馆 (Café Paris)
在这块耀眼的地方，这家咖啡馆一直是甜蜜生活方式的地标。如今你坐在那里喝咖啡或吃点心时，这里依旧充满神奇的感觉。Via Veneto 90 · 地图E2 · 有残障设施。

3 哈利的酒吧 (Harry's Bar)
以友善的美国风格闻名——有着马丁尼、燕尾服与雪茄的那种地方，还有钢琴酒吧、美食餐厅以及露天咖啡座。要有花大钱的心理准备。（参见71页）Via Veneto 150 · 地图E2

4 伊甸园 (La Terrazza dell'Eden)
位居昔日名流汇集的旅馆顶楼，这家酒吧餐厅可说拥有全罗马最好的视野，非常适合浪漫的双人约会或特殊纪念约会。（参见170页）Via Ludovisi 49 · 地图E2

5 罗马大咖啡馆 (Gran Caffe Roma)
位于这条街一段高雅的弯道上，宽阔的台阶下摆着露天座，是一面看报一面慢慢喝着卡普奇诺的好地方。Via Veneto 32 · 地图E2 · 有残障设施

6 R & Co
这里名家设计的鞋子、皮件与服饰，样样都神奇无比。Via Veneto 104 · 地图E2 · 有残障设施

7 布里奥尼 (Brioni)
一家传奇式的裁缝店，1945年开业，精心裁制的西服曾在近几部007电影中亮相。Via Veneto 129 · 地图E2 · 有残障设施

9 硬石咖啡馆 (Hard Rock Café)
选择威尼托路作为罗马的落脚处，对这家国际连锁店是无可避免的事。这里供应标准的美国式美食。Via Veneto 62/A/B · 地图E2 · 有残障设施

10 阿瑞昂 (Arion)
这家独立的书店专卖精美的艺术书籍，据称周日开放至下午10点。Via Veneto 42 · 地图E2 · 有残障设施

价格分级

包含一人份的三道式	€	低于30欧元
餐点搭配半瓶酒	€€	30-40欧元
（或对等的餐点）、	€€€	40-50欧元
税捐与服务费	€€€€	50-60欧元
	€€€€€	60欧元以上

安德烈的炸米丸

TOP 10 就餐之选

1 威尼托咖啡馆（Café Veneto）

就位于这条名街的中心，常客都来此享受摆放高雅、烹调精致的美食。这里的招牌包括山产与松露。Via Veneto 120 · 地图E2 · 电话：06-482-7107 · 周一休息 · 有残障设施 · €€€€€

2 斯卡拉（La Scala）

位于一道宽阔的台阶之上，场地极为迷人，有着镶木格板与彩绘玻璃天窗。提供很特殊的美食如通心粉配旗鱼与茄子。只供应晚餐，需订位。Via di S Isidoro 5 · 地图E2 · 电话：06-481-9264 · 周二休息 · €€

3 吉亚拉（La Giara）

具有质朴魅力的传统小馆，菜色包括贻贝配猪肉与咖哩。Via Toscana 46, at Via Sardegna · 地图E2 · 电话：06-4274-5421 · 周日休息 · 有残障设施 · €€€

4 爱米利亚丘（Colline Emiliane）

这里的招牌是意大利中部爱米利亚—罗马涅（Emilia-Romagna）风味美食，主要包括各式火腿与镶肉汤面。Via degli Avignonesi 22 · 地图E2 · 电话：06-481-7538 · 周日晚餐与周一休息 · 有残障设施 · €€

5 安德烈（Andrea）

气氛非常友善，提供菜色广泛。炸米丸是传统开胃菜。Via Sardegna 28 · 地图E2 · 电话：06-482-1819/474-0557 · 周六午餐与周日休息 · 有残障设施 · €€€€€

6 特里马尼（Trimani）

这家高级酒吧也供应汤、面食、乳酪与腌肉。Via Cernaia 37/B · 地图F2 · 电话：06-446-9630 · 周日休息 · 有残障设施 · €

7 Daolé

这是罗马最划算的餐馆。周五供应招牌鱼餐。只供应午餐。Salita di S Nicola da Tolentino 19-21 · 地图E2 · 电话：06-474-0029 · 周日休息 · €

8 达尼诺（Dagnino）

罗马最受欢迎的西西里糕饼店，例如冰糕。Via Vittorio Emanuele Orlando 75 & Via Torino 95 · 地图E3 · 电话：06-481-8660 · 有残障设施 · €

9 马力安诺（Mariano）

气氛愉快，提供美味的烤山产或小羊肉。Via Piemonte 79 · 地图E2 · 电话：06-474-5256 · 周六、周日休息 · 有残障设施 · €€

10 非洲（Africa）

提供诱人的香辣青菜配肉类与松软的面包。Via Gaeta 26 · 地图F2 · 电话：06-494-1077 · 周一休息 · 有残障设施 · €

注：除非另有说明，所有餐厅都接受信用卡也提供素食

圣天使城堡的壁画　　河对岸区的圣母教堂镶嵌画

河对岸区与普拉蒂

所谓“Trastevere”的意思是“特韦雷河对岸”，也就是罗马的左岸与波西米亚区。以前的劳工阶级犹太区尽管已成为餐厅与夜店密集地之一，中世纪的特色却仍比罗马其他区保留得更完整。伯尔哥（Borgo）是梵蒂冈的领土，大部分是不起眼的方格街道，两旁满是通俗的宗教纪念品店与非常差的观光客餐厅。当年墨索里尼开发通往圣彼得广场的和解大道（Via della Conciliazione）时，把这里的中世纪特色破坏殆尽。然而伯尔哥北边开发于19世纪的普拉蒂，是罗马最地道的中产阶级非观光区。这里宽阔的街道如Via Cola di Rienzo、Viale Giulio Cesare与Viale delle Milizie，一般罗马人若要买各种日用品包括运动用品到CD、进口食品以及新出炉的烤乳酪馅饼，都会到这里来。

圣天使桥的雕像

TOP 10 十大景点

1. 梵蒂冈
2. 圣彼得大教堂
3. 法尔内塞别墅
4. 河对岸区的圣母教堂
5. 圣·切契里亚教堂
6. 梵蒂冈花园
7. 圣天使城堡
8. 在休息的圣方济
9. 吉安尼柯罗
10. 圣天使桥

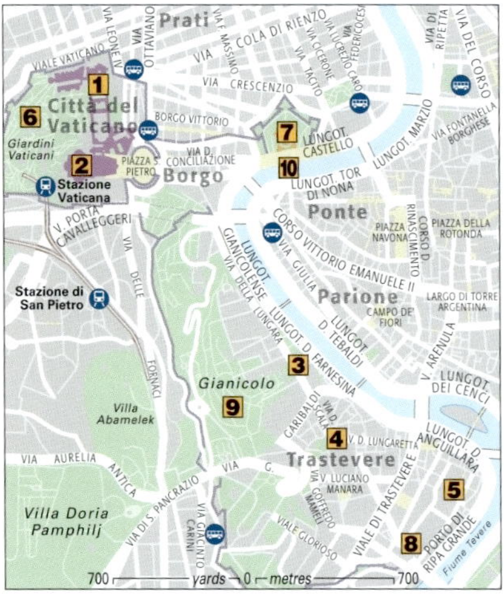

1 梵蒂冈（Vatican City）

世界级大博物馆群所在，包括米开朗琪罗的西斯廷礼拜堂以及规模庞大的拉斐尔展览室。（参见8-11页）

2 圣彼得大教堂（St Peter's Basilica）

基督教世界的首都，里面处处皆是贝尔尼尼与米开朗琪罗的雕像作品，圆顶上还拥有辽阔的视野。（参见12-13页）

3 法尔内塞别墅（Villa Farnesina）

佩如其（Peruzzi）这座豪华别墅（1508－1511）是为教廷银行家阿戈斯蒂诺·基吉（Agostino Chigi）所建，他所举行的宴会极富传奇性—他会在每吃完一道菜之后就把银盘子丢到特韦雷河里。在楼下的房间内，佩如其把基吉的星象图画在天花板上，皮庸勃的赛巴斯提安诺（Sebastiano del Piombo）则画出奥维德的《变形记》，拉斐尔画的是性感的《伽拉忒亚》（Galatea）。佩如其在楼上廊内的作品则以视幻觉法设计出俯瞰山丘的栏杆。1527年查理五世（Charles V）军队留下的破坏性涂鸦如今已成为具历史意义的作品，还用玻璃保护着。卧室里还有索多玛（Sodoma）的《亚历山大大帝的洞房花烛夜》（Wed-ding Night of Alexander the Great，1517年）（参见50页）。Via della Lungara 230 · 地图J5 · 开放时间：周一至周六上午9点至下午1点，下午参观可预约 · 门票4.15欧元

圣彼得大教堂的圆顶

4 河对岸区的圣母教堂（Santa Maria in Trastevere）

这是罗马最早的圣母堂，建于337年，相传耶稣诞生之日此地突然涌出石油。这个奇迹被描绘于《圣母生平》（Life of the Virgin）的大幅镶嵌画（1291年）中，这个彼得·卡巴里尼（Pietro Cavallini）的作品占去了壁龛的下半部。目前这座12世纪的教堂内拥有13世纪的镶嵌画、22根不协调的古石柱以及一处科斯马蒂式地面。还有一个罕见的7世纪窗格画《克勉的圣母》（Madonna della Cle-menza），位于神坛左侧的祈祷室内（参见44-45页）。Piazza S Maria in Trastevere · 地图K6 · 开放时间：每日上午7点30分至晚上8点 · 免费参观

圣·切契里亚雕像，河对岸区的圣·切契里亚教堂

从圣天使城堡眺望特韦雷河

5 圣·切契里亚教堂（Santa Cecilia in Trastevere）

就建于这位圣女的住宅遗址之上，在地下挖掘区仍可看出一部分原貌。中殿右边的廊道上有一幅基多·瑞尼（Guido Reni）画的圣·切契里亚斩首像。在壁龛下方有一个阿尔诺福·迪·坎比欧(Arnolfo di Cambio）创作的祭台华盖（1293年），以及卡洛·马德尔诺（Carlo Maderno）1600年创作的圣女雕像（她的棺木在1599年打开时，他曾看见她未腐坏的遗体）。你按一下左边走道上的铃，就可看到彼得罗·卡巴里尼的《最后的审判》（Last Judgment，1289-1293）上半部，这是他在罗马仅存的一幅壁画。Piazza di S Cecilia·地图D5·开放时间：每日上午9点30分至下午12点30分与下午4点至晚上6点30分（夏季下午4点15分至晚上6点）·地穴需购门票

6 梵蒂冈花园（Vatican Gardens）

典型的16世纪意大利式花园，内有草坪、树林、石洞与喷泉。建筑部分包括第一座梵蒂冈无线电塔，这是由马可尼（Marconi）在1931年设计的，还有皮耶·禄吉·内尔维（Pier Luigi Nervi）的贝壳形演讲厅（1971年）以及风格主义派的比约四世之家（Casina of Pius IV，1558-1561），也是教廷科学院所在。Viale Vaticano·地图A2·周二、四、六开放团体导览（电话06-6988-4466）·需购门票·有残障设施

圣·切契里亚

切契里亚是罗马贵族，也是秘密基督徒。230年她被政敌锁在蒸汽浴室三天，结果出来时仍唱着歌（因而变成音乐的守护圣人），于是他们试图将她斩首，但砍了三刀都失败，切契里亚又活了三天，期间还曾让数百人改信基督教。

7 圣天使城堡（Caltel Sant'Angelo）

哈德良（Hadrian）在123-139年间设计了这座自己的环形陵墓。奥瑞里安（Aurelian）在271年又将之加强成为城墙（参见152页）。这里有长达1000年之久曾是教皇的城堡——有一座高架桥可以让教皇在危急时从梵蒂冈跑到这里来。教皇大圣国瑞（Gregory the Great）在590年看见圣迈克现身之后将这里改名，并在塔上宣布瘟疫结束，还竖立一座持剑的铜像纪念天使长。这里的教皇居所内有文艺复兴风格的壁画，还有一批小型武器与甲胄的收藏（从艾特鲁斯坎时期到20世纪初），城墙上还可看到奇美的景观。Lungotevere Castello 50·地图J1·开放时间：周二至周日上午9点至晚上7点30分·需购门票·8欧元

8 在休息的圣方济（San Francesco a Ripa）

圣方济于1219年曾在这个招待所休息，而这座教堂就建于12年之后，

不过在文艺复兴与巴洛克时期曾经过整修。你可以请看守人让你参观圣方济待过的房间，里面有一幅复制的玛格瑞托内·达瑞佐（Margaritone d'Arezzo）的这位圣人画像。左侧最后一间祈祷室内有贝尔尼尼的“Beata Lud-ovica Albertoni”（1671-1674），描绘的宗教狂喜状态近乎性爱而引人非议。Piazza di S Francesco d'Assisi · 地图C5 · 开放时间：每日上午7点至中午与下午4点至晚上7点 · 免费参观

9 吉安尼柯罗（Gianicolo）

这座长桥将河对岸区与梵蒂冈隔开，在上面可看到罗马某些处最佳景观（参见60页）。这里两座骑马的雕像是纪念埋在底下的加里波底（Garibaldi）与妻子阿妮塔（Anita）。地图B4

10 圣天使桥 (Ponte Sant'Angelo)

哈德良在133-134年建立了这座通往他陵墓的桥，但如今只剩下中间三座拱架。克勉七世在1534年将圣彼得（罗伦再托Lorenzetto所做）与圣保罗(保罗·塔柯内Paolo Taccone所做）的雕像树立于此。克勉九世于1688年聘请贝尔尼尼设计拿着耶稣受难记（Passion）的10座天使雕像。地图J2

贝尔尼尼的雕像，在休息的圣方济教堂

河对岸区之旅

上午

从圣克里所纽教堂（San Crisogno，参见142页）开始，请看守人让你去看楼下的挖掘区。上午10点到达在休息的圣方济教堂，花五分钟欣赏贝尔尼尼的惊世雕刻之作。再沿着古安尼西亚路（Via Anicia Antica）走下去，右转到植物园的圣母路（Via Madonna dell'Orto），再往左沿着Via di S Michele到圣·切契里亚教堂。探索那里的墓穴，捐给修女一点钱后上去看卡巴里尼的壁画。到外面庭院去之后左转到杰诺维西路（Via di Genovesi），这条路通往河对岸区街（Viale Trastevere）。穿过河对岸区的圣母教堂广场，往右来到圣艾吉迪欧广场（Piazza S Egidio），再往左到斯卡拉路（Via della Scala），继续经过斯卡拉的圣母教堂，沿着隆格拉路（Via della Lungara）到法尔内塞别墅（参见139页）。你会在中午之前抵达那里，足够有30分钟欣赏壁画。在植物园（Orto Botanico，参见142页）的绿荫下休息一会儿，然后回到河对岸区中心在“诗人”（Dar Poeta，参见148页）吃一份比萨。

下午

午餐后，浏览一下罗马博物馆（Museo di Roma，参见142页）的收藏，再参观河对岸区的圣母教堂（参见139页），走到加里波底路（Via Garibaldi），在蒙托瑞欧的圣彼得教堂（San Pietro in Montorio，参见142页）的庭院内隔着铁栅看看布拉曼泰（Bramante）设计的小庙。这个下午也可只逛逛挂满晾衣绳的中世纪街道，等到晚餐时分再看着河对岸区展现的生命力。

柯西尼宫

破桥

TOP 10 其余之首选

1 蒙托瑞欧的圣彼得教堂（San Pietro in Montorio）

布拉曼泰在庭院中设计了一座小庙，标示出据说圣彼得被钉十字架的地点。Via Garibaldi 33 · 地图C4 · 周二至周日上午9点30分至中午12点30分与下午4点至晚上6点（冬季下午2点至4点）· 免费参观

2 柯西尼宫（Palazzo Corsini）

收藏了一小批画作，包括安杰利柯修士、范戴克、提香、鲁本斯与卡拉瓦乔的作品。Via della Lungara 10 · 地图J5 · 开放时间：周二至周日上午8点30分至下午1点50分 · 需购门票

3 特韦雷河岛（Tiber Island）

传说公元前293年医药之神艾斯库拉皮伍思（Aesculapius）的蛇跳到船上，然后游到这里。罗马的妇幼医院仍在此地。地图M6

4 植物园（Orto Botanico）

柯西尼宫的美丽花园如今是罗马大学的植物博物馆。Via Corsini 23a · 地图J5 · 9月至7月周二至周六上午9点30分至晚上6点30分 · 需购门票 · 有残障设施

5 破桥（Ponte Rotto）

这是罗马的第一座石桥（公元前181 公元前142），于1598年损毁，只剩下三处拱架，到1886年又有两处毁掉以腾出空间建造帕拉提诺桥。地图N6

6 斯卡拉的圣母教堂（Santa Maria della Scala）

一座迷人的文艺复兴风格教堂，最出名的是阿尔皮诺的咖伐里耶（Cavalier d'Arpino，卡拉瓦乔的老师）所作的《圣母与圣婴》。Pia-zza S Maria della Scala · 地图K6 · 每日上午7点至中午与下午3点30分至晚上7点 · 免费参观

7 宝拉喷泉（Fontana Paola）

这座宽阔的水池位于宝拉水管道的尽头，是拍摄婚纱照的理想背景。地图B5

8 多利亚·潘菲利别墅（Villa Doria Pamphilj）

罗马最大的公园是于1644－1652年间由卡密罗·潘菲利（Camillo Pam-philj）所建。这里是野餐的好地方。Via di S Pancrazio · 地图B5 · 每日日出至日落 · 免费 · 有残障设施

9 河对岸区的罗马博物馆（Museo di Roma in Trastevere）

原址是一处修道院，整修得极为美丽，收藏有真人大小的古罗马房间透视图。Piazza di Egidio 1b · 地图K6 · 周二至周日上午10点至晚上8点 · 需购门票

10 圣克里所纽教堂（San Crisogono）

这里的1626年正门是仿制中世纪的作品，里面有22根古代石柱以及这座5世纪教堂内挖掘出的文物。Piazza S Sonnino 44 · 地图L6 · 周一至六上午7点至11点30分与下午4点15分至晚7点30分，周日上午8点至下午1点与下午4点15分至晚7点30分 · 需购门票

钱币 存货市场

本区热门商店

1 钱币 (COIN)
这家超值百货公司是真正的罗马人商店，出售服装、厨具、文具、家电与许许多多东西。地下室还有一家超级市场，很适合选购野餐用品。Via Cola di Rienzo 173 · 地图C2

2 富兰其 (Franchi)
罗马极佳的杂货日用品店，午餐时间这里的热食尤其受欢迎，晚餐则为炸烤馅饼calzone。本地人从下午5点就开始排队了。Via Cola di Rienzo 204 · 地图C2

3 卡斯特罗尼 (Castroni)
这座美食殿堂创立于1932年，里面堆满包装好的与做好的世界各地特别食品，产地包括日本、希腊、印度、中国与中东。Via Cola di Rienzo 196 · 地图C2

4 精力 (Energie)
这里提供意大利年轻服装世界的所有新东西，无论你要找牛仔装、衬衫还是鞋子，男男女女用的这里都有。Via Cola di Rienzo 143 · 地图C2

5 阿奇 (Azi)
无论厨具还是家具，这里提供意大利顶级设计师的最流行家居概念。Via L Manara 7 · 地图C5

6 新时尚 (New Fashion)
这家仓库型商店出售的多为女性套装与裙子，价位比大部分同业高一点，但品质较佳也较时髦。Via Simone de Saint Bon 85-87 · 地图B1

7 存货市场 (Stock Market)
这家折价销售店贩卖工业设计品以及各种家用品。Via Visconti 96 · 地图C2

8 时间之尘 (Polvere di Tempo)
专卖非机械式时计，包括沙漏、各种日晷仪、蜡烛钟以及星盘等，全都是这位阿根廷老板自己用手工做的。Via del Moro 59 · 地图L6

9 马卡雷 (Macalle)
这里出售各式运动用品，从滑雪用具到滑雪板、帐篷与网球装备都有。Via Pompeo Magno 90 · 地图C2

10 柯斯塔尼尼 (Costantini)
拥有规模庞大的酒窖，以合理价格出售罗马顶级选择的名酒。Piazza Cavour 16 · 地图C2

后页：圣彼得大教堂与圣彼得广场

IN HONOREM PRINCIPIS APOST PAVLVS V BVRGHESIVS ROMANVS PONT MAX

典型的河对岸区酒馆

TOP 10 酒馆、咖啡馆与酒吧

1 玫瑰角落 (Ombre Rosse)
这家酒馆是河对岸区夜生活的主角，总是充满了活力，夏季时会把座位摆在广场上。Piazza S Egidio 12-13 · 地图K6

2 查克拉 (Chakra)
酒吧位于一条僻静的街道，环境舒适，夏季门前的景色相当迷人。Via dell 'Arco di San Calisto 17 地图1<6

3 卡利斯托酒吧
这家安静的小酒吧又在特拉斯提沃（Trastevere）的时尚变迁中独保着一份守旧风格。当地的罗马人在这里打牌、看报、闲聊。气氛友好，价格也很便宜。Piazza San Calisto 地图 · k6

4 费马冰激凌酒吧 (Bar Gelateria Fima)
价位过高，服务态度又冷漠阴沉，但是位于河对岸区公众“客厅”圣母广场（Piazza Santa Maria）的绝佳位置。这里的现榨橘子汁是用1公斤橘子做的。Piazza S Maria in Trastevere 2 · 地图K6

5 大喜尔妲咖啡馆 (Big Hilda Café)
提供很受欢迎的服务组合，包括摇滚乐、低价饮料以及多种三明治和沙拉。Vicolo del Cinque 33-34 · 地图K6

6 朋友 (Friends)
这家餐厅拥有半环形的吧台，总是挤满河对岸区的夜猫族。提供创意美食以及超水准的酒吧三明治。Piazza Trilussa 34 · 地图K6

7 河对岸区酒馆 (Enoteca Trastevere)
崭新又当红的酒吧，装潢采用讨人喜欢喜的暗色木料，外面鹅卵石场地上有许多座位，也提供简餐与鸡尾酒。Via della Lungaretta 86 · 地图L6

8 Roma Caput Mundi
整个原木装潢配镶花格天花板的16世纪传统形式酒馆，提供逾60种瓶装酒以及典型的小馆点心。Borgo Pio 21 · 地图K6

9 Borgo Antico
一个典型16世纪装修风格的小酒馆，顶蓬有饰板，有很多木饰品，供应60多种酒品，osteria快餐是这里的特色。Borgopio 21 · 地图B3

10 伯朗先生 (Mr Brown)
非常具英国风格的酒馆，配上略带旧式运动的装潢主题，拥有一批忠实的英国异乡客。Vicolo del Cinque 29 · 地图K6

大妈妈

亚历山大普拉兹

TOP 10 现场音乐演出场所

1 亚力山大普拉兹(Alexanderplatz)

在普拉蒂区的位置有一点偏僻，却是全罗马最好的爵士乐俱乐部酒吧——Winton Marsalis、Lionel Hampton、George Coleman以及其它许多国际爵士乐明星都曾在此演出过。(参见78页) Via Ostia 9 · 地图B1

2 大妈妈(Big Mama)

罗马真正的蓝调之家，大小演出都有。只在有现场演出时才营业。(参见78页) Vicolo S Francesco a Ripa 18 · 地图C5

3 阶梯俱乐部(Stairs Club)

家家时尚的酒吧一层有舒适的大沙发，每晚供应便餐，每周还有一次原声爵士乐的现场演出。Via della Scala 43 · 地图K6

4 星尘(Stardust)

这座巴黎风格的迷你咖啡馆(周日中午至下午5点供应美国式早午餐)特别把爵士乐酒吧安排在楼下，周二偶尔有现场演出与即兴爵士乐。(参见79页) Vicolo de' Renzi 4 · 地图K6

5 四处绿野(Four Green Fields)

楼上是略带英国风格的酒馆，每晚在地下室有各式现场音乐演出。Via C Morin 42 · 地图B1

6 芬克利(Fonclea)音乐会场

建于1977年，靠近复兴运动广场(Piazza del Risorgimento)，有爵士、灵魂、乡土、摇滚等各种音乐的现场演出。船长们常常在酒吧畅饮，或在自助餐厅吃饭。Via Crescenzio 82 · 地图B2

7 啤酒屋(Birreria Trilussa)

啤酒与便餐一直供应到凌晨，某些晚上有现场音乐。气氛惬意传统。Via Benedetta 18-20 · 地图K6

8 这个地方(The Place)

主要舞台上一直都有现场音乐演出，有时是爵士乐，有时是灵魂歌手演出。Via Alberico II 29 · 地图B2

9 斯卡拉酒吧(Caffe della Scala)

这个气氛轻松的酒吧提供强力鸡尾酒与多种意大利白兰地酒，也经常举行现场音乐演出。Via della Scala 4 · 地图K6

10 文学咖啡馆(Lettere Café)

这里的焦点是书，但每周有一两个晚上有现场音乐演出。Via S. Fra-ncesco a Ripa 100 · 地图C5

丰富沙拉

伊沃比萨饼馆

TOP10 廉价小吃

1 奥古斯都（Da Augusto）
这家坚守立场的河对岸区小馆有着原木桌子与传统的菜式。Piazza de' Renzi 15 · 地图K6 · 电话：06-580-3798 · 周六晚及周日休息 · 不收信用卡 · €

2 公爵（Il Duca）
位于河对岸区闹区中心，提供一些意大利最好吃的千层面。有几个露天座。Vicolo del Cinque 52-56 · 地图K6 · 电话：06-581-7706 · 午餐与周一休息 · €

3 诺安特里之穴（La Tana dei Noantri）
长长的菜单保证提供罗马最佳美食，包括辣西红柿酱面食。夏季在广场上的教堂边有几个露天座。Via della Paglia 1-3, off Piazza Santa Maria in Trastevere · 地图K6 · 电话：06-580-6404 · 周二休息 · €

4 伊沃比萨饼馆（Pizzeria Da Ivo）
以活泼的足球主题装潢，有着永远满座的客人，代表着罗马最受欢迎的比萨馆（参见72页）。Via S Francesco a Ripa · 地图C5 · 电话06-581-7082 · 周二休息 · €

5 丰富沙拉（Insalata Ricca）
极受欢迎的连锁餐厅，提供分量十足的沙拉、比萨饼与其他简餐。Piazza del Risorgimento 5-6 · 地图B2 · 电话：06-3973-0387 · €

6 诗人比萨饼馆（Pizzeria Dar Poeta）
这里提供富创意的比萨—罗马式，可是有一层厚皮（参见72页）。Vicolo del Bologna 45-46 · 地图K6 · 电话：06-588-0516 · 中午休息 · €

7 天使小馆（Osteria dell'Angelo）
这里提供绝佳的传统罗马美食，价位也同样理想。需要预先订位。Via G Bettolo 24 · 地图B1 · 电话：06-372-9470 · 午餐（周二、五除外）与周日休息 · €

8 维托利奥比萨饼馆（Pizzeria da Vittorio）
好吃的拿坡里式比萨饼，还有很好的前菜以及用电扇消热的内部装潢，还贴着知名顾客的照片，使这里成为罗马顶好的一家比萨饼馆（参见72页）。Via S Cosimato 14A · 地图K6 · 电话：06-580-0353 · 周日休息 · €

9 吉凡尼（Da Giovanni）
这家小馆以低价位提供极好又充实的罗马传统美食。Via della Lungara 41A · 地图B3 · 电话：06-686-1514 · 周日休息 · €

10 拿普雷（Napul'e）
提供坎帕尼亚（Campanian）式美食与超过40种比萨饼，而且获得拿坡里严格的“真正比萨饼”协会认可。设有禁烟区，大部分晚上有现场演奏拿坡里音乐。Viale Giulio Cesare 89-91 · 地图C1 · 电话：06-323-1005 · €

Il Matriciano

价格分级

包含一人份的三道式餐点搭配半瓶酒（或对等的餐点）、税捐与服务费	€	低于30欧元
	€€	30-40欧元
	€€€	40-50欧元
	€€€€	50-60欧元
	€€€€€	60欧元以上

TOP 10 精致餐饮

1 萨巴提尼（Sabatini）

这个旧的费里尼居所内提供罗马式美食与海鲜。广场上的座位需要预订（餐见74页）。Piazza S Marian in Trastevere 13 · 地图K6 · 电话：06-581-2026 · €€€€€

2 费拉拉（Ferrara）

这里红得有理：极简式的装潢，配上门廊上的座位与创意菜单，以及绝佳的各式酒类。Via del Moro 1a · 地图K6 · 电话：06-5833-3920 · €€€

3 所拉·雷拉（Sora Lella）

这家餐厅位于特韦雷河岛上（可惜没有河景），以低木梁天花板与正统罗马美食为代表特色。食物很可口，但以意大利标准而言分量很少。Via Ponte Quattro Capi 16 · 地图M6 · 电话：06-686-1601 · 周日休息 · €€€

4 星辰（Les Etoiles）

你来不只是为了享受这里的美食，也为了露天座以及视野极广的圣彼得大教堂景观。Via Vitelleschi 34, Hotel Atlante Star · 地图B2 · 电话：06-689-3434 · €€€€€

5 古拱门（Antico Arco）

时髦的泛意大利式创意餐厅，坐落于漂亮的吉安尼柯罗丘(Gianicolo）上。Piazzale Aurelio 7 · 地图B5 · 电话：06-581-5274 · 周一至周六午餐与周日晚餐休息 · €€€

6 西亚克（Il Ciak）

这家典型的托斯卡尼传统餐厅也提供极佳的山产。Vicolo del Cinquez 21 · 地图K6 · 电话：06-589-4774 · 午餐与周一休息 · €€

7 阿尔贝托·西亚拉（Alberto Ciarla）

罗马顶尖的海鲜餐厅。这里也有种类极广的窖藏酒（参见74页）。Piazza di S Cosimatio 40 · 地图C5 · 电话：06-581-8668 · 午餐与周日休息 · €€€€€

8 Il Matriciano

商人与电影导演都爱光顾这家普拉蒂区的餐厅，店名意思就是一种辣味熏肉与西红柿酱。夏季可试试露天座。Via dei Gracchi 55 · 地图C2 · 电话：06-321-3040 · 周三休息 · €€

9 佩果拉（La Pergola）

可欣赏到罗马城的极佳景观，还有顶尖的国际级大厨烹调的食物—提供罗马最佳的餐饮体验。Rome Cavalieri Hilton Hotel, Via Cadlolo 101 · 电话：06-3509-2211 · 周日至周一休息 · €€€€€

10 格拉奇神龛（Taberna de' Gracchi）

但丁·密里（Dante Mil-illi）的餐厅大而摩登，但这里的精神是老式的罗马餐饮带着一点当代意味。Via dei Gracchi 266-268 · 地图C2 · 电话：06-321-3126 · 周日休息 · €€€

注：除非另有说明，所有餐厅都接受信用卡

斗兽场广场，罗马万国博览会馆　　阿庇亚古道

城墙之外

建于3世纪的奥瑞里安壁垒（Aurelian Walls）大部分仍相当完好，守卫着罗马城1600年，直到1870年意大利统一。随后，这道墙有几个地方被打通好让车流绕过旧城门，这座现代城市也就迅速往各方面扩展。虽然无可否认罗马最亮眼的景点都在城墙之内，但大胆走到墙外也会有可观的回报。如果你能摆脱市区，还有很多不可不看的东西等着你，包括古代道路甚至还有整座古城、一些年代极久的教堂、神秘的地下墓穴，以及班尼托·墨索里尼对现代建筑的夸张贡献。

壁龛镶嵌画，城外之圣依搦丝教堂

TOP10 十佳景点

1. 奥斯蒂亚古城
2. 城外之圣保罗教堂
3. 罗马万国博览会馆
4. 阿庇亚古道
5. 多密提拉地下墓穴
6. 蒙泰马尔提尼艺术中心
7. 圣赛巴斯提安诺地下墓穴
8. 圣卡利斯托地下墓穴
9. 意大利议事广场与马尔密竞技场
10. 城外之圣依搦丝教堂与圣柯斯坦萨教堂

正面外观，城外之圣保罗教堂

1 奥斯蒂亚古城 (Ostia Antica)

古罗马的贸易中心，丰富迷人的古迹令人缅怀这座城市当年的盛况。（参见36 37页）

2 城外之圣保罗教堂（San Paolo fuori le Mura）

这是罗马的第二大教堂，在历史上兴衰起伏极大。这里是由君士坦丁在4世纪兴建，建筑正位于圣保罗埋葬之处，约有400年之久都是欧洲最大的教堂，一直到846年遭到萨拉森人（Saracens）入侵。虽然后来经过重修与加固，但这里毕竟位于城外，所以在11世纪中期再次翻修之前一直受到忽视。后来又碰到1823年失火，结果才产生今日我们看到的这个重建模样（参见45页）。Via Ostiense 184 · 地铁Basilica S Paolo · 开放时间：每日上午7点至晚上6点30分 · 免费参观

3 罗马万国博览会馆 (EUR)

为墨索里尼所建，作为向世人展示法西斯理想都会的样板，EUR（l'Esposizione Universale di Roma）让许多参观者感到不安。评论家罗伯·休斯（Robert Hughes）形容这个所谓的“方形竞技场”是“世界上最可怕的建筑”，然而它的美学观点给战后许多建筑家带来灵感。除了这座棱角坚硬的建筑以外，还有一座带湖公园，参观一下罗马文明博物馆（Museo della Civilta Romana）也很富教育意义。地铁EUR Palasport and EUR Fermi。

4 阿庇亚古道 (Via Appia Antica)

这条“道路之后”是阿庇伍斯·克劳狄伍思（Appius Claudius）于公元前315年所建，他也是修建罗马第一条水管道的人。最具田园味道的部分始于赛西利亚·梅泰拉（Cecilia Metella）的环形墓，这里后来在中世纪被改为防御工事。你从这里开始会看到更多坟墓与残墓，还有绵羊吃草与华丽的私人别墅大门。沿着路走下去，往东会看到通往市区的古水管道拱桥（参见61页）。公车118与218

5 多密提拉地下墓穴 (Catacombs of Domitilla)

这是罗马最大的地下墓穴系统。其中许多1与2世纪的墓没有基督教渊源，这类葬礼是由几个教堂负责的。墓穴室内有古典与基督教式的壁画，包括《神的牧羊人基督》，这是极早期的耶稣图像（参见65页）。Via delle Sette Chiese 282 · 公车118、218、660、760 · 开放时间：2月至12月星期三至星期一上午9点至中午12点，下午2至5点（夏季至5点半）· 门票5欧元

阿庇亚古道的墓雕

6 蒙泰马尔提尼艺术中心 (Montemartini Art Centre)

罗马的第一座发电

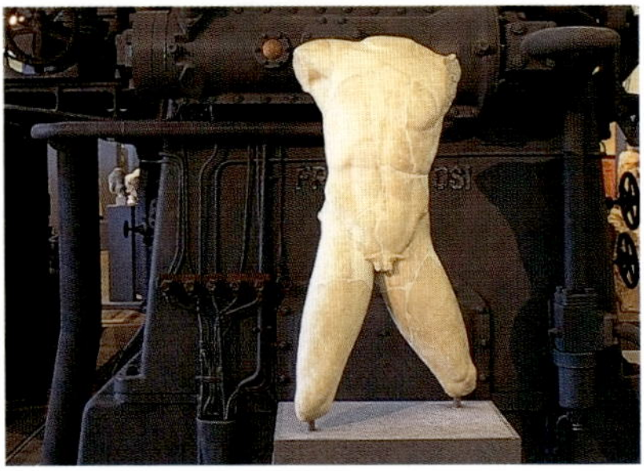

蒙泰马尔提尼艺术中心的雕像

站变身为出色的希腊与罗马雕像展览场——卡皮托利尼博物馆(Musei Capitolini)的部分收藏本来存放在这里。这里利用庞大的现代科技，将这些脆弱的古人杰作设法保存下来，效果极为不凡。Via Ostiense 106·地铁Piramide, Garbatella·开放时间：周二至周日上午9点30分至晚上7点·需购门票·有残障设施

7 圣赛巴斯提安诺地下墓穴(Catacombs of San Sebastiano)

这处位于城墙外的地下公墓是遵照当时的法律所建，而非出于压迫(当时人认为鬼魂会骚扰活人)。然而，在罗马迫害基督徒的那段时期，圣彼得与保罗的遗体可能曾被搬到远离市区的此处。这里也有几个4世纪的陵墓，其中有些还有极精美的壁画。Via Appia Antica 136·公车118、218·开放时间：12月中至11月中周一至周六上午9点至中午与下午2点至5点·需购门票（夏季至5点半）

奥瑞里安壁垒

这座古墙始建于奥瑞里安皇帝(Aurelian，270 275)，在他的继位者普洛布斯(Probus，276 282)手中完成。环城全长18公里，有18个门与381个塔台，把罗马的7个丘都围在墙内。4世纪时玛森提伍斯皇帝(Maxentius)将它加高为几乎至原来的两倍高。这道墙的大部分依然留存至今。

8 圣卡利斯托地下墓穴(Catacombs of San Callisto)

这是罗马第一座正式的基督教墓地，包括四层，有些穴室装饰着灰泥与壁画，还有给早期教皇与圣人的专属墓穴也可以去看看。穴室与相连的信道是用软火山灰泥做的。这里的壁龛叫做“loculi”，可容纳两三具尸体。Via Appia Antica 110·公车118、218·开放时间：3月至1月周四至周二上午9点至中午与下午2点至5点（夏季至5点半）·需购门票

9 意大利议事广场与马尔密竞技场(Foro Italico and Stadio dei Marmi)

原名墨索里尼议事广场(Foro Mussolini)，在20世纪40年代末改为现名，不过那座16米高的方尖碑上面仍刻着“Mussolini Dux”（领袖墨索里尼）。他想模仿罗马所有疯皇帝，本来还计划建一座75米高的领袖模仿海克力斯(Hercules)雕像。马尔密竞技场的雕像包括60座巨大的法西斯年轻运动员雕像，相当值得一瞧。Viale del Foro Italico·公车280

10 城外之圣依搦丝教堂与圣柯斯坦萨教堂(Sant'Angnese fuori le Mura and Santa Costanza)

这些4世纪的瑰宝位于同一处早期基督教建筑中，都装饰着美丽的镶嵌作品，前者描绘殉道者St

圣赛巴斯提安诺地下墓穴

Agnes在死后8天显灵。环形圣柯斯坦萨教堂周围的后堂回廊确实漂亮，有丰富的图像详细描绘着古罗马的葡萄丰收。Via Nomentana 349 · 公车36、60、62、84、90 · 开放时间：周一至周六上午9点至中午，周二至周日下午4点至晚上6点 · 免费参观 · 有残障设施

圣柯斯坦萨教堂

阿庇亚古道之晨

从最大的城门Porta San Sebastiano开始走，你可以先去看壁画博物馆（Museo delle Mura，参见55页），从楼梯爬上去欣赏美丽景观。从这里继续沿着阿庇亚古道（参见153页）走，第一个景点是在一个十字路口左侧的小教堂“你往何处去？”（Domine Quo Vadis?），指出逃离迫害的圣彼得（彼得）就是在这里遇到耶稣，然后决定回罗马殉道而成圣。这座教堂内有一个复制石头脚印，据称是耶稣的，但实际上是一位古代的异教徒ex voto。

再往前走远一点，你会来到圣赛巴斯提安诺地下墓穴。参加导览团，别错过一个画着一盘水果与一只松鸡的奇怪壁画，根据某些古代作家的说法，后者是最好色的生物。继续走下去，经过一个流动吧台，你可以买一些点心和饮料，去看看玛森提伍斯的竞技场，那里是一个赛马场。注意他们怎么在砖块中嵌入罐子来减轻上方看台建筑的重量。最后一站是公元前1世纪的赛西利亚·梅泰拉之墓。美丽的中楣是用牛头骨与花圈做成，椎形的圣所气氛非常平和。

午餐可走回Ristorante l'Archeologia（参见155页）。午餐之后再往回走几百米的公车站搭118线回市区。

周日最适合走阿庇亚古道，因为当天管制车辆进入

哈德良别墅的镶嵌地面

哈德尼别墅的爱奥尼亚式石柱

TOP 10 大罗马一日游

1 提弗利（Tivoli）
有着世界知名的花园，和建于16世纪的艾斯特红衣主教（Cardinal d'Este）别墅，据称有100座喷泉。在Ponte Mammolo搭COTRAL公车 · 艾斯特别墅：piazza Trento，04-2460-0460 · 周二至周日上午8点30分至日落前1小时 · 需购门票 · 有残障设施

2 哈德良别墅（Hadrian's Villa）
建于118-134年间，是这位皇帝的夏宫，全区是一座大型露天博物馆，有着哈德良最喜爱的建筑复制品。Via Tiburtina，提弗利西南6公里 · 在Ponte Mammolo搭CO TRAL公车 · 06-3996-7900 · 开放时间：每日上午9点至日落前1小时 · 需购门票 · 有残障设施

3 塔基尼亚（Tarquinia）
这座埃特鲁斯坎艺术品博物馆最出名的是公元前4世纪的赤陶马。在Termini或Ostiense搭火车或在Lepanto搭COTRAL公车 · 开放时间：周二至周日上午8点 30分至日落前1小时 · 需购门票

4 塞维泰里（Cerveteri）
这处公元前6世纪城市的大坟场至今仍相当完整，有街道、房舍与壁画。从Termini搭火车至Cerveteri-Ladispoli · 周二至周日上午8点30分至日落前1小时

5 罗马城堡（Castelli Romani）
阿尔班山区（Alban Hills）这一带有很多玩头。你可在阿尔班湖游泳，或者参观阿瑞奇亚（Ariccia）的奇吉宫（Palazzo Chigi）。地铁Anagnina转COTRAL公车 · 0693-9330-053 · 周二至周日上午10点晚上7点（花园4至9月开放），需购门票

6 弗拉斯卡提（Frascati）
从这座16世纪的阿尔多伯兰狄尼别墅你可以欣赏到壮丽的罗马全景。地铁Anagnina转COTRAL公车 · 06-678-7864 · 别墅开放时间：仅限预约周一至周五上午9点至下午1点与下午3点至晚上6点（冬季至下午5点）（可向当地观光局办事处申请参观许可）

7 帕雷斯特瑞那（Palestrina）
这座城宣称拥有全意大利最伟大的希腊庙宇。这里出土的宝藏中有一个公元前2世纪描绘尼罗河泛滥的镶嵌画。地铁Anagnina转COTRAL公车 · 博物馆开放时间：每日上午9点至晚上7点 · 需购门票

8 罗马的海滩（Rome's Beaches）
最近的海滩在南方115公里外的斯培龙格（Sperlonga），这座中世纪城市旁边都是沙滩。在Termini搭火车至Fondi再转当地公车

9 维泰尔伯（Viterbo）
在这座中世纪城市的墙内，你可参观教皇皇宫（Papal Palace）、考古博物馆（Archaeological Museum）与大喷泉（Fontana Grande）。周二至周六上午8点30分至晚上7 点 · 需购门票

10 庞贝（Pompeii）
公元79年维苏威（Vesuvius）火山爆发，这座城被掩埋而永久保存下来。在Termini搭火车至Naples再转Circumvesuriana火车 · 每日上午9点至日落前1个半小时 · 需购门票 · 有残障设施

从西碧拉所见景观

价格分级

包含一人份的三道式	€	低于30欧元
餐点搭配半瓶酒	€€	30-40欧元
（或对等的餐点）、	€€€	40-50欧元
税捐与服务费	€€€€	50-60欧元
	€€€€€	60欧元以上

TOP 10 就餐之选

1 古奥斯蒂亚（Allo Sbarco di Enea, Ostia Antica）
通俗但有趣。这里的服务生穿着罗马传统服装，装潢仿佛低成本的史诗电影。这里的招牌是鱼，试试spaghetti alle vongole（蚌面）。Via dei Romagnoli 675 · 地铁Piramide转当地火车 · 电话：06-565-0034 · 周一休息 · €€

2 湖畔城堡（Lo Chalet del Lago, EUR）
在相当无趣的EUR竟有这么一个令人惊喜的地方。湖畔的大观景窗使午餐成为视觉享受。菜单主要是简餐，鱼相当不错。Piazza U.E. Terracini · 地铁EUR Palasport · 电话：06-591-3743 · €€

3 阿庇亚古道（Ristorante l'Archeologia, Via Appia Antica）
高雅的农舍化身，冬季你可在壁炉旁边用餐，夏季则在花园内。地方性乡野菜色，例如烤小羊与家常面食。Via Appia Antica139 · 公车118 · 电话：06-788-0494 · 周二休息 · €€

4 小洋房，金字塔（La Villetta Dal 1940, Piramide）
20世纪超写实画家Giorgio De Chirico与他的热情前卫艺术家朋友最喜欢来这里。食物是丰盛的罗马风味，例如小牛肉与火腿。Via della Piramide Cestia 53 · 公车23、30、75、95、280、716、719 · 电话：06-575-0597 · 周三休息 · €

5 柯瑞欧拉诺，皮亚门（Coriolano, Porta Pia）
如果你要探索诺曼塔那路（Via Nomentana），就可来此吃饭。试试虾酱意大利面。Via Ancona 14 · 公车61、62、490、495 · 电话：06-4424-9863 · €€€

6 西碧拉，提弗利（La Sibilla, Tivoli）
城内景观最好的地点，可眺望格瑞果瑞阿那别墅（Villa Gregoriana）。Via delle Sibilla 50 · 在Ponte Mammolo搭COTRAL公车 · 电话：0774-335-281 · 周一休息 · €€

7 圣马可，塔基尼亚（San Marco, Tarquinia）
古修道院化身，当令的土产与野菇非常好。Piazza Cavour 18 · 在Termini或Ostiense搭火车或在Lepanto搭COTRAL公车 · 电话：0766-842-234 · 周一休息 · €

8 皮诺丘，弗拉斯卡提（Pinocchio, Frascati）
设有旅馆，这里的招牌就跟全区各地都一样，是著名的烤猪肉。Piazza del Mercato 21 · 地铁Anagnina转COTRAL公车 · 电话：06-941-7883 · 周二午餐休息 · €

9 塞拉，斯培龙格（Scylla, Sperlonga）
位于海滩上，而且有极棒的海鲜。Via San Rocco 26 · 在Termini搭火车至Fondi转公车 · 电话：0771-549-652 · 周二休息（冬季） · €€

10 高塔酒馆，维泰尔伯（Enoteca La Torre, Viterbo）
除了好酒之外，这家酒吧餐厅还供应地方风味餐，主要是鱼。Via della Torre 5 · 在Lepanto搭COTRAL公车 · 电话：0761-226-467 · 周日晚、周一休息 · €

注：除非另有说明，所有餐厅都接受信用卡并提供素食

罗马十佳

资讯一点通

实用信息

住宿信息

ITALIA
ENTE NAZIONALE ITALIANO PER IL TURISMO

观光局标志

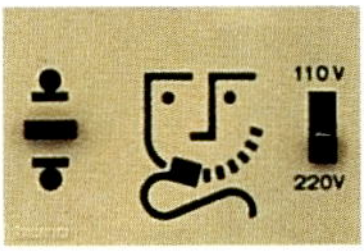

意大利的用电插座

各类报纸

TOP 10 一般信息

1 观光局（ENIT）

ENIT是意大利国家观光局办事处，在大部分主要城市都有分处，用意很好但通常对特别需求却没有多大帮助。www.enit.it

2 罗马观光局办事处

罗马有三个主要的观光局办事处（参见框内说明）。另外也有10个私人经营的信息服务亭，散见城内各主要观光据点，不过他们的资料比观光局贫乏。

3 网际网络

罗马的官方网站是www.romatourismo.com；梵蒂冈的是www.vaticano.va。资料库与搜寻引擎如www.yahoo.com或 www.excite.com有详细的旅游信息与区域性的次级选择，可连结到有用的私人网站。

4 海关与移民局

英国、爱尔兰、美国、加拿大、澳洲与新西兰公民进入意大利只需护照，最多可停留90天。以下是你可带入境的个人物品：400根香烟（或550公克烟草）、2个照相机、10卷底片、1副滑雪板、2个网球拍与1公升酒。

5 营业时间

大部分公司行号、教堂与某些博物馆在上午8点或9点开门，中午12点半或1点至3点或4点午休，晚上约在6点或8点休息。

6 用电

意大利的电压是220V/50周波。如果你用的是110V的电器，就需要转换器（大部分笔记本电脑与录像机都已内置）。如果你的装备用的是叉式插头而非欧洲式的两个圆钉式，也需要转换器。

7 电视与报纸

大部分三星级以上的旅馆都有卫星电视可收看CNN与BBC新闻。大部分报摊也卖英文报刊杂志如《International Herald Tribune》（里面有《Italy Daily》插页）、《USA Today》、《New York Times》。观光局办事处有《Roma C'e》（《这就是罗马》周刊），里面介绍各种活动、旅游信息与特别旅游团（英文部分）。

8 旅游季节

罗马属于温带气候，8月热气逼人，2月可能下雪。宜人的春季旅馆都客满；秋季人比较少，但常会下雨。旺季是复活节到7月以及9月至10月。8月的罗马有如空城，居民多跑到海边或山上避暑，商店与餐厅多半不营业。

9 国定假日

国定假日包括1月1日和6日、复活节周日与周一、4月25日、5月1日、8月15日、11月1日与8日、12月25日与26日。

10 衣服

意大利人都很注重穿着，所以要带一套好衣服。然而不太多餐厅需要穿西装打领带。你若露出膝盖或肩膀，很多教堂就进不去（不可穿短裤、迷你裙或背心），所以要确定带一件可以蔽体的衣物。

罗马观光局办事处

Via Parigi 5
地图E3 · 电话：0648 8991 · 时间周一至周五上午9点30分至下午12点30分，周一与周四下午2点30分至4点30分

Termini Railway Station（罗马火车站）
地图F3 · 电话：4890-6300 · 时间每日上午8点至下午9点

Fiumicino Airport（费米西诺机场）
电话：06 820 59127 · 时间每日上午8点15分至下午9点

观光马车

观光巴士旅游

TOP 10 旅游团与特别活动

1 套装行程

航空公司、大旅行社与旅游公司都有优惠的"飞机加酒店"套装行程，然而其中许多只是死守国际级连锁大饭店，却只参观附近比较无趣的景点。你在市区小旅馆常可找到较好的。

2 标准导览团

通过旅行社安排旅游团，可把开车、旅馆、语言障碍等所有问题都丢给旅游公司，但游程中许多趣味却会错失。你看到的是在公司简洁包装下的概念罗马，不是你自己旅游时能发现到的罗马。如果你被一大堆同团游客包围，也很难认识当地人。

3 度假兼学习

有老师带你欣赏真正画作的艺术史课程当然好得多。历史、文化、绘画、烹饪与语言课程都可供你选择，下面的网址有许多信息：www.specialtytravel.com、www.shawguides.com与www.infohub.com

4 罗马巴士游

市营ATAC公车110线有一趟3小时的无导游市区观光行程，周一至周五上午8点35分至下午8点15分与周六、日上午8点40至下午8点20分每25分钟一班从Termini（罗马火车站）出发。凭着€13的车票你可随时上下车。如果你想要导览，可搭乘Green Line Tours、American Express或Carrani Tours的巴士。ATAC公车：800-431784，www.atac.it · Green Line Tours：via Farini 5A，06-481-5764，www.greenlinetours.com · American Express：piazza di Spagna 38，06-72282 · Carrani Tours：Via Vittorio E. Orlando 95，06-424-2501

5 步行导览团

"享受罗马"（Enjoy Rome）一趟3小时的步行导览团有"古罗马"、"夜罗马"（两者均每天都有），还有"梵蒂冈与河对岸区"及"犹太区"（两者都是每周3次）。观光局办事处最近开始提供免费步行导览，通常是在周末。Enjoy Rome：via Marghera 8a，06-445-1843，www.enjoyrome.com

6 脚踏车导览团

"享受罗马"也有非常便宜的4小时单车游罗马导览行程，包括脚踏车与安全帽租金。你也可租一辆越野脚踏车（古代的鹅卵石街道非常崎岖），在周日去骑一趟阿庇亚古道（参见61页）。

7 意大利文课程

Italiaidea这家公司针对度假人士提供2周的课程、15小时的"在罗马求生存"密集课程，还有步行导览、周末游程以及烹饪课，都是配合语言练习设计的。Italiaidea：06-6830-7620，www.italiaidea.com

8 艺术课程

罗马当然不会缺少灵感来源。若想激发出你潜藏的米开朗琪罗天赋，可联系Atelier Alupi，每年有三次各一周时间的课程，教授素描、油画和水彩。"Istituto Italiano Arte Artigianato e Restauro"有一周课程教你了解如何修复艺术品，还有2周的壁画或彩绘玻璃技术课程。Atelier Alupi；01-4321-3172，www.atelieralupi.com Istituto Italiano Arte Artigianato e Restauro：06-575-7185，www. sc-uilares tauro.it

9 现场导览

某些教堂、博物馆与古迹区提供导览，通常是免费的。许多博物馆也有随身听自助录音导览，租金低廉。

10 个人导游

观光局办事处（参见158页）有一份有照的个人导游名单，收费差异相当大，至少1小时15至20欧元。

费米西诺机场

罗马火车站

TOP 10 前往罗马

1 从英国搭飞机
英国航空（www. britishairways.com）、瑞安航空（www.ryanair. com）、easyJet航空（www. easyjet. com）与意大利航空（www. alitalia. com）都由伦敦直飞罗马。Jet2（www.jet2. com）有从利兹及曼彻斯特出发的航班，Flyglobespan（www.flyglobespam. com）则从爱丁堡出发。由爱尔兰则有Aer Lingus（www.aerl ing us.ie）从都柏林直飞，British Airways与意大利航空则需经过伦敦。

2 从北美搭飞机
美国有几家航空公司直飞，还有意大利的Alitalia也有。

3 从澳洲搭飞机
Alitalia每周2班从墨尔本飞罗马。Qantas（www. qantas.com）从雪梨、墨尔本、布利斯班与凯恩斯（还有纽西兰的奥克兰、威灵顿与基督城）经米兰飞罗马。所有班机中途都至少要停泊一次。

4 从欧洲搭飞机
欧洲大部分主要航空公司都有班机从该国各大城市飞罗马。

5 网上购廉价机票
大部分航空公司现在都通过网站推销临时廉价机票以及仅限网络购买的费率，大部分也都通过www.orbitz.com联合售票并且整合最划算的定期费率，但只限从美国、英国与加拿大。弹性行程的旅客可利用Esavers费率（每周通过emails的下个周末廉价费率）及其他网站如www.lastminute.com。

6 Fiumicino（达·芬奇Leonardo da Vinci）费米西诺机场
罗马的国际机场位于西边30公里处。出租车到市区收费约为45欧元，包括行李。每小时一班的火车要30分钟，但是停靠于Termini火车站的22号月台轨道，走到票口要15分钟（还好现在楼下有电动走道）。不然你也可搭区间车到河对岸区车站，再搭8号电车到河对岸区市中心，或者穿过天桥到大阿根廷（Largo Argentina）。Fiumicino Airport：06-65-951，www.adr.it。

7 Ciampino机场
Ciampino是罗马较小的一座机场，主要供国内与欧洲包机使用，位于罗马南方15公里处。CO.TR-A.L公车每半小时一班从Anagnina出发，地铁A线在那里有站。出租车到市区需40欧元，包括行李。Ciampino Airport：06-794-941，www.adr.it。

8 搭火车
从伦敦你可以经过跨海隧道到巴黎，再搭日班或夜车到罗马（13小时）。欧洲之星（Eurostar，ES）子弹列车从米兰经佛罗伦萨到罗马需3.5小时。一般意大利火车包括快车EC/IC/EN（都需要高速supplements）、飞快的IR，以及每站都停的diretto与espresso列车。

9 Termini罗马火车站
罗马的主要火车站外面大厅有售票口与自动贩卖机，里面大厅有商店、餐厅与旅行社，地下室还有购物中心。观光局办事处在里面大厅（参见158页）。这里也有失物招领处与24小时营业的药局。

10 开车
意大利的干线道路A1 autostrada从北方的米兰经过波隆尼亚（Bologna）与佛罗伦萨到罗马，然后继续到拿坡里（那布勒斯，Napoles）。A12走意大利的西部海岸线，从Genova（在此可接来自法国南部的A10）经过Pisa到Fiumicino机场。这两条线都穿过罗马的G.R.A.（Grande Raccordo Annulare）环城高速公路，你可以绕过市区或者从任一方向进入市区。

市中心公车

行人徒步区路标

罗马的出租车

TOP10 悠游罗马城

1 市公车

罗马的ATAC公车系统有几处总站位于罗马火车站（Termini）、威尼斯广场（Piazza Venezia）、大阿根廷（Largo Argentina）与圣希维斯特罗广场（Piazza San Silvestro）。报摊有路线图出售，fermata（公车站）牌上面会列出停靠站名。在报摊、香烟摊或大站售票机可买车票。上车后用公车上的机器盖印，有效时间75分钟，可无限制转车。

2 地铁

两条线在Termini交会，主要行驶郊区。比较好的景点停靠站包括Spana（西班牙广场台阶）、colosseo（斗兽场）、Sao Paolo（圣保罗大教堂）、Ottaviano（离圣彼得大教堂6个街口）以及Cipro（离梵蒂冈博物馆6个街口）。公交与地铁使用同样的车票。地铁系统正在改造，有时可能晚点。

3 步行

历史古迹中心的行人徒步区越来越多，但许多街道很窄，车辆又多，也缺少人行道。鹅卵石路面走起来很硬，所以要穿坚固的鞋子。

4 出租车

出租车停靠站设于机场、火车站、主要广场与观光景点。基本费率2欧元，每增加1公里加收50分，以分为单位累加，若带有行李，或时间为下午10点至上午7点、周日以及机场线都要加钱。给司机约为总车资1成的小费。

5 租车

罗马交通状况差，停车位又贵又难找——如果你要长途旅行，等到你在罗马的最后一天再去租车。国产车不见得比进口车便宜。大部分租车公司都要求防窃，所以要确定你的信用卡是否涵盖盗窃险。汽油很贵，但柴油到处都有。大部分加油站周日休息，但可能有自动加油机。

6 交通规则

市区规定时速是30-50公里，城外双线道80-110公里，高速公路130公里，而高速公路的左边车道只供重型货车使用。

7 停车

很少旅馆有停车场，不过许多跟当地停车场有合约或者在街上有几个免费车位。圆形蓝招牌上加红色斜线表示不准停车；画白线车位免费（不过通常只限居民）；黄色禁停；蓝线可停1小时，你需在计时器上支付。市区内波哥赛别墅公园（Villa Borghese）的Parcheggio Borghee与山丘下的Gianicolo的停车费用最为合理。

8 脚踏车与摩托车

罗马的交通状况使得骑脚踏车与摩托车非常危险。周日是汽车最少的时候，有几条路会管制，只让脚踏车通行。租车公司包括Roma in Scooter与Trenco e Scooter，后者对持火车票者常有优惠。Roma in Scooter：Via Carour 80，06-481-5669 www.scooterhire.it · Trenco e Scooter：Termini's Piazza dei Cinquecento exit（罗马火车站第500街出口，电话：06-4890-5823。www.trenoescooter · 191.it

9 一日游程

虽然较远的景点你可在Termini搭火车去，某些在Lazio范围之内的地方在圣保罗门火车站（Porta San Paolo）有区间车服务，包括奥斯蒂亚古城（参见36-37页），这个火车站是在地铁站“金字塔”（Piramide）附近。也有许多景点可搭CO.YRA.L游览车，包括提弗利（Tivoli，参见154页）。

10 地图

TCI（Touring Club Italiano意大利旅游俱乐部）的地图最好也最普遍。路牌（绿色是汽车道，蓝色是国道）通常标示的是目的地而非道路编号，所以要知道你路线上的下一个村镇城市的名字。

意大利白酒

意大利甜点

TOP 10 餐饮

1 餐厅类型

传统上，ristorante是最正式也最贵的，trattoria是家族经营式中价位馆子，小馆osteria可能是简单的小吃馆trattoria，也可能是同型酒馆但也供应几道混合式的肉食与乳酪搭配酒。

2 意大利餐

意大利餐，尤其是晚餐，常常拖上3至4小时，接着还有小杯浓缩咖啡(espresso)与酒品(digestivo)如grappa(参见77页)。早餐传统上只是一杯浓缩咖啡或咖啡加蒸汽牛奶(cappuccino)配甜可酥(cornetto)。许多旅馆有大型自助式早餐。

3 开胃菜（Antipasto）

开胃菜传统上在比萨饼馆是烤面包抹蒜、橄榄油、盐，也常有西红柿(bruschetta)与/或熏肉如prosciutto和肉肠。大部分地方都有素食自助餐台。

4 前菜Primo

第一道菜，面食类包括阿马特里塞意大利面(bucatini all'amatriciana)、炭烤意大利面(spaghetti alla carbonara)、马铃薯球(gnocchi di patate)与朝鲜蓟与青椒(cacio e pepe，参见76页)。汤类(minestre)包括蔬菜汤(minestrone)与鸡汤加蛋与Parmesan乳酪(stracciatella)。奶油饭(Risotto)通常是菜饭形式。

5 第二道菜（Secondo）

主菜。肉类包括牛肉(bis-tecca或manzo)、小牛肉(vitello)、羊肉/小羊肉(agnello/abbacchio)、鸡肉(pollo)、猪肉(maiale)、山猪肉(cinghiale)、兔肉(coniglio)与鸭肉(anatra)。通常是用烧烤(alla griglia)或烤箱烤(arrosto)。鱼类包括鲈鱼(branzino)、E鱼(acciughe)、鳕鱼(baccala)、比目鱼(sogliola)、鲷鱼(orata)与鲽鱼(robo)，通常是用烧烤、烤箱烤或用白酒加调味料炖煮(all'acqua pazza)。

6 甜点（Dolce）

最普遍的是简单的饼干配甜点白酒(cantucci con vin santo)或冰激凌如松露冰激凌球。奶冻(panna cotta, latte porugese)与蛋(cr è me caramel，焦糖奶油)也很受欢迎，此外也还有提拉米苏，海绵蛋糕浸浓缩咖啡与酒，加上软乳酪与可可粉。

7 酒与水

意大利餐如果没有红酒(rosso)或白酒(bianco)葡萄酒(vino)就不算完整，也许是1公升或半公升招牌酒(vino della casa)，或者瓶装酒(参见77页)。意大利人喝酒常加水稀释，也许是加汽泡水(gassata)或蒸馏水(nongassata)。

8 服务费与小费

面包(pane)每人1-4欧元可以避免，但服务生不会高兴。如果菜单上说“servizio incluso”，表示服务费已包括，不过依惯例会凑整数。不然就随便给个一成小费。

9 高级餐厅

几乎都不需要穿西装打领带，不过在比较高级的地方常需要订位。服务生希望你坐久一点，不会催你的(有些人误以为这表示服务太慢)。

10 酒馆、比萨饼小馆（Pizza Rustica）与高级酒吧（Tavole Calde）

大部分意大利酒吧都在早晨提供cappuccino，整日提供cornetto与espresso，晚间则为开胃菜(aperitivi)，还有三明治(panini)、糕饼与冰激凌(gelato)。Tavola calda是高级酒吧/餐馆，吧台也做餐点。Pizza rustica或pizza a taglio的比萨饼是一块一块卖，按重量100克计价。

更多传统罗马美食信息请参见76-77页

旅馆门房

旅馆花园

TOP10 住宿

1 旅馆

意大利旅馆分级是从一星级（基本）至五星级（豪华），多半基于福利设施而非地点。三星级以上的旅馆所有房间都至少有个人浴室、电视与电话。

2 租房间

观光局办事处（参见158页）有一份这种便宜地方的名单，可能是一个拥有半自用出入口的可爱房间，也可能是某个现代公寓里一个拥挤的空房间。这些家庭里的人接触机会不一，但可能是一个认识本地人的好方式。

3 公寓

要自己找一个公寓住（一周、一个月或一年）的最佳信息来源是一个月出版两次的英文版《Wanted in Rome》（www. wantedinrome.com）与一周两次的《Porta Portese》（www. porta-portese.it）广告杂志。也有人会在英文书店与河对岸区的Pasquino电影院布告栏上张贴公寓出租启事。

4 住宅（residences）

这种自己做饭但有部分女仆服务的公寓很受长期观光客（2周以上）与喜欢有隐私的人欢迎。罗马的官方网站（www.romaturismo.com）有一些名单。

5 露营与拖车

罗马周边有几处露营的营地（campeggi），包括Camping Flaminio、Seven Hills、Camping Tiber与Roma Camping。意大利人比较少用帐篷，喜欢用拖车。结果你可能花费跟住廉价旅馆差不多：按人数计费还要加场地费。Flaminio Village：via Flaminia Nuo va 821，电话：06-333-2604，www. villageflaminio.com · Seven Hills：Via Cassia 1216，电话：06-3031-0826，www.sevenhills.it · Camping Tiber：Via Tiberina km 1400，电话：06-3361-0733，www. campingtiber.com · Roma Camping：Via Aurelia 831，电话：06-662-3018，www. ecvacanze.it

6 青年旅舍

提供廉价床位的单性公用宿舍收费约每晚18欧元。里面住满学生，通常半夜宵禁。官方的IYH旅舍位于乏味的Foro Italico（参见152页）。有比较好、较小的私人旅舍，名单可见www.hostels.com与www. hiayh.org。· IYH hostel：Viale delle Olimpiadi 61，电话：06-323-6267

7 B & B民宿

这种新的意大利住宿形式介于租房间与旅馆之间，有一点像旧式的寄宿公寓（pensione）再生，提供许多房间与早餐，通常属于亲切的家庭式接待服务。

8 你应该预订房间吗？

旅程的第一晚与最后一晚预先订房总是明智之举。知名旅馆可能好几个月以前就已经订满，所以你最好要尽早。5月与6月常常人较多，但你抵达后再找房间通常不会有问题，你可以在火车站打电话或者向观光局办事处询问。

9 订房服务

费米西诺（Fiumicino）机场以及罗马火车站(Termini，参见160页）的HR旅馆联合订房服务都可免费帮你，还有私人的代理“Enjoy Rome”（参见159页）也可以帮你订房。然而网络订房服务的数据库里有较多各类旅馆选择。

10 隐藏费用

有私人浴室或有景观的房间，或者停留不到3天比较贵。加床通常要加收30%-35%。可能不包括早餐，停车几乎一定要额外收费，冰箱内的迷你吧内容以及电话也贵得惊人。

罗马的住宿信息参见172-179页

名家设计皮手套

古董店

TOP 10 购物

1 营业时间

大部分商店都遵照一般营业时间（参见158页），上午8点至9点开门，中午休息至下午3点至4点，晚上开到下午6点至8点。在观光区与较大商店，午休（riposo）已渐渐消失，改为orario continuato（全日营业）。

2 讨价还价

在市场内可能（参见69页），但商店里几乎没有。现在许多市场内的摊贩老板来自中东，讲价技术高超，所以你要准备好来个全套仪式，包括假装越来越不感兴趣，而老板假装生气，宣称不能再降价了，他绝对不愿意亏本，所以最后的成交价一定是可以接受的。

3 VAT退税

意大利的加值税（Value Added Tax，IVA）已经加在每项商品的标价内。如果你不是欧盟居民，在一家店消费超过155欧元，就可以申请退税。请店家帮你填表，再拿着表与收据到你此行最后一个欧盟国家的机场，在海关办事处完成书面作业。退的税会通过邮寄给你，但可能需要数月。标明"观光客购物免税"的商店速度较快，他们会给你一张支票让海关盖章，你就可以在机场的免税店柜台兑现。

4 海关限制

英国与爱尔兰公民实际上可以把所有免税东西带回家（不过理论上有些限制，例如90公升的酒）。美国公民限制为400美元的免税商品，包括200根香烟与100根雪茄。加拿大、澳洲与新西兰的限制也类似。只有英国与欧盟居民可以出口鲜花、水果、蔬菜、肉类（除非罐装的）以及软乳酪。

5 酒

新反恐条例禁止携带从机场外购买的酒登机。可以选择邮寄回家，但价格不菲。

6 时装与仓储店

名家时装很少会比你自己国家的便宜，但罗马的鞋子是很棒的纪念品。仓储店卖的是去年的款式，可能是尺寸不全或是一般时装店没卖的，通常按正常定价的6折到8折出售。

7 艺术与古董

身为罗马帝国的中心，又是文艺复兴与巴洛克艺术中枢，罗马处处可见古董、绘画与雕刻，从中世纪到现代都有。也有很棒的市场出售家具，涵盖文艺复兴时期至新艺术时期以及简朴的乡居式作品。注意，如果要携带离境需办理相应手续。

8 名家设计品

意大利人是工业设计大师，产品自Ferraris跑车至Alessi水壶都有。如果Ferraris不在你的预算之内，至少可以考虑买几样厨具、家用品或灯具，很多都是顶尖国际设计师的作品。

9 宗教物品

宗教纪念品有通俗的，也有严肃的、高级的，在梵蒂冈的小摊与商店内都有卖，有时甚至在全罗马都有。你可以带着你买的东西参加教皇周三接见大众的仪式，他会主持弥撒加持赐福。

10 工艺品

意大利以手绘瓷器闻名，这种纪念品也有很实际的用途。罗马也出产许多高级首饰，从大牌的如Bulgari到在小店铺工作的艺匠作品都有。

罗马的购物区信息请参见68-69页

罗马火车站

第64路公车

TOP 10 千万要避免

1 在8月去罗马

8月的罗马像鬼城一样，而且奇热无比。大部分意大利人整个月都去度假了，虽然大多数景点都还开放，旅馆也比较空，但许多商店与餐厅都休息。你只会看到这座城市属于观光客的一面，看不到真正的本色（参见158页）。

2 扒手瓶颈

罗马的许多街头、广场与地铁站都是扒手泛滥之地，但最糟也最猖獗的是在几处观光客瓶颈：从博物馆区到圣彼得的梵蒂冈城墙周边狭窄的人行道上；议事广场周围，尤其是卡皮托利尼后面的路上；还有万神殿（Pantheon）到许愿喷泉（Tre-vi Fountain）之间，帕斯提尼路（Via dei Pastini）与皮耶特拉路（Pia di Pietra）的行人徒步区。

3 在免收门票时去参观梵蒂冈博物馆群

不错，你可以在每个月最后一个周日免费参观，但代价是在博物馆内——即使天气好时也会得密室恐惧症——跟一大堆人挤成一团。

4 在梵蒂冈与议事广场周边的餐厅用餐

虽然有极少数例外，而且罗马这两处主要观光点周边的餐厅还打着6种语言的菜单的招牌，并经常有服务生拉客，但他们是罗马餐饮之耻。有自尊心的意大利人绝对不会光顾，所以你最好也放聪明一点，躲开这些地方。

5 天黑后的罗马火车站一带

虽然附近有许多廉价旅馆，但游民与浪人都聚集在这个火车站一带，使这里在入夜后恶名昭彰。一般而言，火车站南边的街道比北边更黑暗更危险。

6 搭乘64路公车

这个号称“扒手特快车”或“钱包杀手”的公车从罗马火车站（Termini）往返圣彼得大教堂（St Peter's），长久以来就是罗马扒手最猖狂的路线。现在它也有了竞争对手，就是行驶同样路线的40路直达公车。你要随时提高警觉，而且一只手要一直按住钱包。

7 使用腰包

腰包是发明史上最糟的旅行配件。扒手最高兴的事就是这种包包这么流行，因为你把所有重要东西都放在视线以下的位置，也是最适合的高度让手指灵活的扒手轻松翻弄。

8 在罗马开车

汽车在罗马完全没有必要：反正许多景点都是只开放给行人，你根本就不能开进去，而且汽车能开到的地方又都不可能找到停车位。市区内所有停车场极少，收费更贵得荒谬无比。在没有经验的人看来，意大利人开车简直像疯子一样（参见161页）。等到你待在罗马的最后一天再去租车，而且只是用来离开罗马。

9 在周四去纳沃纳广场(Piazza Navona)与万神殿一带

改天再去这里，因为特韦雷河湾一带有两个重要景点在周四都不开放：圣阿戈斯蒂诺教堂（Sant' Agostino）里面有不可错过的卡拉瓦乔的作品（参见83页），多利亚·潘菲利美术馆（Galleria Doria Pamphilj）内也有很多画作（参见91页）。

10 在周末去参观地下墓穴

三个字：游览车。实际上周六比较糟，因为现在周日除了小巴之外，其他所有车辆都改道离开阿庇亚古道（通往地下墓穴的主要道路）了。（参见151页）

街头卖栗子的小贩

罗马市场

TOP 10 罗马省钱漫步

1 免费参观梵蒂冈

梵蒂冈博物馆群（参见8-9页）在每个月最后一个周四免费参观，但会很拥挤（参见165页）。然而如果你想再次去参观比较人少的某座博物馆展藏，免费的这一天仍相当有用。

2 免费观光景点

古罗马市场（Roman Forum，参见16-19页）是世界上几处可免费参观的顶级景点之一。这里的教堂免费参观，而且拥有一些伟大艺术与建筑作品，然而若要进入穴室、考古挖掘区与藏宝库，通常都要收费。罗马的广场都是人生剧场，代价只要一杯卡普奇诺。

3 减价参观

景点与博物馆的经营者不尽相同，有国立的也有私人的，所以收费也不同。国立博物馆对18岁以下与60岁以上多半都免费，只有美国人除外（这是基于一项复杂的互惠规定）。有一种划算的方式是Roma Archeologia Card，这是20欧元的7日参观券，适用地点包括斗兽场、帕拉丁、阿庇亚古道上的古迹以及国家博物馆（Museo Nazionale）的各馆。

4 折价旅游

26岁以下的人可花40欧元买一张绿卡“Carta Verde”，然后买任何火车票都打7折，60岁以上的人也有同样优惠，使用的卡叫做“Carta Argento”，在各火车站都可买到。

5 住宿

一般而言越接近市中心越贵，旅馆的等级也越高。住一至二星级旅馆（设施较少）或者没有私人浴室的房间可以省钱，你也可往市中心区之外去找，或者在廉价旅馆林立的罗马火车站一带（参见174页）。如果你能免掉旅馆的早餐费，在咖啡馆吃同样东西只需1/4的价钱。避免打电话或使用冰箱内的迷你吧，这两者都特贵。

6 廉价餐饮

在爱吃的意大利，餐厅的价位或类型跟食物有多好没有关系，所以便宜的osteria或trattoria的东西也跟豪华ristorante一样好吃。开胃菜价钱几乎跟第一道菜价差不多，东西却较少。本店招牌酒比瓶装酒便宜，自来水（acqua dal rubinetto）免费。Tavole calde与酒吧的餐食比hurry便宜（参见162页）。

7 野餐

你可以去小杂货店（alimentari）、果菜商店（fruttivendolo）、面包与糕饼店（panetteria或pasticceria）、酒铺（vini olii、enoteca或fiaschetteria）或一般的街头摊贩采购，自己准备野餐，带到广场或一日游的时候吃，或者回到旅馆吃。

8 付现金

有时候某些店家与小旅馆比较喜欢收现金而非信用卡，也经常会算你便宜一点。只是要确定拿收据。

9 在淡季旅行

一般而言，10月底至复活节前在罗马是淡季，机票与旅馆可能大幅降价，你在参观时不会碰到人潮也不必排队（参见158页）。

10 购物精打细算

某些时装在意大利跟外国一样贵。如果可能，尽量在一家店买东西，这样可以凑至VAT免税额而获得退税（参见164页）。买工艺店的东西而不要在纪念品店买，而且要跟工匠本人买以免买到零售的次级品。或者你也可去许多市场挑选便宜货（参见69页）。

残障坡道

学生

TOP 10 特别服务

1 残障旅客
残障旅客在罗马并非全部畅通无阻，主要是因为许多建筑都已有几百年历史，古迹保护法禁止配合轮椅作改建。然而，大部分主要博物馆都已增加了相关设施，许多旅馆（尤其是四与五星级）都有几个改装房间。有几处地铁站（但不包括重要的斗兽场）有轮椅坡道。天气暖和的时候你的运气会比较好，因为许多餐厅在户外有座位（不过厕所就不可能了）。

2 残障者服务资源
伦敦的RADAR（Royal Association for Disability and Rehabilitation，皇家残障与复健协会）出版了一系列有用的手册。英国的假日关怀服务（Holiday Care Service）也提供方便残障者使用的住宿信息。在罗马，你可洽询CO.IN或浏览他们的网站。RADAR：020 7250 3222，www.radar.org.uk · Holiday Care Service：01293 7740535 · CO.IN：06-71-29-011，800 271027（免费），www.coinso ciale.it

3 老人
年长的旅客在意大利的传统社会中相当受尊重。在景点与某些交通单位对60或65岁以上的人都有anziani优惠。

4 女性旅客
拉丁情人非常活跃，女性在这里会比在家受到更多注意。公然注目、言词挑逗、捏屁股甚至在公车上很无礼地摩贴都很普遍。你的态度要坚定。这些多半都无妨，但可能很烦人也很讨厌。

5 女性服务资源
很少有官方资源提供对女性服务，但有一家女性书店Libreria delle Donne可算是一处参考信息中心。Libreria delle Donne：via dei Fienaroli 31，地图K6 · 电话：06-581-7724

6 学生旅客
罗马有几十个海外学习活动、一所大型大学与数以万计的国际学生。在景点说要买“studente”学生票就可获得优惠。学生多喜欢在天黑后流连于河对岸区（参见146页）与Campo de' Fiori（参见106页）的酒吧，以及许愿喷泉（Trevi Fountain）与西班牙广场台阶（Spanish Steps，参见108页）。

7 学生服务资源
学生证虽然有用，但唯一真正普遍接受的是ISIC（International Student Identity Card，国际学生证）。

8 家庭
意大利人爱家庭，也会热情欢迎你们一家人。大部分旅馆会加收30-35%费用给你的房间加床，餐厅也常有一半分量的儿童餐（mezza porzione），价钱约为成人的50-75%。

9 同性恋旅客
同性恋在意大利是合法的，在罗马这样的大都会也相当普遍被接纳，这里曾在2000年举行“世界之光”（World Pride）同志活动。

10 同志服务资源
全国性的ARCIGay组织在罗马有办事处，女同志的ARCILesbica也有分处。然而，本地的Mario Mieli与Di' Gay Project才是最重要的团体。有用的网站包括www.gay.it与www.mariomieli.org. · ARCIGay：via Goito 35B，06-6450-1102，www.arci gay. it · ARCILesbica：Via Stefanini 15，06 418 0211，www.arcilesbica.it · Di' Gay Project：Via Costomtina 82，06-513-4741，www.digay-project.org · Mario Mieli：Via Efeso 2A，06-541-3985

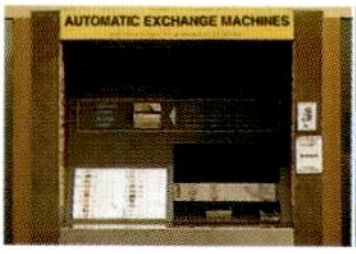

自动柜员机

邮筒

意大利银行

TOP 10 银行与通讯

1 兑换外币

一定都要在银行换钱（不然，持用美国运通卡American Express的人可以在Amex办事处兑换）才能以最划算的汇率计算，手续费也最低。要带着护照当做身份证明。急需少量的时候可在兑换亭（cambio）换，但汇率低手续费也高。除非必须，否则绝对不要在商店或旅馆兑换（或者付）旅行支票，汇率简直可怕。

2 自动柜员机

要取得罗马货币最快、最容易也最便宜的方式就是通过ATM（bancomat），直接从你的账户里取钱。不需要检查身份证，不必排队，汇率也比银行内划算，更不需手续费，除非你本国的银行要收取网外ATM使用手续费。

3 信用卡

MasterCard与 Visa到处都接受，只有小商店、小吃馆或小旅馆除外。American Express在许多地方也都接受。Diner's Club只在比较贵的地方有用。你可以用信用卡在ATM预支现金，但利息立即开始算，而且信用卡公司与发卡银行都要收取小额百分比的服务费。

4 旅行支票

虽然旅行支票仍是最安全的带钱方式（如果你弄丢了可是已记下序号，就可很快换发），但由于ATM迅速发展，旅行支票注定居后。不过，几张支票在紧急时会有用。你可用美元、英镑或欧元购买旅行支票。个人支票没有用，除非你是美国运通持卡人，这表示你能在其办事处兑现。

5 币制

意大利在2002年加入大部分欧洲国家的行列，开始使用欧元（€）取代里拉（lira）。欧元的硬币包括1、2、5、10、20与50分以及€1与€2几种，纸钞则有€5、€10、€20、€50、€100、€200与€500几种面额。

6 公用电话

意大利大部分公用电话现在只收预付卡（scheda telefonica），你可在报摊与香烟摊（tabacchi）买到几种面额。在使用之前要先折角。

7 打电话回国

在主要火车站都有国际电话亭，也有很多种国际电话预付卡（carta telefonica internazionale），但最便宜的方式是使用你本国电话账户的国际电话卡服务。如果要对方付费，拨170接国际台。绝对不要在旅馆内打，那里收费非常贵。从国外打电话至意大利，先拨你的国码再拨意大利国码（39），然后再拨电话号码，包括0在内。

8 网际网络

网络会客室与网吧如雨后春笋般兴起（你可向观光局询问，因为这些地方出现得快消失得也快）。也有越来越多的旅馆安装公用计算机可上网。

9 邮政服务

意大利的邮政速度可能很慢——一封信可能要3天或者3个月才到。你不需要去邮局（ufficio postale），只要去香烟摊或报摊买寄到目的国所需的邮票（francobolli），然后把信丢到邮筒里。邮筒通常是红色，上面标着“per tutte le alter destinazioni”（外地）。

10 收信

给你的信可寄到“FERMO Posta/Piazza San Silvestro 19/00187 Roma, Italia/ITALY”，你就可以去Piazza San Silvestro的邮政总局取信，需要交小额费用。

药局招牌

罗马的警察局

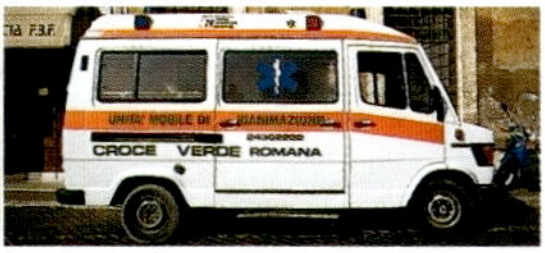

罗马的救护车

TOP 10 安全与健康

1 紧急电话号码

一般紧急事故拨113，carabinieri警察局拨112，救护车拨118，消防队拨115，汽车抛锚拨803116（要付拖运费）。

2 安全

意大利是极安全的国家。除了扒手之外，没有什么好害怕的。暴力犯罪很少，不过女性（尤其是年轻的外国女性）可能会引人注意，不过多半无害。意大利人开车很莽撞，所以你开车时要小心。

3 扒手

在拥挤的公车上，尤其是64路（参见165页），还有地铁与火车站附近以及观光客多的地方，扒手都结伙行动。要留心周围的动静，除了当天所需的钱之外，把其他钱与你的护照、信用卡、机票或火车票都放在衣服里面的包包里，将包包挂在腰间或者脖子上。

4 小贼

有些女人穿着颜色鲜艳却很脏的衣服，通常怀里抱着婴儿，她们会缠住你拼命要钱，但还有一堆小孩会转眼就把你的贵重东西偷走，而且也可能使用暴力。最普遍的招数就是包围住你，举着一块硬纸板上面胡乱写了一些字，同时乘机从底下扒窃。

5 骗子

骗子虽然不算特别猖獗，但常对观光客下手。你要提高警觉，掌控局面，骗子就无机可乘。要注意出租车可能会把计费表调整为“出城”而非本地费率，餐厅也可能在账单上加入你没有点的项目。他们也最可能试图加倍收你的信用卡费。

6 警察

你可能会跟两种警察打交道，一般的是polizia，还有一种受过军事训练的国家carabinieri部队。警察局叫做“una questura”。

7 健康保险

检查一下你的个人健康保险是否涵盖国外费用。通常你需要先付钱给医院，回国后再申请报销，不过Blue Cross/Blue Shield会员可以去罗马的关系医院，就像在自己国家一样使用会员卡。

8 医院

罗马的医院（ospedale）很有效率而且是半私人化的。急诊室叫做pronto soccorso。对于不需要住院的不太复杂的情形，他们通常帮你检查一下，必要时写个药方，就含笑把你打发走了，并没有什么书面作业。

9 药局

意大利的药局（farmacie）通常都很齐全，人员知识也很充足，可帮你应付小病。在晚上与周日，一般药局都会在外面标示出24小时营业的药局名单，包括在Piazza Barberini 49（巴尔贝里尼广场49号）的，以及罗马火车站（Termini）外面卡福尔路（Viaavour）与五百人广场（Piazza dei Cinquecento）交会口的一家。

10 饮食安全

除了火车上以及有牌子标明“非饮用水”（aqua non potabile）之外，意大利的水到处都能喝。食物多半都很安全，不过没煮熟的海鲜通常都很冒险。BSE（疯牛病）恐慌造成暂时禁止食用带骨牛肉，但这项禁令已经取消，表示极受欢迎的一道菜“佛罗伦萨牛排”（bistecca fiorentina）可以再度使用传统的丁骨牛排肉。

美琪饭店

拉斐尔

巴格利奥尼女王

TOP 10 奢华住宿

1 伊甸园（Eden）

这家历史悠久的旅馆多年来一直是名流的首选。不只是因为每处细节都精美，也因为楼顶餐厅兼酒吧可俯瞰整个城市（参见136页）。Via Ludovisi 49 · 地图E2 · 06-478-121 · www.hoteleden. it · 有残障设施 · €€€€€

2 哈斯乐（Hassler）

这是少数尚未成为豪华连锁饭店成员的高雅大旅馆之一，整个氛围充满跨越年月的奢华感。套房与著名的露台餐厅可看到罗马几处绝美景致。Piazza Trinita dei Monti 6 · 地图E2 · 电话：06-699-340 · www.hotelhasslerroma.com · 有残障设施 · €€€€€

3 俄罗斯旅馆（De Russie）

这家历史悠久的旅馆是毕加索最喜欢的地方，豪华而又低调。引人之处包括露台花园咖啡馆、一家极棒的餐厅、spa以及位于Pincio街上的秘密花园。房间宽敞高雅，充满宁静色调与舒适感。Via del Babuino 9 · 地图D2 · 电话：06-328-881 · www.roccofortehotels.com · 有残障设施 · €€€€€

4 大圣瑞吉斯（St Regis Grand）

这家旅馆最近整修后更显光鲜。这里是由凯撒·丽兹（Cesar Ritz）于1894年创立，一直是最著名的旅馆，拥有世界级的餐厅维文多（Vivendo）、商务中心与健身房，使得服务更加完善。Via VE Orlando 3 · 地图E3 · 电话：06-47-091 · www.stregis.com / grand-rome · 有残障设施 · €€€€€

5 美琪饭店（Majestic）

这是威尼托路（Via Veneto）上历史最久的旅馆，创立于1889年，整体富丽堂皇，处处可见华美装潢及古董，浴室还有按摩浴池。Via Veneto 50 · 地图E2 · 电话：06-421-441 · www.hotelmajestic.com · 有残障设施 · €€€€€

6 巴格利奥尼女王（Regina Baglioni）

宛如国王的居所，而且确有不只一位国王下榻于此。丝缎装饰的墙壁、东方地毯、画作、大理石地板、古董——这家美丽的旅馆里里外外就是一个地道的皇宫。7楼套房还可眺望罗马全景。Via Veneto 72 · 地图E2 · 电话06-421-111 · www.baglionihotels.com · 有残障设施 · €€€€€

7 洲际馆（De la Ville InterContinental）

这家极漂亮的旅馆拥有精美的艺术装饰、大理石与古董，在威尼斯玻璃大吊灯照耀之下更为优雅。每个房间都有不同主题。坐落于西班牙广场台阶（Spanish Steps）之上，享受绝对中心的位置。Via Sistina 69 · 地图D2 · 电话：06-67-331 · www.rome.inter continental.com · 有残障设施 · €€€€€

8 大华饭店（Grand Hotel Flora）

这是万豪（Marriott）连锁酒店一员，具有威尼托路上特有的精致格调。装潢以大理石、古董与柔和色调为主。屋顶的花园餐厅与钢琴酒吧不错。Via Veneto 191 · 地图E2 · 电话：06-489-929 · www.hotellfloraroma.com · 有残障设施 · €€€€€

9 朱利欧·凯撒（Giulio Cesare）

原为一位女伯爵的别墅，如今仍洋溢着贵族气派。大吊灯、古董、绘画、东方地毯与一架大钢琴是公共空间的特色。镶有镜子的走廊通往拥有大理石浴室的客房。Via degli Scipioni 287 · 地图B2 · 电话：06-321-0751 · www.hotel giuliocesare.com · €€€€

10 亚特拉斯之星（Atlante Star）

体贴的服务加上许多额外服务与设备，如免费接机及按摩浴池。Via Vitelleschi 34 · B2 · 电话：06-687-3233 · www.atlantehotels. com · €€€€€

注：除非另有说明，所有旅馆都接受信用卡，也有浴室客房与空调

罗卡诺

价格分级

包含一人份的三道式	€	低于30欧元
餐点搭配半瓶酒	€€	30-40欧元
（或对等的餐点）、	€€€	40-50欧元
税捐与服务费	€€€€	50-60欧元
	€€€€€	60欧元以上

TOP 10 浪漫的万人迷

1 威斯汀怡东饭店(Westin Excelsior)

罗马这家皇后级的旅馆，以美好年代建筑的风格与居高临下的位置闻名，处处堂皇至极，还有几家优质餐厅供你选择。Via Veneto 125 · 地图E2 · 电话：06-470-81 · www.westin.com/excelsiorrome · 有残障设施 · €€€€€

2 拜伦爵士旅馆（Lord Byron）

这家优雅的精品旅馆原为一座修道院，但今日完全看不出一丝苦修气息。装潢集各式风气与时代典型之大成，洋溢着华美丰盛之感。这里的幽静位置仿佛为市区忙乱的生活提供一味解毒剂。Via G de Notaris 5 · 地图B2 · 电话：06-322-0404 · www.lordbyronhotel.com · €€€€€

3 拉斐尔旅馆（Raphael）

绝对是罗马顶级迷人的旅馆，位于纳福那广场(Piazza Navona)的正后方，象牙色的外观代表着永恒的魅力与舒适感。门厅满是稀世艺术宝藏，大多数客房都保有最早期的装潢，有些还有拼花地板与大理石点缀。露台有绝佳景观。Largo Febo 2 · 地图L3 · 电话：06-682-831 · www.raphaelhotel.com · €€€€€

4 英格兰饭店(D'Inghilterra)

作家海明威与音乐家李斯特曾是这座17世纪旅馆的房客。这里位于名家服饰店区的中心（参见114页）。豪华客房内摆设着古董，大理石浴室内则有着新鲜兰花。Via Bocca di Leone 14 · 地图D2 · 电话：06-699-811 · www.royaldemeu re.com · 有残障设施 · €€€€€

5 法尔内塞旅馆(Farnese)

这座改装过的美好年代建筑内，眩目的视幻觉风格壁画装饰、绝佳的现代化浴室以及屋顶花园只是这里的小部分特色。华丽的布幔与挑高的天花板更是客房典型。Via Alessandro Farnese 30 · 地图C1 · 电话：06-321-2553 · www. hotelfarne se.com · €€€€

6 吉安尼柯罗大饭店（Grand Hotel del Gianicolo）

位于河对岸区上方的山丘上，前身是一所修道院，如今提供齐全的服务设施，包括附游泳池的美丽花园以及屋顶花园。这里虽然在交通繁忙地区附近，却无车马喧嚣。Viale delle Mura Gianicolensi 107 · 地图B4 · 电话：06-5833-3405 · www.grandhotelgianico lo.it · 有残障设施 · €€€€€

7 皮拉内西酒店（Hotel Piranesi）

这家浪漫的高级酒店由一个显赫的家族经营。卧室装有地板及华丽的锦缎饰品，屋顶的景色很美。Via del Babuino 196 · 地图D2 · 电话：06-328-047 · www.hotelpiranesi.com.有残障设施 · €€€€

8 公馆（La Residenza）

这里原是一座高雅的别墅，可说是罗马的一处私密园地。带遮篷的入口、豪华酒吧与露台营造出极佳的氛围。某些客房附阳台。Via Emilia 22-24 · 地图E2 · 电话：06-488-0789 · www.thegianettihotelsgroup.com · €€€

9 罗卡诺（Locarno）

位于人民广场（Piazza del Popolo）附近的新艺术风格旅馆，天井有一座小喷泉，装潢则点缀着古董，客房有挑高天花板与木质地板，早餐则在屋顶露台上享用。Via della Penna 22 · 地图D2 · 电话：06-361-0841 · www.hotellocar no.com · €€€

10 圣安塞尔摩与圣皮欧别馆（St Anselmo and Villa San Pio）

这两座相连的建筑位于一处宁静的小丘上，空间宽敞亲切。以洛可可式装潢为主，包括织锦壁毯与大型吊灯。Piazza Sant' Anselmo 2 · 地图D5 · 电话：06-574-3547 · www. aventinohotels.com · €€€

万神殿旅馆

万神殿旅馆的客房

TOP 10 舒适有型的超值旅馆

1 万神殿旅馆（Pantheon） 离万神殿不到一条街口。公共空间装饰着彩绘玻璃、镶嵌画、露梁天花板以及极具气派的水晶吊灯。每间客房门口都有着罗马一座方尖碑的古董版画，室内则有鲜花摆饰。Via dei Pastini 131 · 地图M3 · 电话：06-678-7746 · www. ho telpantheon. com · 有残障设施 · €€€€

2 波哥纽尼（Dei Borgognoni） 这座绝对具时代感的建筑让人有远离尘嚣的感觉。放暗的照明与色调更强调古意，幽静的花园特别迷人。某些客房有私属阳台。Via deil Bufalo 126 · 地图P1 · 电话：06-6994-1505 · www.hotel borgognoni.it · 有残障设施 · €€€€

3 康多提（Condotti） 这家旅馆位于名品服饰店街上（参见111页），拥有舒适的环境与富时代感的装潢。所有房间都有隔音设施，还有许多客房可俯瞰罗马的屋顶，有一间客房有阳台。Via Mario de 'Fiori 37 · 地图N1 · 电话：06-679-4661 · www. hotelcondotti.com · €€€

4 凯撒旅馆（Cesari） 这家小型珍宝旅馆在1800年非常出名，法国作家司汤达曾下榻于此，至今外观仍无多大改变。然而内部却已更新，再搭配着古董与旧版画。所有客房都有蓝色大理石浴室。Via di Pietra 89A · 地图N2 · 电话：06-674-9701 · www. albergocesari. it · €€€

5 帝国议事广场骑士旅馆（Fori Imperiali Cavalieri） 距离这里的古迹中心各景点只有几步路，却宁静至极，与装潢及服务相得益彰。这座历史性建筑历经整修，每间客房都有可上网装置。Via Frangipane 34 · 地图Q5 · 电话：06-679-6246 · www.cavalieri. it · 有残障设施 · €€€

6 蝾螈（Tritone） 离许愿喷泉（Trevi Fountain）与其他许多景点都非常近。双层玻璃与地板全面铺地毯，确使这里保有幽静的特色。在屋顶花园享用自助式早餐是一种享受。Via del Tritone 210 · 地图P1 · 电话：06-6992-2575 · www.travelro ma.com · €€€€

7 提托佩斯33（Teatropace33） 离那佛纳广场(Piazza Navona）几分钟路程，漂亮的建筑曾是红衣主教的宅邸，已经过复原。装饰华丽的酒店中每个房间都各不相同，没有电梯。Via del Teatro Pace 33 · 地图L2 · 电话：06-687-9075 · www.hotelteatropace.com · €€€

8 圣其亚拉（Santa Chiara） 拥有3栋古建筑，由同一家族经营已有200年之久。位于万神殿的后方，所有客房都宽敞富有特色，主要包括大理石桌面、橡木床头板与洞石粉刷的浴室。Via Santa Chiara 21 · 地图M3 · 电话：06-687-1979 · www. alber gosanta chiara. com · €€€

9 依萨（Isa） 靠近圣彼得大教堂，别具特色。旅馆里面充满神奇的古典气息，使你知道自己确实身在罗马—壁画、丝缎墙幔与大理石浴室，大部分客房都有阳台。Via Cicerone 39 · 地图B3 · 电话：06-6616-3224 · www. boutiquehotelisa.com · €€€

10 艺术家旅馆（Des Artistes） 舒适的禁烟旅馆。迷人的帷幔、画作与大理石浴室营造出豪华气氛，客房里也装有上网入口。这里是罗马火车站（Termini）一带的最佳选择，还有一层客房专门提供给预算有限的旅客。Via Villafranca 20 · 地图F3 · 电话：06-445-4365.www.hoteldesar tistes.com · €€

注：除非另有说明，所有旅馆都接受信用卡，也有浴室套房与空调

万神殿太阳旅馆

价格分级

包含一人份的三道式餐点搭配半瓶酒（或对等的餐点）、税捐与服务费

€	低于30欧欧
€€	30-40欧元
€€€	40-50欧元
€€€€	50-60欧元
€€€€€	60欧元以上

TOP 10 有景观的房间

1 万神殿太阳旅馆 (Sole al Pantheon)

这家出色的旅馆从1467年起就是一个客栈，曾是文艺复兴时期作家阿利奥斯托（Ariosto）下榻处。面对着万神殿，许多客房内都有富时代风格的装饰，也有现代化的按摩浴池与双层玻璃。Piazza della Rotonda 63 · 地图M3 · 电话：06-678-0441 · www.hotelsolealpantheon.com · €€€€€

2 维多利亚旅馆（Victoria）

转角就有许多超级邻居（参见170页），但如果你想要离威尼托路近一点，这家旅馆就很实惠。露台上的酒吧拥有壮观的视野，可眺望古奥瑞里安壁垒（Aurelian Wall）与博尔盖塞别墅（Villa Borghese）。服务极佳。Via Campania 41 · 地图E2 · 电话：06-473-931 · www.hotelvictoriaroma.com · 有残障设施 · €€€

3 西班牙广场台阶 (Scalinata di Spagna)

这家旅馆位于西班牙广场台阶（Spanish Steps）上方一座18世纪的别墅内，优越的地点令人称羡，许多客房还拥有阳台可俯瞰景致。客房不大，但装饰极美。需要预订。Piazza Trinita dei Monti 17 · 地图D2 · 电话：06-679-3006 · www.hotelscalinata.com · 有残障设施 · €€€

4 阿凡提纳之屋 (Domus Aventina)

这里原是一座14世纪的修道院，正面有着17世纪的外观。客房很大，色调柔和。从阳台与露台可看到极佳景致，版画、壁画与古典艺品更添高雅。Via di Santa Prisca 11B · 地图D5 · 电话：06-574-6135 · www.hoteldomusaventina.com · €€€

5 庞培剧场（Teatro di Pompeo）

用早餐地点就位于罗马的第一座剧场拱门之下，那是庞培（Pompey the Great）于公元前55年所建。客房内的许多设施与风格不逊于大旅馆。Largo del Pallaro 8 · 地图N6 · 电话：06-687-2566 · www.hotelteatrodipopeo. it · €€€

6 花冠（Coronet）

这家小旅馆位于潘菲利宫（参见93页）一隅。你可要求能看到花园的靠里面的房间。Piazza Grazioli 5 · 地图N3 · 电话：06-679-2341 · www.hotelcoronet.com · €€€

7 宏姆斯（Homs）

这家中型旅馆位于一条安静的商店街上，样子有一点朴素，但处处可见的古董摆设为之增添了高雅的感觉。这里有两个屋顶露台，一个是终年供应的早餐区，从那里可眺望宽广的罗马天际线。Via della Vite 71-72 · 地图D2 · 电话：06-679-2976 · www.hotelhoms.it · €€€

8 西班牙广场台阶客栈 (Inn at the Spanish Steps)

这家高级旅馆是一座17世纪的建筑，童话作家安徒生曾住在此地。从这里的屋顶花园可看到西班牙广场台阶的绝迹景致。客房设备齐全，包括卫星电视以及上网装置。Via dei Condotti 85 · 地图D2 · 电话：06-699-25657 · www.atspanishsteps.com · €€€€€

9 蛇路太阳旅馆 (Albergo del Sole al Biscione)

据称是罗马的第一家旅馆，拥有露台，客房拥有基本设施，但气氛惬意。不提供早餐。Via del Biscione 76 · 地图L4 · 电话：06-6880-6873 · www.solealbiscione.it · 不收信用卡 · €€

10 阿布鲁齐（Abruzzi）

旧式的公寓型旅馆。客房大而干净。Piazza della Rotonda 69 · 地图M3 · 电话：06-679-2021 · www.ho telabruzzi.it · 不收信用卡 · 无浴室套房 · €€€

骑士希尔顿饭店

TOP 10 商务旅馆

1 密涅瓦大饭店（Grand Hotel de la Minerve）
位于万神殿后方的方赛卡宫，服务与品质都达最高国际水准。客房非常宽敞，屋顶露台还可眺望全罗马。Piazza della Minerva 69 · 地图M3 · 电话：06-695-201 · www. grand hotel delaminerve. it · €€€€€

2 普林西皮公园饭店（Parco dei Principi）
位于博尔盖塞别墅的边缘，然而是意大利宫廷式装潢。每间客房都可欣赏到绿意盎然的公园与罗马城的建筑圆顶。有健身馆、游泳池、天井、交谊厅及设备齐全的商务中心。Via G Fres cobaldi 5 · 地图E2 · 电话：06-854-421 · www.parco deiprinci pi.com · €€€€€

3 广场大饭店（Grand Hotel Plaza）
创立于19世纪60年代，是罗马极富历史性的旅馆之一，洋溢着奢华风格。彩绘玻璃天窗、吊灯、壁画与古董的大型沙龙结合现代化设施，营造出舒适的氛围。宽敞的屋顶露台则提供令人惊艳的景观。Via del Corso 126 · 地图D2 · 电话：06-624-95 · www.grandhotelplaza. com · €€€€€

4 骑士希尔顿饭店（Cavalieri Hilton）
坐落于河对岸的丘顶，也位于市中心的外围，有两个餐厅（其中包括Michellinstorred）、四个酒吧，还有室内与室外游泳池、美容院、spa、健身房、网球场与公园，大概是罗马最气派的商务活动场所。Via Cadlolo 101 · 地图B1 · 电话：06-350-91 · www. cavalierihilton.it · 有残障设施 · €€€€€

5 梅森纳特宫（Mecenate Palace）
这家舒适的旅馆可看到大圣母教堂（参见127页），旅馆名字源于奥古斯都·凯撒底下一位艺术赞助者。露台咖啡馆是举行小型会议的理想场地，还有一个会议厅可容40人。Via Carlo Alberto 3 · 地图F3 · 电话：06-4470-2024 · www.mece natepalace. com · 有残障设施 · €€€€€

6 蒙特西托瑞国家饭店（Nazionale a Montecitorio）
与意大利议会相邻，许多政治人物都下榻于此。这里拥有一种皇家的氛围，尤其是在铺设大理石地板的餐厅内。Piazza Montecitorio 131 · 地图M1 · 电话：06-695-001 · www.nazionaleroma.it · 有残障设施 · €€€€

7 布里斯托贝尔尼尼饭店（Bernini Bristol）
这个貌不惊人的建筑面对着贝尔尼尼的海神喷泉（参见133页）。这个旅馆里面的装潢也不吸引人，但处处铺着大理石，感觉舒适，还有一个秘密arial及其他设施。有一个屋顶花园，顶楼的客房可看到很好的景观。Piazza Barberini 23 · 地图Q1 · 电话：06 488 3051 · www.berninibristol.com · 有残障设施 · €€€€€

8 领事饭店（Dei Consoli）
高雅精致，还有各种方便的设施，包括可上网的装置、水压按摩以及会议室。Via Varrone 2D · 地图B2 · 电话：06-889-2972 · www.hoteldeiconsoli.com · 有残障设施 · €€€€

9 议事广场旅馆（Forum）
这家修道院变身的旅馆有一个屋顶花园餐厅，可俯瞰帝国广场。会议室可容15-80人，设备齐全。Via Tor de' Conti 25-30 · 地图P4 · 电话：06-679-2446 · www.hotelforumrome.com · €€€

10 圣母旅馆（Santa Maria）
这家位于河对岸区的新旅馆是由修道院改装而成，所有设施一应俱全，例如会议场地与设备。Vicolo del Piede 2 · 地图K6 · 电话：06-589-4626 · www.hotelsantamaria · info · DA · €€€

注：除非另有说明，所有旅馆都接受信用卡有浴室套房与空调

价格分级

包含一人份的三道式	€	低于30欧元
餐点搭配半瓶酒	€€	30-40欧元
（或对等的餐点）、	€€€	40-50欧元
税捐与服务费	€€€€	50-60欧元
	€€€€€	60欧元以上

屋顶露台，议事广场旅馆

TOP10 经济旅馆

1 圣安娜旅馆（Sant'Anna）

这家时髦小旅馆位于圣彼得大教堂旁边的中世纪Borgo街上，早餐室内有壁画，庭院里有一个喷泉。客房宽敞，顶楼的客房还自带小阳台。这一带安祥宁静，极富老罗马的感觉。Borgo Pio 134 · 地图B3 · 电话：06-6880-1602 · www.hotelsantanna.com · €€€

2 圣卡洛旅馆（San Carlo）

整体装潢反映着古典特色，大理石装饰处处可见。这家旅馆位于西班牙广场台阶附近的一条安静小街上，客房轻简而宽敞，某些房间有自带阳台，可看到屋顶景观。早餐在屋顶花园享用。Via delle Carrozze 93 · 地图D2 · 电话：06-678-4548 · www.ho telsancarloroma.com · €€€

3 阿里曼蒂（Alimandi）

这家旅馆很靠近梵蒂冈，新近整修过，增加了一处漂亮的前厅与一些大客房。以这里的价位而言，露台与屋顶花园算是相当出色的地方。员工服务品质极佳。这里位于一条相当安静的商店街上，搭乘大众运输工具很方便。有免费的有线电视与机场巴士。Via Tunisi 8 · 地图B2 · 电话：06-3972-3941 · www.alimandi.org · €€

4 水塔（La Cisterna）

这家旅馆位于河对岸区的中世纪心脏地带，各方面都极佳：舒适，新近装修的客房，而且僻处一条安静的街上。后面的小庭院内有一个喷泉，房客常在院内吃早餐或者纯粹休息。Via della Cisterna 8 · 地图K6 · 电话：06-581-7212.www.cisterna hotel.it · €€

5 圣普瑞斯卡（Santa Prisca）

这个地方是经过变装的现代修道院建筑，略带医院的感觉，但四周环绕着自属公园与绿荫阳台，还有充足的免费停车位。这里也有一家餐厅以及美式酒吧。Largo M Gelsomini 25 · 地图D6 · 电话：06-525-0009 · www. hotelsantaprisca.it · 有残障设施 · €€

6 玛尔古塔旅馆（Margutta）

以地点与价位而言，这里是一个相当出色的选择。外观与公共空间装潢低调，但客房干净清爽，还有铸铁做的床铺。有几间客房共享一个屋顶露台。Via Laurina 34 · 地图D2 · 电话：06-322-3674 · www. hotelmargutta.it · €€

7 花之田野广场旅馆（Campo de' Fiori）

友善，干净，地点也好。屋顶露台可俯瞰古城区的屋顶、教堂尖塔与圆顶。内部装潢洋溢着思古幽情，让你悟到自己置身于一个中世纪建筑里：镜子，壁画以及外露的砖墙。Via del Biscione 6 · 地图L4 · 电话：06-6880-6895 · www.hotelcampodefiori.com · 没有空调 · €€

8 Carmel

老式的公寓式旅馆，装潢是斯巴达风格，但有一个覆满葡萄藤的露台，而且大部分客房都有双层玻璃。最独特的是有一间犹太式厨房，专供犹太房客使用。Via Goffredo Mameli 11 · 地图K6 · 电话：06-580-9921 · www.hotelcarmel.hotmail.com · €€

9 翡翠（Smeraldo）

就地点与品质而言都是极佳选择。旅馆名字源于入口处的翡翠绿大理石，而且整间旅馆都带着大理石色调。客房干净简洁，还有两个露台。某些房间有自属阳台。Vicolo dei Chiodaroli 9 · 地图M4 · 电话：06-687-5929 · www. smeraldoroma.com · €€

10 河对岸区旅馆（Trastevere）

这个质朴的建筑具有河对岸区的中世纪魅力。处处点缀着外露的砖饰，墙壁上也装饰着蜡印图案。客房可望见当地市场。Via L Manara 24A-25 · 地图K6 · 电话：06-581-4713 · www.hoteltrastevere.com · €€

珊蒂旅舍　　亚力山卓城中店

TOP 10 青年旅舍与宗教招待所

1 彩色旅馆（Colors）
由经验丰富的“玩在罗马”（Enjoy Rome）团队经营，位于圣彼得大教堂附近的一条安静街道上，位置相当好。客房很干净，员工态度友善，能说多种语言。可以上网，也可免费使用厨房与露台。无宵禁，无早餐。有自己开伙的公寓。Via Boezio 31 · 地图B2 · 电话：066-874-030 · www.colorshotel.com · 不收信用卡 · €€

2 福地塔（Fawlty Towers）
位于罗马火车站环境比较好的北侧，可以上网，有厨房、卫星电视与露台。员工会说英语，也很乐意帮忙。无宵禁，也不锁门。个人客房需要预订，不然就是先到先住。包括早餐。Via magenta 39 · 地图E2 · 电话：06-445-4802 · www.fawltytowers.org · 不收信用卡 · 没有空调 · €€€

3 M & J 青年旅舍（M & J Place Hostel）
就在罗马火车站右侧，有厨房，可上网，没有宵禁。员工说多种语言，柜台24小时接待，提供寄物柜与行李寄放服务，也提供观光信息与折价券。有宿舍以及个人客房。包括早餐。Via Solferino 9 · 地图E2 · 电话：06-446-2802 · www.mejplacehostel.com · 不收信用卡 · €

4 亚力山卓青年旅舍与亚力山卓城中店（Hostel Alessandro & Alessandro Downtown）
来自多国的员工态度亲切，24小时接待，没有宵禁，有厨房，可上网，有免费咖啡与茶点，还有寄物柜、免费地图与观光信息。亚力山卓青年旅舍位于火车站北侧，亚力山卓城中店位于靠近卡福路（Via Cavour）的另一侧。Via Vicenza 42 & Viia Carlo Cattaneo 23 · 地图E2 · 电话：064-461-958/4340147 · www.hostelalessandro.com · 空调（仅城中店）· 有残障设施（仅有城中店）· €

5 渥达维旅馆（Hotel Ottaviano）
私人旅馆／青年旅舍，就在梵蒂冈城墙外。员工态度亲切，会说英语，宵禁。有卫星电视，可上网，提供寄物柜、观光信息与地图，无早餐。老板与珊蒂旅舍是同一人。Via Ottaviano 6 · 地图B3 · 电话：06-3973-7253 · com · 不收信用卡 · 无空调 · €

6 珊蒂旅舍（Hostel Sandy）
全部都是宿舍的青年旅舍。房间内的睡觉时间是3至8时。许多房间有冰箱。没有宵禁。有寄物柜、旅游信息、地图，免费上网。Via Cavour 136 · 地图E3 · 电话：06-488-4585 · www.sandyhoustel.com · 不收信用卡 · 没有空调 · €

7 西塞隆内28民宿（Bed & Breakfast Cicerone 28）
这个梵蒂冈附近的简单公寓干净而安静。具基本设施的客房有附浴室的套房，也有共享浴室的客房，有一间附电视的早餐室。Via Cicerone 28 · 地图B2 · 电话：063-208-295 · www.cicerone28.it · 不收信用卡 · €

8 B&B代理
若想在罗马的B&B，可以跟罗马B&B协会（B&B Association of Rome）联络。B&B Association of Rome：Via A Pacinotti 73 · 电话：065-530-2248 · www.bb.rm.it

9 蜂窝（The Beehive）
这家半旅馆半青年旅舍（有一间宿舍）由一对美国夫妇经营，靠近罗马火车站但很安静，围墙内有一座花园。提供免费上网与国内电话。Via Marghera 8 · 地图K4 · 电话：06-4470-4553 · www. tehbeehive. com · 不收信用卡 · €

10 性灵传播中心（Centro Diffusione Spiritualita）
宗教招待所，样子不起眼但干净整齐。Via dei Riari 43-44 · 地图J5 · 电话：06-6880-6122（06-8530-1758预订）· 不收信用卡 · 无空调 · €

注：除非另有说明，所有旅馆都接受信用卡，有浴室套房与空调

维拉伯若公馆风景

价格分级

包含一人份的三道式餐点搭配半瓶酒（或对等的餐点）、税捐与服务费

€	低于3欧元
€€	30-40欧元
€€€	40-50欧元
€€€€	50-60欧元
€€€€€	60欧元以上

TOP10 住宅与公寓

1 圣其亚拉（Santa Chiara）

这里就在万神殿的后面，是体验市中心生活的理想地点。有适合3至5人的3间公寓，最顶层的一间饰有露梁天花板与壁炉，露台上还可欣赏到难忘的古罗马建筑圆顶景致。Via S Chiara 21 · 地图M3 · 电话：06-687-2979 · www.albergosantachiara.com · €€

2 维拉伯若公馆（Residence Palazzo al Velabro）

这座高雅的建筑就位于威尼斯广场（Piazza Venezia）的转角，环境豪华而不铺张，具私密性又很方便。房客住的寓所都是以罗马皇帝、天神、国王或诗人为名。员工都很乐于助人。至少住3天。Via del Velabro 16 · N4 · 电话：06-679-2758 · www.velabro.it · 有残障设施 · €€€

3 阿尔德罗凡第府（Aldrovandi Residence）

在市中心外围，就位于帕瑞欧里区（Parioli）博尔盖塞别墅（Villa Borghese）的后面，环境绿意盎然。装潢美丽，服务恭谨。房客欢迎使用隔壁的阿尔德罗凡第旅馆（Hotel Aldrovandi）游泳池。至少住1星期。Via Aldrovandi 11 · 电车路线8 · 电话：06-322-1430 · www. aldrovandiresi dence.it · 有残障设施 · €07

4 法尔内塞公馆（Residenza Farnese）

非常好的选择，就在法尔内塞广场（Piazza Farnese）的转角，空间宽敞舒适。这栋建筑是由一座15世纪的宫殿改装而成，环境极富历史意义。Via del Mascherone 59 · 地图K4 · 电话：066-889-1388 · www.residenzafarneseroma.it · €€€

5 河畔公馆（Residence Ripetta）

这里非常靠近人民广场（Piazza del Popolo），是将一座17世纪的修道院改装而成，提供各类型住所给长、短期房客。装潢风格相当简洁但很干净，员工也都能尽量提供你所需的服务。至少住1周。Via di Ripetta 231 · 地图D2 · 电话：06-323-1144 · www.ripetta.it · 有残障设施 · €€€

6 河对岸区（Trastevere）

位于这个中世纪风格地区的中心，离主要广场只有一条街口。这家朴实的旅馆也提供附厨房的公寓，环境小而干净。Via L Manara 24A-25 · 地图K6 · 电话：06-581-4713 · www.hoteltrastevere.com · €€

7 巴别诺公馆（Residence Babuino）

这所公馆位于罗马极时髦的一条街上，拥有几个附家具的小套房。装潢综合了现代与中古风味：有木梁天花板，也有现代家具。客房宽敞，某些还有阳台。最少住1个月。Via del Babuino 172 · 地图D2 · 电话：06-361-1663 · 不收信用卡 · €€€€

8 河对岸区公馆（Residence In Trastevere）

这栋17世纪的小型公馆如今已改装为套房，具有露梁天花板、彩色装饰与其他很不错的装潢特色。屋顶露台可欣赏Gianicolo与河川景致。至少住1周。Vicolo Moroni 35-36 · 地图K6 · 电话：06-581-2768 · www.romerenting.com · 不收信用卡 · 没有空调 · €

9 维托利亚公馆（Residence Vittoria）

位于罗马最时髦的商业区，处处表现出豪华特色。建筑内有各类型住所，有大房间，也有阁楼型。至少住1个月。Via Vittoria 60-64 · 地图D2 · 电话：06-679-7533 · www.residence vittoria.com · 不收信用卡 · €€€€€

10 出租公寓（Apartment Rentals）

有许多地方提供出租公寓服务。AT@HOME · Via del Babuino 56 · 电话：063-210-102 · www.athomeitaly.com · Rome Sweet Home：Via della Vite 32 · 电话：066-9924-833 · www.romesweet home.it · €

致谢

主要撰稿者:

美国作家瑞德·布瑞布利特从小就断断续续居住于罗马。他曾为好几本意大利旅游指南写稿，同时也是《Eyewitness Top 10 Travel Guide to Tuscany》的作者。

杰弗瑞·肯尼迪出生于美国，但在罗马已住了将近18年。他毕业于斯坦福大学，从事（戏剧）制作、写作与演戏。最近他在编写并制作意大利博物馆导览，并且主持Discovery Channel的Must See Rome节目。

主摄影师:

Demetrio Carrasco

其他摄影师:

Max Alexander, Foto Carfagna & Associati,Guiseppe Carfagna John Heseltine, Mike Dunning, Kim Sayer

插图:

Chris Orr & Associates

地图:

Dominic Beddow,
Simonetta Giori (Draughtsman Ltd)

特别助理:

本书作者感谢: Rob Allyn, Giulia Bernardini, Gianluca Borghese, Jeff Burden, Jolie Chain, Diletta Donati, Elizabeth Geoghegan, Suzanne Hartley, Hanja Kochansky, Clark Lawrence, Adrian McCourt, Roberta Mencucci, Odile Morin, Ruth Morss, Maria Giovanna Musso, Frances Nacman, Claudio Nigro, Elaine O'Reilly, Rachel Potts, Aloma Valentini, Lila Yawn

图片版权:

Every effort has been made to trace the copyright holders, and we apologize in advance for any unintentional omissions. We would be pleased to insert the appropriate acknowledgements in any subsequent edition of this publication.

The publishers would like to thank the following individuals, companies, and picture libraries for permission to reproduce their photographs:

AFP, London: 66b; AISA, Barcelona: 6tr, 8-9c, 9t; AKG, London: 28b, 38tl, 38tr, 39t, 41r, 48tl, 56c, 57r, 58tl, 58tr,112tl, "The Creation of Adam" by Michelangelo Buonarroti 10tl, "Ezekiel" by Michelangelo Buonarroti 10tr, "The Fall from Grace" by Michelangelo Buonarroti 11c, "The life of Moses" by Sandro Botticelli 11b, "The School of Athens" by Raphael 48b, Hilbich 7br, 36-37c, Erich Lessing 19ca, 30b, 31c, 38b, 39r, "Appointment of St Matthew" by Caravaggio 49t, Jean-Louis Nou 31b Alexanderplat2 147tr The Art Archre Museo Capitolino Rome/Dagli Orti 24C Babington's English Tea Room 116TL; 116TR; BRIDGEMAN ART LIBRARY: 56tl, Galleria Borghese "Sacred and Profane Love" 1515 6b, 21b,"Apollo and Daphne" by Bernini 20b, Pinacoteca Capitolina Palazzo Conservatori "The Fortune Teller" by Caravaggio 27t, Library of Congress 56tr, Keats-Shelley Memorial House Rome 57bl, Palazzo Massimo alle Terme 29cr, 30tr, Santa Maria del Popolo "The Crucifixion of St Peter" by Caravaggio 32b, Spirito Santo Prato 67r

CORBIS: 25ca, 89-81c

IL DAGHERROTIPO, Rome: Giovanni Rinaldi 66tl, 67c; 165tr

Marco Ravasini 130TL

JACKIE GORDON: 169tl
Hemisphere images Jean du Boisberrahger 68tl Hotels Alessandro 176tr MARKA, Milan: Roberto Benzi 168tc

PA PHOTOS: Epa/Ansa/Luciano del Castillo 66tr.

SCALA: 7ca, 19b, 20ca, 21t, 21c, 28c, 28-29c, 29t, 29ca, 29b, 30tl, 36t, 36cl, 36b, 37t .

All other images are ©DK.
For further information see www.dkimages.com

日常用语（英－意－发音对照）

紧急情况

Help!	Aiuto!	eye-yoo-toh
Stop!	Fermate!	fair-mah-teh
Call a doctor.	Chiama un medico	kee-ah-mah oon meh-dee-koh
Call an ambulance.	Chiama un' ambulanza	kee-ah-mah oon am-boo-lan-tsa
Call the police.	Chiama la polizia	kee-ah-mah lah pol-ee-tsee-ah
Call the fire brigade.	Chiama i pompieri	kee-ah-mah ee pom-pee-air-ee

礼貌用语

Yes/No	Si/No	see/noh
Please	Per favore	pair fah-vor-eh
Thank you	Grazie	grah-tsee-eh
Excuse me	Mi scusi	mee skoo-zee
Hello	Buon giorno	bwon jor-noh
Goodbye	Arrivederci	ah-ree-veh-dair-chee
Good evening	Buona sera	bwon-ah sair-ah
What?	Quale?	kwah-leh?
When?	Quando?	kwan-doh?
Why?	Perchè?	pair-keh?
Where?	Dove?	doh-veh?

常用短语

How are you?	Come sta?	koh-meh stah?
Very well, thank you.	Molto bene, grazie.	moll-toh beh-neh grah-tsee-eh
Pleased to meet you.	Piacere di conoscerla.	pee-ah-chair-eh dee-coh-noh-shair-lah
That's fine.	Va bene.	va beh-neh
Where is/are ...?	Dov'è/ Dove sono ...?	dov-eh/doveh soh-noh?
How do I get to ...?	Come faccio per arrivare a ...?	koh-meh fah-choh pair arri-var-eh ah..?
Do you speak English?	Parla inglese?	par-lah een-gleh-zeh?
I don't understand.	Non capisco.	non ka-pee-skoh
I'm sorry.	Mi dispiace.	mee dee-spee-ah-cheh

购物

How much does this cost?	Quant'è, per favore?	kwan-teh pair fah-vor-eh?
I would like ...	Vorrei ...	vor-ray
Do you have ...?	Avete ...?	ah-veh-teh.. ?
Do you take credit cards?	Accettate carte di credito?	ah-chet-tah-teh kar-teh dee creh-dee-toh?
What time do you open/close?	A che ora apre/ chiude?	ah keh or-ah ah-preh/kee-oo-deh?
this one	questo	kweh-stoh
that one	quello	kwell-oh
expensive	caro	kar-oh
cheap	a buon prezzo	ah bwon pret-soh
size, clothes	la taglia	lah tah-lee-ah
size, shoes	il numero	eel noo-mair-oh
white	bianco	bee-ang-koh
black	nero	neh-roh
red	rosso	ross-oh
yellow	giallo	jal-loh
green	verde	vair-deh
blue	blu	bloo

公共场所

bakery	il forno /il panificio	eel forn-oh /eel pan-ee-fee-choh
bank	la banca	lah bang-kah
bookshop	la libreria	lah lee-breh-ree-ah
cake shop	la pasticceria	lah pas-tee-chair-ee-ah
chemist	la farmacia	lah far-mah-chee-ah
delicatessen	la salumeria	lah sah-loo-meh-ree-ah
department store	il grande magazzino	eel gran-deh mag-gad-zee-noh
grocery	alimentari	ah-lee-men-tah-ree
hairdresser	il parrucchiere	eel par-oo-kee-air-eh
ice cream parlour	la gelateria	lah jel-lah-tair-ree-ah
market	il mercato	eel mair-kah-toh
newsstand	l'edicola	leh-dee-koh-lah
post office	l'ufficio postale	loo-fee-choh pos-tah-leh
supermarket	il supermercato	eel su-pair-mair-kah-toh
tobacconist	il tabaccaio	eel tah-bak-eye-oh
travel agency	l'agenzia di viaggi	lah-jen-tsee-ah dee vee-ad-jee

观光

art gallery	la pinacoteca	lah peena-koh-teh-kah
bus stop	la fermata dell'autobus	lah fair-mah-tah dell ow-toh-booss
church	la chiesa la basilica	lah kee-eh-zah lah bah-seel-i-kah
closed for holidays	chiuso per le ferie	kee-oo-zoh pair leh fair-ee-eh
garden	il giardino	eel jar-dee-no
museum	il museo	eel moo-zeh-oh
railway station	la stazione	lah stah-tsee-oh-neh
tourist information	l'ufficio di turismo	loo-fee-choh dee too-ree-smoh

在酒店

Do you have any vacant rooms?	Avete camere libere?	ah-veh-teh kah-mair-eh lee-bair-eh?
double room	una camera doppia	oona kah-mair-ah doh-pee-ah
with double bed	con letto matrimoniale	kon let-toh mah-tree-moh-nee-ah-leh
twin room	una camera con due letti	oona kah-mair-ah kon doo-eh let-tee
single room	una camera singola	oona kah-mair-ah sing-goh-lah
room with a bath, shower	una camera con bagno, con doccia	oona kah-mair-ah kon ban-yoh, kon dot-chah
I have a reservation.	Ho fatto una prenotazione.	oh fat-toh oona preh-noh-tah-tsee-oh-neh

用餐

Have you got a table for ...?	Avete una tavola per ... ?	ah-veh-teh oona tah-voh-lah pair ...?
I'd like to reserve a table.	Vorrei riservare una tavola.	vor-ray ree-sair-vah-reh oona tah-voh-lah
breakfast	colazione	koh-lah-tsee-oh-neh
lunch	pranzo	pran-tsoh
dinner	cena	cheh-nah
the bill	il conto	eel kon-toh
waitress	cameriera	kah-mair-ee-air-ah
waiter	cameriere	kah-mair-ee-air-eh
fixed price menu	il menù a prezzo fisso	eel meh-noo ah pret-soh fee-soh
dish of the day	piatto del giorno	pee-ah-toh dell jor-no
starter	antipasto	an-tee-pass-toh
first course	il primo	eel pree-moh
main course	il secondo	eel seh-kon-doh
vegetables	contorni	eel kon-tor-noh
dessert	il dolce	eel doll-cheh
cover charge	il coperto	eel koh-pair-toh
wine list	la lista dei vini	lah lee-stah day vee-nee
glass	il bicchiere	eel bee-kee-air-eh
bottle	la bottiglia	lah bot-teel-yah
knife	il coltello	eel kol-tell-oh
fork	la forchetta	lah for-ket-tah
spoon	il cucchiaio	eel koo-kee-eye-oh

点菜（意－发音－英）

l'acqua minerale gassata/naturale	lah-kwah mee-nair-ah-leh gah-zah-tah/nah-too-rah-leh	mineral water fizzy/still
agnello	ah-niell-oh	lamb
aglio	al-ee-oh	garlic
al forno	al for-noh	baked
alla griglia	ah-lah greel-yah	grilled
la birra	lah beer-rah	beer
la bistecca	lah bee-stek-kah	steak
il burro	eel boor-oh	butter
il caffè	eel kah-feh	coffee
la carne	la kar-neh	meat
carne di maiale	kar-neh dee mah-yah-leh	pork
la cipolla	la chip-oh-lah	onion
i fagioli	ee fah-joh-lee	beans
il formaggio	eel for-mad-joh	cheese
le fragole	leh frah-goh-leh	strawberries
il fritto misto	eel free-toh mees-toh	mixed fried dish
la frutta	la froot-tah	fruit
frutti di mare	froo-tee dee mah-reh	seafood
i funghi	ee foon-ghee	mushrooms
i gamberi	ee gam-bair-ee	prawns
il gelato	eel jel-lah-toh	ice cream
l'insalata	leen-sah-lah-tah	salad
il latte	eel laht-teh	milk
il manzo	eel man-tsoh	beef
l'olio	loh-lee-oh	oil
il pane	eel pah-neh	bread
le patate	leh pah-tah-teh	potatoes
le patatine fritte	leh pah-tah-teen-eh free-teh	chips
il pepe	eel peh-peh	pepper
il pesce	eel pesh-eh	fish
il pollo	eel poll-oh	chicken
il pomodoro	eel poh-moh-dor-oh	tomato
il prosciutto cotto/crudo	eel pro-shoo-toh kot-toh/kroo-doh	ham cooked/cured
il riso	eel ree-zoh	rice
il sale	eel sah-leh	salt
la salsiccia	lah sal-see-chah	sausage
succo d'arancia/di limone	soo-koh dah-ran-chah/dee lee-moh-neh	orange/lemon juice
il tè	eel teh	tea
la torta	lah tor-tah	cake/tart
l'uovo	loo-oh-voh	egg
vino bianco	vee-noh bee-ang-koh	white wine
vino rosso	vee-noh ross-oh	red wine
le vongole	leh von-goh-leh	clams
lo zucchero	loh zoo-kair-oh	sugar
la zuppa	lah tsoo-pah	soup

数字

1	uno	oo-noh
2	due	doo-eh
3	tre	treh
4	quattro	kwat-roh
5	cinque	ching-kweh
6	sei	say-ee
7	sette	set-teh
8	otto	ot-toh
9	nove	noh-veh
10	dieci	dee-eh-chee
11	undici	oon-dee-chee
12	dodici	doh-dee-chee
13	tredici	tray-dee-chee
14	quattordici	kwat-tor-dee-chee
15	quindici	kwin-dee-chee
16	sedici	say-dee-chee
17	diciassette	dee-chah-set-teh
18	diciotto	dee-chot-toh
19	diciannove	dee-chah-noh-veh
20	venti	ven-tee
30	trenta	tren-tah
40	quaranta	kwah-ran-tah
50	cinquanta	ching-kwan-tah
60	sessanta	sess-an-tah
70	settanta	set-tan-tah
80	ottanta	ot-tan-tah
90	novanta	noh-van-tah
100	cento	chen-toh
1,000	mille	mee-leh
2,000	duemila	doo-eh mee-lah
1,000,000	un milione	oon meel-yoh-neh

时间

one minute	un minuto	oon mee-noo-toh
one hour	un'ora	oon or-ah
a day	un giorno	oon jor-noh
Monday	lunedì	loo-neh-dee
Tuesday	martedì	mar-teh-dee
Wednesday	mercoledì	mair-koh-leh-dee
Thursday	giovedì	joh-veh-dee
Friday	venerdì	ven-air-dee
Saturday	sabato	sah-bah-toh
Sunday	domenica	doh-meh-nee-kah

街道索引